图书在版编目（CIP）数据

高铁建设工程施工与管理/张启安，谷传刚，林维江主编 .--长沙：湖南大学出版社，2024.12.

ISBN 978-7-5667-3886-8

Ⅰ.U238

中国国家版本馆 CIP 数据核字第 2024BH4846 号

高铁建设工程施工与管理

GAOTIE JIANSHE GONGCHENG SHIGONG YU GUANLI

主　　编：张启安　谷传刚　林维江	
责任编辑：胡戈特	
印　　装：长沙创峰印务有限公司	
开　　本：787 mm×1092 mm　1/16	印　　张：14　字　　数：358 千字
版　　次：2024 年 12 月第 1 版	印　　次：2024 年 12 月第 1 次印刷
书　　号：ISBN 978-7-5667-3886-8	
定　　价：60.00 元	

出 版 人：李文邦

出版发行：湖南大学出版社

社　　址：湖南·长沙·岳麓山　　邮　　编：410082

电　　话：0731-88822559（营销部），88821315（编辑室），88821006（出版部）

传　　真：0731-88822264（总编室）

网　　址：http://press.hnu.edu.cn

编委会

主　编　张启安（中铁二十二局集团第二工程有限公司）

　　　　谷传刚（中国铁路上海局集团有限公司建设部）

　　　　林维江（大西铁路客运专线有限责任公司）

副主编　李金禧（皖赣铁路安徽有限责任公司）

　　　　何龙庆（深圳市城市交通规划设计研究中心股份有限公司）

编　委　黄　磊（沪杭铁路客运专线股份有限公司）

前　　言

提升铁路运行速度是一代代中国铁路人的追求。1978 年 10 月邓小平访问日本，引发中国的"高铁旋风"，揭开了中国铁路提速的序幕。随着铁路运量和运能矛盾的加剧，20 世纪 90 年代初，兴建高速铁路已成为社会关注的热点话题，中国政府开始京沪高铁建设的前期筹备和科技攻关工作，并完成了首条准高速铁路的立项，为迈向高速铁路时代提供了重要经验和技术积累，孕育了中国高铁发展成功的最初基因。

铁路作为国家战略性、先导性、关键性重大基础设施，国民经济大动脉，重大民生工程和综合交通运输骨干，在中国现代化建设伟大进程中肩负着重要使命和重大责任。截至 2022 年底，全国铁路运营总里程达到 15.5 万 km，其中高速铁路总里程达到 4.2 万 km。2012—2022 年，全国铁路运营里程增长 58.6％、高铁里程增长 351.4％，建成世界最大、最先进的高速铁路网。并且，中共中央、国务院印发的《国家综合立体交通网规划纲要》提出，到 2035 年，我国高速铁路里程将在现有基础上再翻一番，达到 7 万 km。

高铁区别于普通铁路的特点是其行驶速度快，建设标准高，施工难度大。随着高速铁路的迅速发展，高铁建设工程施工与管理必须要紧跟发展步伐，精确施工，精细管理。

本书理论联系实际，对高铁建设工程施工技术与管理进行了系统的阐述。全书共分为 9 章：第 1 章绪论；第 2 章路基工程施工；第 3 章桥梁工程施工；第 4 章隧道工程施工；第 5 章轨道工程施工；第 6 章高铁建设工程施工质量管理；第 7 章高铁建设工程施工安全管理；第 8 章中兰铁路工程施工实践，第 9 章雄忻高铁（山西段）隧道施工实践。

在撰写本书的过程中，引用了许多相关专业文献和资料，在此对相关文献的作者表示感谢。由于编者水平有限，书中难免存在疏漏和不妥之处，恳请广大读者批评指正。

目　录

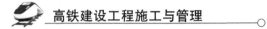

第1章 绪 论

1.1 高铁概述

1.1.1 高铁的定义及建设管理模式

高速铁路(简称"高铁")是指能使列车高速运行的铁路系统。高铁运行速度是一项重要的技术指标,也是铁路现代化水平的重要体现。高铁是一个具有国际性和时代性的概念,20世纪70年代,日本把列车在主要区间能以200 km/h以上速度运行的干线铁道称为"高速铁路"。随着高铁技术的发展,欧洲铁路联盟于1996年9月发布的互通运营指导文件(96/0048/EC)对高铁有了更确切的规定:新建铁路运行速度达到或超过250 km/h;既有铁路通过改造后设计速度达200 km/h;铁路能够适应高速,在某些地形困难、山区或城市环境下,速度可以根据实际情况进行调整。

我国把高铁界定为"新建设计开行250 km/h(含预留)及以上动车组列车,初期运行速度不小于200 km/h的客运专线铁路"。应当指出的是,高铁不一定仅是客运专线,客运专线也不一定是高铁。就目前而言,我国正在大量修建的客运专线属于高铁的范畴,本书不再严格区分高铁和客运专线。

各国高铁建设管理模式因国情不同而各有特点,大致有五种类型:

①在既有铁路上使用摆式列车运行,这在欧美国家较为多见,在美国"东北走廊"行驶的摆式列车速度为240 km/h。

②对既有普速客货共线铁路进行提速改造,例如我国的京哈、京沪、京广等既有铁路,客运速度可达200 km/h,部分区段可达250 km/h。

③部分新建高速铁路与部分既有改造铁路混合运行,如德国柏林—汉诺威线,承担着客运和货运任务。

④新建双线高速铁路,实行客货共线运行,如意大利罗马—佛罗伦萨高铁,客运速度为250 km/h,货运速度为120 km/h。

⑤新建双线高速铁路,专门用于旅客快速运输。

我国自2006年的第六次大提速后,基本上采用第五种模式,日本新干线和法国高铁也采用这种模式。

国家铁路局颁布的《高速铁路设计规范》(TB 10621—2014)将高铁定义为新建设计速度为250～350 km/h、运行动车组列车的标准轨距客运专线铁路。中华人民共和国国家发展和改革委员会将高铁定义为时速 250 km 及以上的标准新建铁路或既有铁路，并于 2016 年颁布了相应的《中长期铁路网规划》文件，将部分时速 200 km 的铁路线路纳入中国高铁网范畴。

1.1.2　高铁关键技术与标准体系

1. 高铁关键技术体系

高铁由土建工程、牵引供电、动车组、信号与通信、运输组织、客运服务等六大核心技术构成。

（1）土建工程技术

土建工程技术为高速运行的列车提供高平顺性与高稳定性的轨面条件；保证铁路各个组成部分具有一定的坚固性与耐久性，在长期运营条件下保持良好的状态。同时，还要求建立严格的检测铁路状态和保障轨道高平顺性的科学管理系统。

我国坚持自主创新，依靠自己的力量，建立了我国高铁土建工程的技术体系。

（2）牵引供电技术

牵引供电技术为高铁列车运行提供稳定、高质量的电流；与普速列车的电力牵引相比，其具有牵引功率更大、所受阻力更大、受电弓移动速度快、电流易发生波动等特点。通过集成创新，我国建立了高铁牵引供电系统的技术平台，关键设备和主要配件正在逐步实现国产化。

（3）动车组技术

动车组技术包含传统轨道列车的车体、转向架和制动技术，具有复杂的牵引传动与控制、计算机网络控制、车载运行控制等关键技术。我国通过"引进先进技术、联合设计生产，打造中国品牌"，完成了具有中国品牌的动车组系列产品开发。

（4）信号与通信技术

高铁的信号与通信技术是高铁列车安全、高密度运行的基本保证；是集微机控制与数据传输于一体的综合控制与管理系统，分为行车指挥自动化与列车运行自动化两大部分。这套系统能够及时准确地完成列车运行时各种调度命令信息的传输；可以为旅客提供各种服务的通信服务；还可以为设备维修及运营管理提供通信条件，能够满足维修人员沿线作业时的需求。

（5）运输组织技术

运输组织技术是集通信、组织、管理等功能为一体的现代化综合系统；它可对高铁列车运行计划及基础设施维修计划进行审批和管理；可完成高铁运输组织特别是日常运营，为高铁列车完成运输生产提供有力保障。

（6）客运服务技术

客运服务系统由订/售票系统、决策支持系统、自动检票系统、旅客信息服务系统等构成，主要用于处理与旅客服务相关的事件，包括发售车票、信息采集、信息发布、日常投诉、紧急救助、旅客疏散、旅客赔付等工作。还提供统计分析功能，为管理层提供决策依据。我国依靠国内自主创新以及借鉴国外高铁运营调度和客运服务的先进理念、成熟经验、系统集成方法，结合中国铁路的实际，建立了有中国特色的客运专线运输组织系统和客运服务系统。

为了保证高铁安全、高效、可靠地运营，除上述六个核心技术外，还必须依靠其他技术的支持，主要包括养护维修技术和安全保障技术。养护维修技术可以使固定设备具有良好的工作状态，综合检测及相关系统可以检测高铁列车运营情况下的各类参数，保证及时、准确地传输各种设备的动态信息；安全保障技术可保障高铁系统铁路、站台、列车的安全。

2. 高铁标准体系

高铁标准体系将高铁行业的所有标准按其内在联系组合在一起，形成科学的有机整体，满足高铁工程项目决策、勘察设计、工程建造及符合装备制造标准的需要。我国高铁标准体系包括工程建设标准体系、装备技术标准体系、工程造价标准体系三部分。

（1）工程建设标准体系

工程建设标准体系规定了铁路勘察、设计、施工、验收等各阶段的技术要求，包括基础标准、综合标准、专业标准、管理标准四大类。基础标准是铁路工程建设标准的基础，规定了相关术语、图形符号、制图等规范；综合标准是铁路建设最基本、最重要的标准，现行有效的高铁综合标准是《高速铁路设计规范》（TB 10621—2014）；专业标准涵盖不同速度等级铁路的勘察、设计、施工、验收等技术要求，并与综合标准配套使用；管理标准对不同阶段设计文件的深度、施工监理、地质勘察监理、项目资料管理、用地指标、工程风险管理等内容进行了规定。

（2）装备技术标准体系

装备技术标准体系规定了铁路装备（设备）及部件设计、制造、试验检验、互联互通等技术要求。装备技术标准体系包括通用及综合技术标准、机车车辆技术标准、工务工程技术标准、通信信号技术标准、牵引供电技术标准、运营与服务技术标准。

通用及综合技术标准规定了通用、兼容性、RAMS（reliability 可靠性、availability 可用性、maintainability 可维修性和 safety 安全性）、节能环保、卫生与健康、应急安全防护、综合信息化等方面的要求。

机车车辆技术标准规定了基础通用、整车、车体及车内环境、走行系统、牵引电气系统、制动系统、辅助系统、列车网络控制系统等方面的技术要求。

工务工程技术标准包括基础通用、轨道、路基、桥梁、隧道、机械设备、监测、安全防护装置等技术标准。

通信信号技术标准包括基础通用、信号系统、通信系统、通信信号接口规范、安全防护等技术标准。

牵引供电技术标准包括基础通用、供变电设备、接触网器材、电力供电设备、牵引供电远动系统、干扰及安全防护、监测及维护设备等技术要求。

运营与服务技术标准包括基础通用、行车组织、客运与服务、货运与服务、治安防控等技术要求。

装备技术标准体系为我国高铁的装备制造和安全运营提供了有力的技术支撑。例如，"复兴号"动车组技术标准实现了不同厂家生产的相同速度等级动车组的重联运营、不同速度等级动车组的相互救援，有效提升动车组的利用效率，实现了灵活运营组织。

（3）工程造价标准体系

工程造价标准体系适用于铁路工程项目投资（预）估算和设计概（预）算的编制和审核，铁路工程造价标准包括办法规则、专业定额、费用标准、造价信息等方面的规定。办法规则包括预估算编制办法、概算编制办法、工程量计算规则、工程量清单计价规范等；专业定额又可分为估算定额、概算定额以及预算定额；费用标准包括费用定额、材料基期价格、机具台班费用定额、设备基期价格等。工程造价标准体系贯穿工程建设的整个过程。

　　高铁标准体系伴随着高铁的建设实践不断发展完善，为高铁建设、运营提供了标准支撑，为政府监管、行政许可提供了重要依据。

1.2　高铁技术经济特征及优势

　　高铁的技术经济特征体现为运输能力、送达速度、安全舒适、投资水平等几个方面。

　　高铁运输能力是指高铁为完成旅客运输所拥有的运输生产力，包括输送能力和通过能力两个方面。高铁输送能力是指高铁或其技术设施在一定时间内所能完成的最大旅客运输量；高铁通过能力是指某高铁线路(或区段、枢纽)在一定时间内所能通过、输送的载运工具数量(如铁路某条线路一昼夜开行的列车对数)。高铁是大运量的陆上运输方式，适用于大宗货物、长距离运输。以双线高铁与六车道高速公路为例，两者的运输能力基本相当，但前者的占地面积仅为后者的约40%，相同的占地规模下，高铁通行能力约为高速公路的2.5倍。

　　送达速度是指基于载运工具将所运送的对象从始发地运送到终到地的全部时间所算得的平均运送速度。航空运输送达速度最快，最高速度可达 1 000 km/h 左右；其次是高铁运输，送达速度最高可达 350 km/h 左右。

　　安全是旅客最为关心的因素，也是衡量客运服务质量的标准。据有关资料统计，铁路、公路、水路、航空运输的旅客事故率(单位旅客周转量的旅客死亡人数)之比大致为 1∶565∶209∶1.3，如图 1-1 所示，由此可见，高铁、航空都是非常安全的运输方式。需要注意的是，图中数据是根据 2018 年旅客死亡人数及旅客周转量数据计算所得，其中铁路、航空运输旅客死亡人数取近 10 年平均值计算(2018 年实际为 0)。

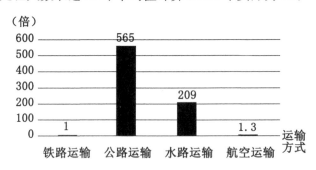

图 1-1　不同运输方式的旅客事故率

　　舒适也是旅客最为看重的标准之一。高铁列车整洁雅致、工作生活设施齐全、车厢宽敞、座席舒适、旅客活动空间较大，舒适性较高。

　　各种运输方式均需要投入大量的人力和物力，投资金额大，工期长，因此具有资本密集型特征。由于各种运输方式的技术设备的构成不同，在投资总额、投资期限、初期投资金额、线路基建投资和载运工具投资方面也各有差异。对于高铁、高速公路投资而言，不同高铁、高速公路投资水平比较如表1-1所示。由表1.1可知，高铁单位里程投资明显高于高速公路，高铁、高速公路单位运力投资基本相当。

表1-1 不同高铁、高速公路投资水平的比较

项目名称	可研批复年度	线路等级	里程/km	总投资/亿元	单位里程投资/(亿元·km⁻¹)	换算年客货运量/亿t	单位运力投资/[元·(t·km)⁻¹]
京哈高铁京沈段	2013年	时速350 km高铁	692	1245	1.8	1.5	1.2
杭黄高铁	2014年	时速250 km高铁	265	366	1.38	1.5	0.92
经棚至锡林浩特公路	2013年	四车道高速公路	138	61	0.44	0.69	0.64
临洮至渭源公路	2012年	四车道高速公路	63	44	0.7	0.69	1.01
韩家营至呼和浩特公路	2011年	六车道高速公路	212	156	0.74	1	0.73

此外，与公路和航空等主流旅客运输方式相比，高铁的能耗、运输成本、土地占用规模均处于相对较低水平。在通用性和机动性方面，高铁处于中等水平。在连续性方面，高铁受气候等因素影响相对较小，连续性较好。

高铁是高新技术在铁路上的集中反映，它体现了一个国家的科技和工业水平，在经济发达、人口密集的地区也具有明显的技术经济优势。

列车运行速度快是高铁最主要的标志，也是其最显著的优势。目前，很多国家的高铁列车运行速度达到了300 km/h。

正点率是高铁运输组织水平的综合反映，中国高铁平均正点率保持在97%以上，这是其与其他交通运输方式竞争的重要基础。

高铁运用了先进的通信技术和列车运行控制技术，可以采用高密度、公交化运营模式，因此具有非常大的运输能力。一条高速双线客运铁路的双向年运输能力可达2.4亿人·km（即将2.4亿人运送1 km），远高于高速公路和航空运输。

高铁普遍在全封闭环境中运营，并且具备一系列完善的安全保障体系，因此具有非常好的安全性。

高铁不会像高速公路和航空运输一样，易受大雾、暴雨、大雪、雷电、大风等天气影响。若遇到此类天气，可采取列车减速运行的方式继续组织运营。

多数高铁列车采用电力牵引，基本消除了粉尘、煤烟、噪声和废气等污染。此外，由于高铁采用电力牵引，相比于高速公路运输和航空运输，其在能源消耗方面也具有明显优势。

第 2 章　路基工程施工

2.1　地基处理施工

2.1.1　换填施工

1. 换填适用范围

换填是指挖除地表浅层软弱土层或不均匀土层，回填坚硬、粗粒径的材料，并夯压密实，形成垫层或基床的地基处理方法。

换填法适用于浅层软弱地基及不均匀地基处理。实践证明：换填可以有效地处理浅层不良地基，如一般的房屋、路堤、水闸等。换填地基按其回填材料可分为砂石地基、素土地基、灰土地基、矿渣地基、AB组土地基等。不同换填材料适用范围如表 2-1 所示。

表 2-1　换填材料适用范围

换填材料		适用范围
砂石		多用于中小型工程的局部处理，适用于一般饱和、非饱和的软弱土和水下黄土地基处理，不得用于湿陷性黄土地基，不宜用于大面积堆载和动力基础的软土地基处理，不宜用于地下水流速快、流量大的地层
土	粉质黏土	适用于中小型工程及大面积回填、湿陷性黄土或膨胀土地基处理
	灰土	适用于中小型工程，尤其是湿陷性黄土地基处理
矿渣（高炉重矿渣）		用于铁路、道路地基处理，但对于受碱性或酸性废水影响的地基土，不得用矿渣作换填层
粉煤灰		适用于机场、道路、港区陆域、堆场和小型建筑。作为建筑物垫层的粉煤灰应符合有关放射性安全标准的要求
AB组土		广泛用于铁路、道路基床底层、表层的地基处理

注：1. 对于深厚软弱土层，不应采用局部换填处理地基。

2. 一般说来，对于受震动荷载的地基，不应用砂石进行换填处理；对于放射性超标准的矿渣（如粉煤灰），不应用于建筑物的换填处理。

2. 换填勘察要点

①查明不良土层的分布范围、深度。

②查明换填处理地段的地形、地质构成、地层结构、成因及物理力学性质，评价换填处理地段的承载力和抗滑稳定性，估算建筑物（构筑物）的沉降变形。

③查明地下水的埋藏条件、类型、最低/最高水位、年变化幅度，对建筑材料的腐蚀性等。

④查明换填土料的来源、种类、规格、价格，评定换填材料对地下水环境的影响（岩土及矿渣等回填材料的放射性及氡浓度测定）。

⑤根据岩土工程条件、建筑工程的要求、材料的来源和种类等进行综合分析对比，提出合理的换填处理方案及施工方案。

3. 换填层施工

(1) 施工方法

首先，根据换填的范围进行施工放样，设置临时防排水设施，开工前对现场需处理的范围、深度进行复查，备足换填材料。对于需换填处理地段，采用机械挖除换填深度内土层，直至高于设计换填深度 30～50 cm 处，由人工清除剩余换填层，并达到设计高程。接着，采用自卸汽车将挖除的土方运至指定弃土场。回填前，应排除积水，防止地表水流入，以保证正常施工和避免边坡遭受冲刷。换填施工采用自卸汽车运输换填材料进场、后倾法卸料，并使用推土机进行初摊铺、平整，压路机进行碾压。应避免自卸汽车直接驶上原位土层，对其造成扰动。换填部位开挖完成后，及时回填，填料应符合路基所处部位的设计要求，填筑应分层进行并达到相应的压实标准。根据换填层路基所处部位进行相应的质量检验。不符合设计要求者，报监理单位确认后采取措施进行处理。换填完成后，立即进行下道工序施工，以防雨水浸入。

(2) 施工要求

换填分层压实质量应根据换填材料种类及换填路堤所处部位进行相应质量检测控制。换填顶面高程、横坡应符合表 2-2 的要求。

表 2-2　换填顶面高程、横坡允许偏差及检查要求

序号	检验项目	允许偏差	施工单位检验数量	检验方法
1	高程	±50 mm	沿线路纵向每 100 m 等间距检查 3 点	水准仪测量
2	中线至边缘距离	±50 mm	每 100 m 等间距检查 3 点	尺量
3	宽度	不小于设计值	每 100 m 等间距检查 3 点	尺量
4	横坡	±0.5%	每 100 m 等间距检查 3 个断面	尺量
5	平整度	填土 50 mm 填石 100 mm	每 100 m 等间距检查 5 点	2.5 m 直尺量测

(3) 主要机具设备

主要机具应根据工程所处地段的地质、地形条件，结合甲方对工程质量和工期要求等综合确定，具体如表 2-3 所示。

表 2-3 主要机具设备

机械及工具	备注
推土机	表层清理、土方摊铺
挖掘机	台阶开挖、土方装载
自卸汽车	土方运送，根据工作量配备
平地机	土方摊铺
压路机	碾压施工

（4）人员组织

人员组织应根据工程的复杂程度、机械设备数量、工期要求等综合安排。一般安排技术人员 2～4 人，负责现场测量放样、质量控制等技术作业；根据工作量配备辅助人员，负责表层软土清除。

4. 质量检查

（1）换填所用的填料种类、质量、使用范围应符合设计要求。

检验数量：施工单位每换填 10 000 m³ 时检查 2 组，每增加 5 000 m³，增加 1 组检验；监理单位按施工单位检查数量的 20％见证检验或 10％平行检验，且不得少于 1 组。

检验方法：检查产品质量证明文件及抽样试验。

（2）挖除部位

冻土地基基底换填时，含冰量大的冻土、泥炭等应清除至弃土场或移至至少距路基坡脚 20 m 以外。挖除后应做好基坑边坡保温和加固工作。

检验数量：施工单位、监理单位对挖除部位的高程、厚度、宽度、边坡等全部进行检查。

检验方法：观察、尺量。

（3）换填地基的压实标准应符合设计要求

对路堤高度小于基床厚度的低路堤，设计需换填时，其换填后的地基压实质量（除块石类混合料外）应采用双指标控制，压实质量应符合表 2-5 规定；不同种类填料的控制指标应符合下列规定：

①细粒土和黏砂土，应采用压实系数和地基系数。

②砂类土（黏砂土除外）应采用相对密度和地基系数。

③砾石类土和碎石类土，应采用孔隙率和地基系数。

④块石类混合料，应采用地基系数。

表 2-4 路堤地基压实标准

层位	压实指标	填料类别									
		细粒土、黏砂土、粉砂土		细砂、中砂、粗砂、砾砂		砾石类		碎石类		块石类混合料	
		Ⅰ级	Ⅱ级	Ⅰ级	Ⅱ级	Ⅰ级	Ⅱ级	Ⅰ级	Ⅱ级	Ⅰ级	Ⅱ级
表层	压实系数 K_h	—	0.91	—	—	—	—	—	—	—	—
	地基系数 $K_{30}/$(MPa·cm^{-1})	—	0.9	—	1.0	1.5	1.2	1.5	1.2	—	—
	相对密度 D_r	—	—	—	0.75	—	—	—	—	—	—
	孔隙率 $n/\%$	—	—	—	—	28	33	28	33	—	—
底层	压实系数 K_h	0.91	0.89	—	—	—	—	—	—	—	—
	地基系数 $K_{30}/$(MPa·cm^{-1})	0.9	0.8	1.0	0.8	1.2	1.0	1.2	1.0	1.5	1.2
	相对密度 D_r	—	—	0.75	0.70	—	—	—	—	—	—
	孔隙率 $n/\%$	—	—	—	—	33	35	33	35	—	—

注：1. K_h 为重型击实试验的压实系数。

2. K_{30} 为 30 cm 直径荷载板试验得出的地基系数，一般取下沉量为 0.125 cm 时的荷载强度。

检验数量：施工单位每 100 m 换填层等间距检查 4 点，监理单位每 200 m 换填层见证检验 2 点。

检验方法：根据换填材料的种类，检验方法应符合标准规定。

2.1.2 碎石(砂)桩加固地基施工

砂桩也称为挤密砂桩或砂桩挤密法，是指用振动或冲击荷载在软弱地基中成孔后将砂挤入土中，形成大直径密实砂柱体的加固地基的方法。砂桩法适用于挤密松散砂土、粉土、黏性土、素填土、杂填土等地基。在饱和黏土地基上，对变形控制要求不严的工程也可采用砂桩置换处理。

碎石桩是以碎石(卵石)为主要材料制成的复合地基加固桩。碎石桩和砂桩等在国际上被统称为散体桩或粗颗粒土桩。散体桩是指无黏结强度的桩，由碎石柱或砂桩等散体桩和桩间土组成的复合地基亦可称为散体桩复合地基。目前，在国内外广泛应用的复合地基都是散体桩复合地基。

1. 加固机理

(1)砂性土地基加固原理

松散砂性土地基属单粒结构，是典型的散粒状体，其颗粒之间存在较大的孔隙，颗粒位置不稳定，在动(静)荷载的作用下很容易产生位移，因而产生较大的沉降，特别是在振动力作用下更为明显(体积可减小 20%)。另外，砂性土地基的承载力和抗液化能力随其密实度的变化有很大差别。密实砂性土地基承载力和抗液化能力最佳，随着密实度的减小，其承载力和抗液化能力也随之减弱。所以，松散砂性土地基只有经过处理才能作为建筑物地基。

采用砂桩法加固砂性土地基的主要目的是提高地基承载力、减少变形和增强抗液化能力。增强砂性土地基抗液化能力的机理主要体现在挤密作用、振密作用和抗液化作用三个方面。

①挤密作用。对碎石桩或砂桩，由于在成桩过程中桩管对周围砂层产生很大的横向挤压力，桩管中的碎石挤向桩管周围的砂层，因此桩管周围的砂层孔隙比减小，密实度增大。

②振密作用。采用沉管施工时，桩管四周的土体受到挤压，同时桩管的振动能量以波的形式在土体中传播，引起桩四周土体的振动，由于土结构被破坏，土颗粒重新进行排列，从而使土由较松散状态转变为密实状态。如果有排水通道，土中的水就沿排水通道排出。由于孔隙水被排出，土体的孔隙比降低，密实度便得到提高。

③抗液化作用。在振动作用下，饱和砂土的结构受到破坏，土中的孔隙水压力升高，从而使土的抗剪强度降低。当土的抗剪强度降低或完全丧失，使土不再能承受剪应力时，土体就发生液化流动破坏。碎石桩或砂桩形成的复合地基，其抗液化作用主要有两个方面：

a. 桩间可液化土层受到挤密和振密作用。砂桩法形成的复合地基，可使土层密实度增加，结构强度提高，其表现为土层标贯击数增加，土层本身的抗液化能力提高。工程实践表明：只要是小于 0.075 mm 的细颗粒含量不超过 10% 的土，均可获得显著的挤密效应。

b. 碎石桩或砂桩的排水通道作用。作为复合地基的碎石桩或砂桩具有良好的排水通道，能有效地消散振动所引起的超孔隙水压力，提高桩间土的抗液化能力。

(2)黏性土地基加固原理

对黏性土地基(特别是饱和软土)，碎石桩或砂桩的作用不是使地基挤密，而是置换。通过成桩机械将不良地基土强制排开并置换，虽然对桩间土的挤密效应并不明显，但是在地基中形成了密实度高和直径大的桩体，它与原黏性土构成复合地基，共同工作。

由于碎石桩或砂桩的刚度比桩周黏性土的刚度大，且地基中应力按材料变形模量进行了重新分配，因此，大部分荷载将由碎石桩或砂桩承担。从碎石桩或砂桩和土组成复合地基角度来看，碎石桩或砂桩处理饱和软弱黏性土地基主要有以下两个作用：

①置换作用。对黏性土地基，特别是软弱黏性土地基，其黏粒含量高，粒间应力大，多为蜂窝结构，渗透性低，在振动力或挤压力的作用下，土中水不易排走，会出现较大的超静孔隙水压力。砂桩在黏性土地基中的作用之一是在软弱黏性土中取代同体积的软弱黏性土(置换作用)，形成复合地基。载荷试验和工程实践表明：在复合地基承受外荷载时，可发生压力向刚度大的桩体集中的现象，使桩间土层承受的压力减小，沉降比相应减小。砂桩-软弱黏土复合地基与天然的软弱黏性土地基相比，前者地基承载力增大率、沉降减小率与砂桩置换率成正比。在淤泥质黏性土中形成的砂桩-淤泥质黏性土复合地基的载荷试验表明：在同等荷载作用下，其沉降可比原地基土减小 20%～30%。

②排水作用。软弱黏性土是一种颗粒细、渗透性低且结构性较强的土，在成桩的过程中，由于振动挤压等扰动作用，桩间土产生较大的超静孔隙水压力，从而导致原地基土的强度降低。制桩结束后，原地基土的结构强度逐渐恢复。另外，在软弱黏性土中，所形成

d. 桩顶部约 1 m 范围内，由于该处地基土上覆压力小，施工时桩体的密实度很难达到要求。应将顶部的松散桩体挖除，或用碾压等方法使之密实，随后铺一层 30～50 cm 的碎石垫层，并压实。

（2）沉管法碎石桩施工

沉管法主要用于制作砂桩，近年来也已开始用于制作碎石桩。沉管法成桩包括振动成桩法和冲击成桩法两种。

①施工设备。采用塔架式或桅杆式机架，机架高度应根据桩长选用，一般为 8～15 m。为保证导管处于铅直状态，机架应设置导向装置。配备 2 套卷扬机，即主、副各一套，卷扬机提升能力应大于冲锤和导管的重力与拔管阻力之和，一般主卷扬机提升能力为 25～35 kN，副卷扬机提升能力为 15～25 kN，电动机功率应与卷扬机配套，采用厚壁无缝钢管制作的导管。

②施工工艺。

a. 就位。机架就位，对准桩位，调平机架，放置导管。

b. 制塞。在导管内先投入一定量的碎石，形成一定高度的"石塞"，投料要适当。

c. 沉管。用冲锤反复冲击导管内碎石石塞，由碎石与导管间的摩擦力带动导管与石塞一起下沉，直至达到设计深度为止。在冲击石塞料的沉管过程中，投料孔入土前必须封闭。

d. 穿塞。沉管到位后，将导管提升一定高度（一般为 30 cm），用低冲程将石塞击出管外，并使其冲入管下一定深度；为确定石塞是否被冲击出导管，可轻冲管底 1～2 次，如导管不随之下沉，可判断已经穿塞。

e. 制桩。制桩包括提管、投料和击实三个过程。在制桩过程中，应严格控制每次提管高度，在淤泥质土层中应小于 15 cm，在一般黏土层中应在 30 cm 左右；每次投料量以顺利击出管口并保证桩体连续为准，但要保证每米投石量；每次击实时一般先轻击，后重击，锤底一般不超过管口。

f. 形成桩体。制桩完成时，桩顶高程一般应高出基础底面 0.5～1.0 m，这段高度称"桩顶超高"，以保证基底处的桩体和桩周土获得足够的密实度。超高部分在基础施工时应挖除。

g. 表土处理。碎石桩施工完成后，应对地基表面进行处理。处理方式为：对条基和独立柱基，将基底高程下 30 cm 厚的加固土挖去，回填 30 cm 厚的碎石垫层并夯实，回填范围应超出基础边缘 50 cm；对片筏基础，将基底高程下 50 cm 厚的加固土挖去，回填 50 cm 厚的碎石垫层并压实，回填范围应超出基础边缘 100 cm。

2.1.3　高压旋喷桩加固地基施工

高压旋喷桩是利用高压泵将水泥浆液通过钻杆端头的特制喷头，以高速水压喷入土体，借助液体的冲击力切削土层，同时钻杆一面以一定的速度旋转，一面缓慢提升，使土体与水泥浆充分搅拌并混合凝固，形成具有一定强度的圆柱固结体（即旋喷桩），从而使地基得到加固。

旋喷桩适用于淤泥、淤泥质土、黏性土、粉土、砂土、湿陷性黄土、人工填土及碎石土等地基的加固，可用于既有建筑和新建筑地基的处理、边坡挡土或挡水、基坑底部加固、防止管涌与隆起、坝体的加固与深基坑止水帷幕等工程。

1. 旋喷桩的特点

能利用小直径钻孔旋喷成比孔径大 8～10 倍的大直径固结体，可用于已有建筑物地基加固而不扰动附近土体，施工噪声低，振动小；可用于任何软弱土层，可控制加固范围；设备较简单、轻便，机械化程度高；料源充足多样，施工简便。

2. 高压旋喷施工法分类

高压旋喷施工法有单管法、二重管法、三重管法和多重管法等四种。单管法一般用于软土地基加固，以增加软土地基承载力；二重管法及三重管法常用于咬合桩防水帷幕等工程，特别是在城市地铁工程地下车站进出口处进行施工防水、基础加固效果明显；多重管法用于处理土洞最为适宜，加固效果和成桩质量均较好，但对设备要求较高，成本较难控制。

当土中含有较多的大粒径块石、大量植物根茎或有较高的有机质，地下水流速过高时，以及在已涌水工程中，应根据现场试验结果确定其适用性。

3. 旋喷桩施工主要机具设备

主要机具设备包括高压泵、钻机、浆液搅拌器等。辅助设备包括操纵控制系统、高压管路系统、材料储存系统以及各种管材、阀门接头安全设施等。

4. 旋喷桩施工

(1)场地平整

进场施工前，应清除施工场地地下 2 m 以内的障碍物，不能清除的要做好保护措施，然后整平、夯实；合理布置施工机械、输送管路和电力线路位置，确保施工场地的"三通一平"（通电、通水、通路和地面平整）。

(2)桩位放样

施工前用全站仪测定旋喷桩施工的控制点，埋石标记，经过复测验线合格后，用钢尺和测线实地布设桩位，并用竹签钉紧，一桩一签，保证桩孔中心移位偏差小于 50 mm。

(3)修建排污和灰浆拌制系统

由于旋喷桩施工过程中会产生 10％～20％的返浆量，需将废浆液引入沉淀池中，沉淀后的清水根据场地条件可进行无公害排放。沉淀的泥土则在开挖基坑时一并运走。沉淀和排污统一纳入全场污水处理系统。灰浆拌制系统主要由灰浆拌制设备、灰浆储存设备、灰浆输送设备组成。灰浆拌制系统应设置在水泥堆放场附近，以便于作业。

(4)试桩

旋喷桩施工前必须进行试桩，根据实际情况确定浆液配比、喷射压力、喷浆量等技术参数，试桩数量不少于 3 根。

(5)钻机就位

钻机就位后，对桩机进行调平、对中，并调整桩机的垂直度，保证钻杆与桩位一致，偏差在 10 mm 以内，钻孔垂直度误差小于 0.3％。钻孔前调试空压机、泥浆泵，使设备运转正常。校验钻杆长度，并用红油漆在钻杆旁标注深度线，保证孔底高程满足设计深度。

(6)引孔钻进

钻机施工前，在地面进行试喷，在钻孔机械试运转正常后，开始引孔钻进。钻孔过程中要详细记录钻杆节数，保证钻孔深度的准确性。

(7)拔出岩芯管、插入注浆管

引孔至设计深度后，拔出岩芯管，换上喷射注浆管并插入预定深度。在插管过程中，为防止泥砂堵塞喷嘴，要边射水边插管，水压不得超过1 MPa，以免压力过高，将孔壁射穿，高压水喷嘴要用塑料布包裹，以防泥土进入管内。

(8)旋喷提升

当喷射注浆管插入设计深度后，接通泥浆泵，然后由下向上旋喷，同时将泥浆清理排出。喷射时，应先达到预定的喷射压力，喷浆后再逐渐提升旋喷管，以防扭断旋喷管。为保证桩底端的质量，喷嘴下沉到设计深度时，在原位置旋转10 s左右，待孔口冒浆正常后再旋喷提升。钻杆的旋转和提升应连续进行，不得中断。为提高桩底端质量，在桩底部1 m范围内适当增加钻杆旋喷时间。在旋喷提升过程中，可根据不同的土层调整旋喷参数。

(9)钻机移位

旋喷提升到设计桩顶高程时停止旋喷，提升钻头出孔口，清洗注浆泵及输送管道，然后将钻机移位。

6. 质量标准及检查措施

(1)旋喷桩施工技术标准

旋喷桩的施工技术要求如表2-7所示。

表 2-7　旋喷桩施工技术检查表

序号	项目名称	技术标准	检查方法
1	钻孔垂直度允许偏差	≤1.5%	实测或经纬仪测钻杆
2	钻孔位置允许偏差	50 mm	尺量
3	钻孔深度允许偏差	±200 mm	尺量
4	桩体直径允许偏差	≤50 mm	开挖后尺量
5	桩身中心允许偏差	≤0.2D	开挖桩顶下 500 mm 处用尺量，D 为设计桩径
6	水泥浆液初凝时间	不超过 20 h	维卡仪测量
7	水泥土强度	≥1.2 MPa	试验检验

(2)施工检查内容

①施工前检查。在施工前应对原材料、浆液、机械设备及喷射工艺等进行检查。

a. 原材料(包括水泥、掺合料及速凝剂、悬浮剂等外加剂)的质量合格证及复验报告，拌和用水的鉴定结果。

b. 浆液配合比是否适合工程实际土质条件。

c. 机械设备是否正常。在施工前，应对高压旋喷设备、地质钻机、高压泥浆泵、水泵等做试机运行，同时确保钻杆(特别是多重钻杆)、钻头及导流器畅通无阻。

d. 喷射工艺是否适合地质条件。在施工前应做工艺试喷，试喷在原桩位位置进行，试喷桩孔数量不得少于2孔，必要时调整喷射工艺参数。

e. 统一排查地下障碍情况，以保证钻进及喷射达到设计要求。

f. 桩位、压力表、流量表的精度和灵敏度。

②施工中检查。施工中重点检查的内容有以下方面。

a. 钻杆的垂直度及钻头定位。

b. 水泥浆液配合比及材料称量。

c. 钻机转速、沉钻速度、提钻速度及旋转速度等。

d. 喷射注浆时喷浆(喷水、喷气)的压力、注浆速度及注浆量。

e. 孔位处的冒浆状况。

f. 喷嘴下沉高程及注浆管分段提升时的搭接长度。

g. 施工记录是否完备,施工记录应在每提升 1 m 或土层变化交界处记录一次压力流量数据。

③施工后检查。施工后主要对加固土体进行检查。检查内容包括以下方面。

a. 固结土体的整体性及均匀性。

b. 固结土体的有效直径。

c. 固结土体的强度、平均直径、桩身中心位置。

d. 固结土体的抗渗性。

7. 成桩质量的检查

①检验的时间。应在高压喷射注浆结束后 1 周进行检查。

②检验数量、部位。检验点的数量为施工注浆孔数的 2%~5%,对不足 20 孔的工程,至少应检验 2 个点,对不合格者应进行补喷。检验点应布置在荷载较大的部位、桩中心线上或施工中出现异常情况的部位。

③检验方法。旋喷桩检验可采用钻孔取芯方法进行。在已施工好的固结体中钻取岩芯,并将其做成标准试件进行室内物理力学性能试验,检查内部桩体的均匀程度及抗渗能力。

8. 质量保证措施

为保证旋喷桩的施工质量,根据施工条件、设计要求和相关行业规范,采取适合的质量保证措施以达到施工质量目标。

①放注浆管前,先在地表进行射水试验,待气、浆压正常后,才能下注浆管施工。

②为防止相邻高压旋喷孔施工时串浆,高压旋喷施工时采用隔两孔施工的方式,同时保证相邻旋喷桩施工时间间隔不少于 48 h。

③每批水泥进场必须具有合格证明,并按每批次现场抽样外检,合格后才能投入使用。施工中所有计量工具均应经过鉴定,水泥进场后,应防止水泥受潮结块。

④施工现场配备密度计,每天量测浆液密度,严格控制水泥用量。对运灰小车及搅拌桶均做明显标记,以确保浆液配比的正确性。灰浆搅拌应均匀,并进行过滤。喷浆过程中浆液应连续搅动,防止水泥沉淀。

⑤施工前进行成桩试验,由设计、业主、监理、施工单位共同确定旋喷桩施工参数,保证成桩直径不小于设计桩径。

⑥严格控制喷浆提升速度,一般不大于 0.14 m/min。喷浆过程应连续均匀,若喷浆过程中出现压力骤然上升或下降、大量冒浆、串浆等异常情况时,应及时提钻出地表,排除故障。复喷接桩时应加深 0.5 m 重复喷射接桩,防止出现断桩。

⑦为防止浆液凝固后体积收缩，造成桩顶面下降，可采用旋喷长度较设计长度大 0.3～1.0 m 的方法或在高压旋喷孔喷射成桩结束后，凿除顶部，采用含水泥较多的浆体，孔口返浆回灌，以保证桩顶高程。

⑧因地下孔隙等原因造成返浆不正常或漏浆时，应停止提升，用水泥浆灌注，直至返浆正常后才能提升。

⑨引孔、钻孔施工时，应及时调整桩机水平，防止因机械振动或地面湿陷造成钻孔垂直度偏差过大。穿过砂层时，应采用浓泥浆护壁成孔，必要时可下套管护壁，以防坍孔。

⑩技术人员必须时刻注意检查浆液初凝时间、注浆流量、风量、压力、旋转提升速度等参数是否满足设计要求，及时发现和处理施工中的质量隐患。当发现实际孔位、孔深及每个钻孔内的地下障碍物、洞穴、涌水、漏水与工程地质报告不符等情况时，应详细记录，如实填写施工报表，客观反映施工实际情况。

⑪根据地质条件的变化情况及时调整施工工艺参数，以确保桩的施工质量。调整参数前，应及时向业主、监理、设计部门报告，经同意后调整。

⑫施工现场配备常用机械设备配件，保证机械设备发生故障时能够及时抢修。

2.1.4 灰土挤密桩加固地基施工

灰土挤密桩法是用打砂桩的方法在地基中用生石灰做成柱体，通过生石灰消解吸水，继而生成水化物，以降低黏性土中的含水率，从而提高地基强度，减小沉降量。用灰土挤密桩改善地基，可在短时间内发挥作用。但若穿过滞水砂层或与地表水接触，其效果将显著降低。

灰土挤密桩适用于处理地下水位以上的湿陷性黄土、素填土和杂填土等地基。处理地基的深度为 5～15 m。当以提高地基土的承载力或增强水稳性为主要目的时，宜选用灰土挤密桩法。当地基土的含水率大于 24％，饱和度大于 65％时，不宜选用灰土挤密桩法。

1. 加固机理

灰土挤密桩是用石灰和土按一定体积比例(2：8 或 3：7)拌和，并在桩孔内夯实加密后形成的桩。这种材料在化学性能上具有气硬性和水硬性，由于石灰内带正电荷的钙离子与带负电荷的黏土颗粒相互吸附，形成胶体凝聚，并随灰土龄期增长，土体固化作用提高，使土体强度逐渐增加。在力学性能上，它可达到挤密地基的效果，提高地基承载力，消除湿陷性，使沉降均匀并减小沉降量。

2. 材料要求

土料可采用就地挖出的黏性土及塑性指数 $I_P>4$ 的粉土，但不得含有有机杂质或用耕植土，土料应过筛，其颗粒粒径应不大于 15 mm。

石灰应用Ⅲ级以上的新鲜块灰，使用前 1～2 d 消解并过筛，其颗粒粒径应不大于 5 mm，不得夹有未熟化的生石灰块及其他杂质，也不得含有过多的水分。

3. 主要机具设备

成孔设备采用 0.6 t 或 1.2 t 柴油打桩机或自制锤击式打桩机，亦可采用冲击钻或洛阳铲。

夯实设备采用卷扬机、提升式夯机、偏心轮夹杆式夯实机及梨形锤等。

主要工具包括铁锹、量斗、水桶、胶管、喷壶、铁筛、手推胶轮车等。

4. 作业条件要求

①岩土工程勘察报告、基础施工图纸、施工组织设计应齐全。

②建筑场地地面上所有障碍物和地下管线、电缆、旧基础等均已全部拆除搬迁。沉管振动对邻近建筑物及厂房内仪器设备有影响时，应采取有效保护措施。

③施工场地已进行平整，对桩机运行的松软场地已进行预压处理，周围已做好有效的排水措施。

④桩轴线控制桩及水准点桩已经设置并编号，且已经复核。桩孔位置已经放线并以标桩定位。

⑤已进行成孔、夯填工艺和挤密效果试验，确定有关施工工艺参数（分层填料厚度、夯击次数和夯实后的干密度、打桩次序等），并对试桩进行了测试，承载力挤密效果等符合设计要求。

⑥供水、供电、运输道路、现场小型临时设施已经设置就绪。

5. 灰土挤密桩施工方法

（1）备料

土料为天然的黏性土及塑性指数 $I_P>4$ 的粉土，无有机杂质，生石灰用水闷透消解成石灰粉，采用 5 mm 筛子过筛后与土拌和。夯填土和石灰应提前送试验室作原材试验及击实试验，求得最大干密度和最优含水率，石灰和土料要按规定配合比进行均匀拌和，达到颜色一致并将含水率控制在最优含水率。拌和后用 15 mm 的筛子过筛，过筛后方可在工程中使用。实地可用"手握成团，落地开花"的标准来鉴定含水率，备好的灰土料应做到不隔日使用。

（2）成孔

在成孔过程中，应根据地层软硬情况及时调整重锤落距。依次逐排由外向内进行成孔施工，以确保桩间的挤密效果。成孔施工顺序宜按间隔法进行。

（3）夯填成桩

①施工顺序。清底夯→灰土拌和→虚填→夯击→成桩。

②安装夯填机，调整和检查好夯打机械。填料前，进行孔底夯实，至少击实 5 次，填料时可采用每 0.05 m³ 击实 6 次进行成桩。

③填写好成孔记录和夯填记录，特别是成孔的锤击和夯击数、灰土填入量等内容。

7. 质量控制要点

（1）灰土挤密桩质量控制点设置

灰土挤密桩质量控制点设置可参考表 2-8 所示。

表 2-8　灰土挤密桩质量控制点

检验项目	允许偏差	检验数量	检验方法
桩位（纵横向）	50 mm	按成桩总数的 10% 抽样检验，且每检验批不少于 5 根	用经纬仪或钢尺量
桩垂直度	1.5%		成孔夯实孔底后吊垂球测量垂直度
桩体有效直径	不小于施工图设计值		开挖 50～100 cm 深后，用钢尺丈量

（2）桩位放样

①严格按照规范要求，保证桩位放线误差。

②根据场地情况，桩位放样工作最好一次完成，并做好桩位保护和标识。

③放样结束后，经现场监理确认后方可施工。

（3）成孔

①场地必须平整，高程误差小于规定值。

②钻机就位后，锤中心应对准灰点并由随班技术人员认可后方可开锤。

③桩孔检查。成孔后，及时对桩孔进行检查验收。检查的内容有：桩径、孔深、垂直度，有无缩径、塌孔、回淤等现象。如遇塌孔或缩径现象，则采用回填灰土复打处理。回填复打可进行数次，若多次回填复打无效，可会同监理方、设计方、甲方商讨采取其他可行性方法进行处理。

（4）夯填

①灰土夯填前，应先对桩孔清底夯实，夯击次数一般不小于 6 次，直到孔内的回落厚度小于规定数值。

②严格按试验所确定的参数进行夯填，下料速度和锤击次数要相匹配，确保压实系数。

③灰土拌和均匀，颜色一致，严格控制好含水率。

④夯锤落距要经常检查，确保落距在 1 000～2 000 mm，夯锤的直径应比桩孔的直径小 60～120 mm。

⑤由专人负责填料，做到填料均匀，避免回填速度过快，夯击次数不够。

⑥对不合格桩要求现场立即处理，用洛阳铲全部掏出桩土或用夯扩桩机在桩体上重新夯扩成孔、夯填，以确保每根桩的成桩质量。

2.1.5　CFG 桩加固地基施工

CFG(cement fly—ash gravel)桩是水泥粉煤灰碎石桩的简称，是由水泥、粉煤灰、碎石、石屑或砂加水拌和，采用各种成桩机械形成的高黏结强度桩体，其和桩间土、褥垫层一起形成复合地基。

CFG 桩已得到广泛的推广。为了有效地控制地基沉降，我国京津城际、郑西高铁、武广高铁等在软土和松软土地基段大量采用 CFG 桩进行地基处理。

1. CFG 桩加固原理

CFG 桩法是通过在地基中形成桩体作为竖向加固体，与桩间土组成复合地基，共同承担基础、回填土及上部结构荷载。当桩体强度较高时，CFG 桩类似于钢筋混凝土桩（常称为"刚性桩"），其加固软弱地基主要有桩体作用、挤密与置换作用、褥垫层作用等三种作用。

（1）桩体作用

CFG 桩不同于碎石桩，是具有一定黏结强度的混合料桩体。一般情况下不仅可发挥桩身侧阻作用，而且桩端落在硬土层上时，还可很好地发挥端阻作用。CFG 桩由碎石桩改造而来，具有刚性桩的某些特性，桩体的强度大大提高，使用该种桩可以显著提高复合地基承载力。

在荷载作用下，CFG 桩的压缩性明显小于其周围软土，故基础传给复合地基的附加应力随地基变化逐渐集中到桩体上，出现应力集中现象，复合地基中的 CFG 桩起到了桩体作用。据某复合地基荷载实验结果，在无褥垫层情况下，CFG 桩单桩复合地基的桩体应力比为 24.3～29.4，而碎石桩复合地基的桩土应力比为 2.2～2.4。可见 CFG 桩复合地基的桩土应力比明显大于碎石桩复合地基，桩体作用显著。

（2）挤密与置换作用

由于 CFG 桩采用振动沉管法施工，当 CFG 桩用于挤密效果好的土时，其振动和挤压作用使桩间土得到挤密，复合地基承载力的提高既有挤密作用又有置换作用。当 CFG 桩用于不可挤密的土时，其承载力的提高只是置换作用的结果。

（3）褥垫层作用

褥垫层是由粒状材料组成的散体材料垫层，其作用主要表现如下：

①保证桩、土共同承担荷载。若不设置垫层，路基直接与桩和桩间土接触，则在垂直荷载作用下的荷载特性和桩基相似；当设置了一定厚度的褥垫层时，即能保证一部分荷载通过褥垫层作用在桩间土上。

②调整褥垫层厚度，从而实现桩、土垂直荷载的分担比调整。通常荷载一定时，褥垫越厚，土承担的荷载越多；荷载越大，桩承担的荷载占总荷载的百分比越大。

2. CFG 桩的适用范围

就土性而言，CFG 桩适用于处理黏性土、粉土、砂土和正常固结的素填土等地基。CFG 桩既可以用于挤密效果好的土（如砂土），又可以用于挤密效果差的土（如黏性土）。当天然地基土为具有良好挤密效果的砂土、粉土时，承载力的提高既有挤密作用，又有置换作用；对塑性指数高的饱和软黏土，承载力的提高只与置换作用有关。与其他复合地基的桩型相比，CFG 桩的置换作用突出，这也是 CFG 桩的一个重要特征。

CFG 桩处理软弱地基，应以提高地基承载力和减少地基沉降为主要加固目的，其途径是发挥 CFG 桩的桩体作用。对松散砂性土地基，可考虑其施工时的挤密效应，但若以挤密松散砂性土为主要加固目的，则采用 CFG 桩是不经济的。

3. CFG 桩的材料

（1）CFG 桩的桩体材料

①碎石，系粗骨料。碎石材料多为 20～50 mm，为使级配良好，可掺入石屑填入碎石的空隙。石屑为中等粒径骨料，当桩体强度小于 5 MPa 时，石屑的掺入可使桩体级配良好，对桩体强度起重要作用。

②粉煤灰，系细骨料。多用袋装的 Ⅱ 级、Ⅲ 级粉煤灰，由于粉煤灰又有低强度水泥作用，可使桩体具有明显的后期强度。

③水泥一般采用 42.5 普通硅酸盐水泥。如用高强度等级水泥，则水泥用量少，影响和易性及密实性；如用低强度等级水泥，则水泥用量多，不经济，而且影响混合料的其他技术性能。

④外加剂。可根据施工需要采用早强剂或泵送剂。

（2）褥垫层材料

褥垫层的材料宜用中砂、粗砂、级配砂石或碎石等，最大粒径一般宜不大于 30 mm。

不宜采用卵石,因卵石咬合力差,施工时扰动较大,不能保证褥垫层厚度均匀。

褥垫层铺设范围要比加固面积大,其四周宽出路基底面的部分宜不小于褥垫层的厚度。

设计褥垫层的厚度时,若褥垫层厚度过小,则不能充分发挥桩间土承载力,要达到设计要求的承载力,必然要增加桩的数量或桩的长度,从而造成经济上的浪费;若褥垫层厚度过大,虽能充分发挥桩间土的承载能力,但会导致桩土应力比等于或接近于 1,此时桩承担的荷载太小,复合地基中桩的设置已失去了意义,这样设计的复合地基承载力较之天然地基并未有较大的提高。结合大量的工程实践综合分析,从技术上和经济上考虑,褥垫层厚度取 15~30 cm 为宜。

4. CFG 桩的施工

CFG 桩的施工方法包括长螺旋钻孔、管内泵压混合料灌注成桩和振动沉管 CFG 桩施工等两种方法。

长螺旋钻孔、管内泵压混合料 CFG 桩施工方法是由长螺旋钻机、混凝土泵和强制式混凝土搅拌机组成的施工体系,其中长螺旋钻机是核心。该施工方法适用于黏性土、粉土、砂土及对噪声和泥浆污染要求严格的场地。

振动沉管 CFG 桩施工方法属于非排土成桩工艺,主要适用于粉土、黏性土及素填土地基及松散砂土等地质条件,尤其适用于松散的粉土、粉细砂的加固。此施工方法具有施工操作简便、施工费用较低、对桩间土的挤密效应显著等优点,还可以提高复合地基的承载力,减少地基变形以及消除地基液化。

下面以长螺旋钻孔、管内泵压混合料 CFG 桩施工方法为例做具体介绍。

(1)CFG 桩施工准备

①根据设计要求和现场地基土的性质、埋深、场地周边是否有居民点、有无对振动反应敏感的设备等多种因素选择施工机具。

②清除障碍物,平整好施工场地,按设计测量放样,定出桩位。

③严格控制 CFG 原材料的质量,按规范要求选定合适的配合比,严格按配合比施工。

④正式施工前必须进行成桩工艺试验,复核地质资料及确定施工工艺参数,施工工艺参数包括混合料配合比、坍落度、搅拌时间、拔管速度等,试桩数量应符合设计要求且不少于 2 根。

(2)施工工艺

采用长螺旋钻孔、管内泵压混合料成桩时,混合料由中心拌和站拌制,再由混凝土运输车运输至现场,芯管泵送混合料。以记录输送泵的泵送次数来推算单桩的灌注量。

①原地面处理。根据"少扰动地基"及"宁填勿挖"的原则,对原地面实施整平作业,并采用压路机进行碾压,确保设备安全施工。做好排水工作,确保场地内不积水,及时排除地表雨水。

②测量放线。采用全站仪,按设计先行放设 CFG 桩加固边线,根据加固范围按设计布桩形式实施桩位放样。

③钻机就位。钻机自行就位,就位过程由四个支撑腿与下俯支撑平台共同完成。

④钻机校正。钻机就位后进行桩位校正、垂直度校正。以钻机钻头中心为基点,通过挂线、吊垂球检查钻机钻头中心线与桩中心线的偏差,确保桩位达到规范、设计要求。采

用经纬仪于钻机钻杆中心准确标识垂直度线，钻杆垂直度由侧、正两个面控制，必须确保侧、正两个面的垂直度偏差小于1％。完成标识后，于钻杆中部挂垂球检查垂直度偏差，符合要求后方可开钻。

⑤开钻成孔。开始钻进前，混合料运输车必须到达现场待命。在钻杆上的每米位置进行清晰标识，以方便钻进过程的深度控制。

⑥混合料泵送。成孔后，经监理工程师认可后进行混合料的泵送，当钻杆芯管内充满混合料后开始拔管，混合料泵送速度应与提管速度保持一致。采用静止提管时，提管速度应控制在3 m/min左右。

（3）技术要求

①混合料所用原材料材质、性能、粒径等必须通过检验，符合设计要求。

②按检验批要求检查产品质量证明文件，抽验水泥和粉煤灰等材料的相关指标，进行材料检验。

③混合料坍落度及强度应符合要求，每个台班均应对坍落度进行检验，并制作混合料检查试件，进行28 d强度检验。

④CFG桩桩长、桩径、桩顶高程、桩身完整性应满足设计要求。桩体完整性可以采用小应变检测方法。桩位、垂直度、有效直径的允许偏差应符合表2-9规定。

表2-9　CFG桩施工的允许偏差、检验数量及检验方法

序号	检验项目	允许偏差	检验数量	检验方法
1	桩位(纵横向)	50 mm	按成桩总数的10％抽样检验，且每检验批不少于5根	经纬仪或钢尺丈量
2	桩体垂直度	1％		经纬仪或吊线测钻杆倾斜度
3	桩体有效直径	不小于设计值		开挖50～100 cm后，钢尺丈量

（4）质量控制

①所用的水泥和粗细骨料品种、规格及质量应符合设计要求。检验时，同一产地、品种、规格且连续进场的水泥，袋装水泥以200 t为一批、散装水泥以500 t为一批，当袋装水泥不足200 t或散装水泥不足500 t时也按一批计。同一产地、品种、规格且连续进场的粗、细骨料，分别以400 m³为一批，当不足400 m³时也按一批计。施工单位对各种原材料每批抽样检验1组；监理单位按施工单位抽样数量的20％见证检验或10％平行检验。主要检验产品质量证明文件，在水泥库抽样检验水泥强度、安全性、凝结时间，在料场抽样检验粗、细骨料含泥量，用筛分试验检验其颗粒级配。

②CFG桩混合料坍落度应按工艺性试验确定并经监理工程师批准。施工单位每台班抽样检验3次。监理单位按施工单位抽样数量的20％见证检验或10％平行检验。采用现场坍落度试验的方法进行检验。

③CFG桩混合料强度应符合设计要求。施工单位每台班做一组（3块）试块。监理单位按施工单位抽样数量的20％见证检验或10％平行检验。

④CFG桩的数量、布桩形式应符合设计要求，其检验应符合规范规定。

a. 每根桩的投料量不得少于设计灌注量。采用料斗现场计量或混凝土泵自动记录的方法进行检验。施工单位应对每根桩进行检验。监理单位按施工单位检验数量的20％平行检验。

b. 应清理干净 CFG 桩顶端的浮浆,直至露出新鲜混凝土面。清除浮浆后桩的有效长度应满足设计要求。施工单位应对每根桩进行检验。监理单位按施工单位检验数量的 20% 平行检验。主要检验方法为施工前测量钻杆或沉管长度,施工中检查是否达到设计深度标识,施工后检查并清理浮浆,计算出桩的有效长度。

　　c. CFG 桩的桩身质量、完整性应满足设计要求。采用低应变检测方法,施工单位检验总桩数的 10%;监理单位按检验桩数的 20% 见证检验。

　　d. CFG 桩按复合地基设计时,处理后的复合地基承载力、变形模量应满足设计要求;按柱桩设计时,处理后的单桩承载力应满足设计要求。采用平板载荷试验的方法,施工单位检验总桩数的 2%,且每检验批不少于 3 根。监理单位见证检验,勘察设计单位现场确认。

2.2　路堤与路堑施工

2.2.1　基床以下路堤施工

1. 路堤填料

（1）路堤填料分类标准

　　填料是指构成铁路路基等土工建筑物的原材料。填料质量直接关系到路基建筑物的强度与变形,已越来越为工程界所重视。填料可根据岩土工程性质及适用条件进行分类。

　　在《铁路路基设计规范》(TB 10001—2016)中,按工程性能及级配特征可将普通填料分为 A、B、C、D 组。母岩饱和单轴抗压强度小于 20 MPa 的粗粒和巨粒土填料组别划分应结合试验和地区经验确定;有机土(有机质含量大于 5%)严禁作为路基填料使用;膨胀土、盐渍土作为路基填料使用应符合《铁路特殊路基设计规范》(TB 10035—2018)相关规定。

　　A 组填料为良好级配、细粒含量小于 15% 的碎石土和砾石土,分为 A1、A2 组,并符合表 2-10 的规定。

表 2-10　A 组填料细分表

分类		项目		
		名称	级配	细粒含量
A1 组		角砾土	良好	<15%
A2 组	1	圆砾土	良好	<15%
	2	碎石土	良好	<15%
	3	卵石土	良好	<15%

B 组填料分为 B1、B2、B3 组，并符合表 2-11 的规定。

表 2-11　B 组填料细分表

分类		项目				
		名称	级配	细粒含量	小于 5 mm 颗粒含量	0.075～5 mm 颗粒含量
B1 组	1	角砾土、碎石土、圆砾土、卵石土	间断	＜15％	＞35％	—
	2	砾砂、粗砂、中砂	良好	＜15％	—	—
B2 组	1	角砾土、碎石土、圆砾土、卵石土	间断	＜15％	≤35％	—
	2	角砾土、碎石土、圆砾土、卵石土	均匀	＜15％	—	—
	3	角砾土、碎石土、圆砾土、卵石	—	15％～30％粉土	—	≥15％
	4	砾砂、粗砂、中砂	间断	＜15％	—	—
	5	砾砂、粗砂、中砂	—	15％～30％粉土	—	—
B3 组	1	角砾土、碎石土、圆砾土、卵石土		15％～30％粉土		＜15％
	2	角砾土、碎石土、圆砾土、卵石土		15％～30％黏土		≥15％
	3	砾砂、粗砂、中砂	均匀	＜15％	—	—
	4	砾砂、粗砂、中砂		15％～30％黏土		—

C 组填料分为 C1、C2、C3 组，并符合表 2-12 的规定。

表 2-12　C 组填料细分表

分类		项目			
		颗粒名称	级配	细粒含量	0.075～5 mm 颗粒含量
C1 组	1	块石土	—	＜30％	—
	2	块石土	—	15％～30％粉土	—
	3	碎石土、砾石土	—	15％～30％黏土	＜15％
	4	碎石土、砾石土	—	30％～50％粉土	—
	5	砾砂、粗砂、中砂	—	30％～50％粉土	—
C2 组	1	块石土	—	30％～50％黏土	—
	2	碎石土、砾石土	—	30％～50％黏土	—
	3	砾砂、粗砂、中砂	—	30％～50％黏土	—
	4	细砂	良好	＜15％	—
C1 组	1	细砂	间断或均匀	＜15％	—
	2	粉砂	—	—	—
	3	低液限粉土	—	—	—
	4	低液限黏土	—	—	—
	5	低液限软岩	—	—	—

D 组填料分为 D1、D2 组，并符合表 2-13 的规定。

表 2-13　D 组填料细分表

分类		项目	
		颗粒名称	粗粒含量
D1 组	1	高液限粉土	30%～50%
	2	高液限黏土	30%～50%
	3	高液限软岩土	30%～50%
D2 组	1	高液限粉土	<30%
	2	高液限黏土	<30%
	3	高液限软岩土	<30%

（2）改良土

改良土是通过改变土的物质成分和结构特点，改善土的工程地质性质，从而获得满足工程活动需要的土质。改良方法分为物理改良和化学改良两种。

①物理改良。对填料的颗粒组成及级配进行改善，即在一种填料中掺入另一种填料，拌和均匀后使其级配得到改善，成为物理力学性质有所提高的新填料。在填料中掺入粗粒料（中粗砂），改善其级配条件；掺入较细颗粒（黏粒），通过提高黏粉比增强其强度指标。

②化学改良。向填料中加入掺入料，促使土与掺入料之间发生化学作用，从而使土的结构与性质发生较大变化。掺入料为石灰、水泥、粉煤灰、土壤固化剂及其他有机、无机材料。

2. 路堤施工工艺

基床以下路堤填筑施工工艺是一种以工序管理为中心，以工序质量保工程质量，以工作质量保工序质量的全面管理方法。按照系统分析原理，整个路基填筑按照"三阶段、四区段、八流程"的施工工艺组织施工。各区段或流程内只允许进行该段和流程的作业，不允许几种作业交叉进行。

每个区段的长度应根据所使用的机械能力、台车数量确定。为了保证机械有足够的安全作业场地，每个区段的长度宜取 200 m 以上或以构造物为界。长度不够或因桥涵隔断不连续，则按四个区段程序安排施工。分段工作由主管技术人员、队长、领工员现场确定。

三阶段：准备阶段→施工阶段→整修验收阶段。

四区段：填筑区→平整区→碾压区→检验区。

八流程：施工准备→基底处理→分层填筑→摊铺平整→洒水晾晒→机械碾压→检验签认→路基整修。

（1）施工准备

①测量放线。测出基底处理后的原地面标高，依据设计资料精确测放路基坡脚及线路中心线，打桩标示。直线地段每间隔 20 m 一个桩，曲线地段每间隔 10 m 一个桩，并在桩上作出虚铺厚度的标记。

②修建施工便道。施工便道宜结合地方交通部门规划的永久性道路计划，参照临时道

路修建标准进行修建，避免与铁路、通信电力线路、农田灌渠和各种大型管道平交。

③设置排水系统。不论是填方还是挖方，开工前均应按设计图纸和规范的有关规定先行施工急需的永久性排水工程，并按照施工过程的需要设置临时排水设施。

④修建临时排水设施。包括生产与生活方面，架设通信、电力线路，工程施工等用水设施，修建机械停放场与料库。

（2）基底处理

路基基底应根据施工时的地面和土质的实际条件，按设计文件的要求进行处理。

①拆迁地面建筑物，砍伐地面种植附着物，清除地面植被。

②对于高度大于 3.0 m 且地面横坡缓于 1∶5 的路堤，清除草皮、腐殖土后，经预压直接填筑在天然地面上。如果地基土层不符合要求，应按照设计要求采取相应的处理措施。

③地面横坡为 1∶5～1∶2.5 时，在清除草皮杂物后，还应将原地面挖成台阶，台阶宽度不小于 2.0 m，高度为 0.2～0.3 m，台阶顶面做成向内倾斜 3‰～5‰ 的斜坡。当基岩面上的覆盖层较薄时，宜先清除覆盖层，再挖台阶；当覆盖层较厚且稳定时，可予保留。

④对于高度小于 3.0 m 的路堤，为了保证基床质量，在基床厚度范围内应无软弱土夹层（即静力触探比贯入阻力 P_s＜1.5 MPa 或天然地基容许承载力 $[\sigma]$＜0.18 MPa 的土层），否则应采取地基改良和加固措施。

⑤水田、池塘或饱和粉细砂等松软基底的处理，应根据设计文件的要求，采取排水疏干、挖除淤泥、抛填片石、填砂、填砾石及其他土质等加固措施，保证基底稳固。施工时，应按照施工规范的有关规定进行。

（3）分层填筑

①在分层填筑前，应依据技术标准、压实机械性能、填料土质类别，做填土压实试验段。试验段长度为 100～200 m。宽度至少为压路机宽度的 3 倍。普通填料的碎石类土、砾石类土每层的最大压实厚度宜不大于 40 cm，砂类土和改良细粒土填料每层的最大压实厚度宜不大于 30 cm，分层填筑的最小分层厚度应不小于 10 cm。压路机走行三行，相邻两行中间重叠 40 cm，三行碾压相同遍数。在中间一行取样进行压实度试验，确定填层厚度及各类机械的压实参数，以指导施工。

②路堤填筑应采取横断面全宽、纵向分层填筑的方式，上、下两层填筑接头应错开不小于 3.0 m。当原地面高低不平时，应先从最低处分层填筑，由两边向中部填筑。为保证路堤全断面压实度一致，边坡两侧各超填 0.5 m，竣工时刷坡整平。

③不同性质的填料分别填筑，每一水平层的全宽采用同一种填料填筑，每种填料累计总厚度不小于 50 cm。对于不同种类的填料，遵循有利于层间土层渗透反滤的原则施工。

④按工艺试验确定的合理摊铺层厚度进行分层上土，虚铺厚度控制采用方格网法和挂线法。

（4）摊铺整平

①填筑区段完成一层卸土后，用推土机进行初平，再用平地机进行精平，控制层面应无显著的局部凸凹，平整面应做成向两侧的横向排水坡。

②在摊铺的同时，应对路肩进行初步压实，并保证压路机压到路肩时不致发生滑坡。

③对路堤填高大于 3.0 m 的地段，按设计要求在边坡宽度 2.5～3.0 m 内每填筑 2 层（不大于 60 cm）铺一层双向土工格栅。铺设土工格栅后，严禁汽车及其他重型施工机械直接行驶在土工格栅上。

④摊铺、整平施工工序的作业要点如下。

上道工序：填料运输。

a. 测量放样。每 10 m 为一断面，在边桩上标示出填高，再在桩边打入竹条，绑扎好布条用以控制填筑厚度。

b. 挖台阶。当路基各段不同步填筑时，纵向接头处应在已填筑压实的基础上挖出硬质台阶，台阶宽度宜不小于 2.0 m，高度同填筑层厚度。

c. 摊铺。采用推土机摊铺，每层摊铺厚度应按压实厚度乘以试验段确定的松铺系数而定。摊铺时，应计算出每车料的摊铺面积，确定堆放密度，通过方格网、插标杆控制松铺厚度、路拱、路基横坡。

d. 整平。采用平地机整平，在高边坡、陡坡、高坎上作业时，必须设专人指挥、防护，严禁刮刀超出边坡边缘。刮土时，应低速行驶，刮刀的升降量不得相差过大。整平后，横坡偏差≤0.5%；采用坡度尺量，每 100 m 抽样检验 5 个断面；基床表层平整度偏差≤10 mm，基床底层及以下平整度偏差≤15 mm；采用 2.5 m 长直尺量，每 100 m 抽样检测 10 点。

下道工序：碾压。

（5）洒水晾晒

①使用细粒土填料填筑路堤时，必须严格控制填料的实际含水率，要求其与土质试验中求得的最佳含水量的差距为 -3%～2%。

②当含水量太低时，应在表层洒水并尽可能地搅拌，待含水量提高后进行碾压。

③当填料含水量超过规定时，应在摊铺后先晾晒，待含水量降低后碾压，填层厚度可适当减小。在洒水或晾晒时，前、后两区段可交叉施工。

（6）机械碾压

①对于填土压实作业，粗粒土用重型振动压路机或轮胎压路机，细粒土用振动压路机或轮胎压路机进行。

②碾压前应进行技术交底，交底内容包括碾压起讫范围、碾压遍数、碾压速度等。

③用振动压路机进行碾压时，第一遍静压，然后先慢后快，由弱振至强振，最快行驶速度控制在 4 km/h，由两侧向中心纵向进退式进行。各区段交接处，应互相重叠压实，纵向搭接长度应不小于 2.0 m，沿线路纵向行与行之间压实重叠应不小于 40 cm。做到压实均匀，没有漏压、死角。

④应按照压实部位的密度标准、填层厚度及控制压实遍数进行压实。压实遍数由试验人员根据试验段确定的压实参数提供。一般情况下，基床表层压 6～8 遍，基床底层压 5～6 遍，基床下部压 2～4 遍，基底压 1～3 遍。经密度试验合格后，可转入下一道工序；不合格时应进行补压，直至试验合格。

⑤碾压过程中做好对沉降观测标的保护，沉降观测标周围碾压不到的边角部位，应采用人工冲击夯夯实。

⑥碾压施工工序作业要点如下。

上道工序：摊铺、整平。

a. 初压。碾压时，填料的含水量控制在最佳含水量的−3%～2%。初压采用轻型压路机碾压2遍，初压速度应为1.2～1.5 km/h。启动压路机前，确认压路机前后、左右无障碍物。两台以上压路机同时作业时，前后间距不得小于3.0 m。压路机靠近路堤边缘时，应确保有不小于0.5 m的安全距离。碾压时，纵向行之间的轮迹重叠不小于40 cm，上、下两层接头应错开不小于3.0 m。

b. 复压。采用重型振动压路机进行复压，先弱振1遍，再强振，碾压遍数参照试验段确定的遍数。碾压次序：在直线地段，应从两侧向中间进行；在曲线超高地段，应从曲线内侧向外侧进行；碾压傍山路基时，应由里侧向外侧碾压，距路基边缘不得小于1.0 m。压路机的碾压速度在前两遍为1.5～1.7 km/h，之后为2.0～2.5 km/h。压路机不可在未完成或正在碾压的地段调头和急刹车。

c. 终压。采用光轮压路机进行终压，终压后用平地机轻轻刮一刀，使表面平顺、路拱和坡度符合设计要求。

下道工序：检测。

（7）检验签认

在填料质量、填筑厚度、填层面纵横方向平整度等符合规定标准的基础上，进行密实度或地基系数的测定。凡没有达到标准者，不予签认。

（8）路基整修

①路堤按设计标高填筑完成后，进行平整和测量。恢复中线，每20 m设一桩，进行水平标高测量，计算平整高度，施放路肩边桩，修筑路拱，并用平碾压路机碾压1遍，使路面光洁、无浮土，横向排水坡符合要求。

②自检测量。直线方向的闭合差，自检长度小于400 m时，每100 m的允许闭合差为5 mm；自检长度大于400 m时，允许闭合差为20 mm。曲线方向的允许闭合差，每条曲线为50 mm。直线测距闭合差与曲线测距闭合差为1/2 000。中线标高允许偏差为±50 mm。路面宽不小于设计宽度，每100 m丈量3个点。

③对于细粒土边坡，依据路肩边线桩，按设计坡率挂线人工刷去超填部分，进行整修拍实。整修后的边坡应达到转折处棱线明显，直线处平直，变化处平顺。边坡刷去超填部分后，应进行整修夯实，做到坡面平顺，没有凹凸，压实度合格。

2.2.2　路堤基床施工

1. 级配碎石的概念和配制

（1）级配碎石概念

粗、细碎石集料和石屑各占一定比例的混合料，当其颗粒组成符合密实级配要求时，即称为"级配碎石"。级配碎石一般是由预先筛分成几个（如4个）大小不同粒级的碎石组配而成，也可用未筛分碎石和石屑组配而成。未筛分碎石指控制最大粒径（仅过一个规定筛孔的筛）后，由碎石机轧制的未经筛分的碎石料。石屑指碎石场孔径5 mm筛下的筛余料，其实际颗粒组成常为0～10 mm，并具有良好的级配。缺乏石屑时，也可以添加细砂砾或粗砂，但其强度和稳定性不如添加石屑的级配碎石。也可以用颗粒组成合适的含细集料较多的砂砾与未筛分碎石配合成级配碎砾石。

（2）级配碎石配合比的设计

①级配碎石的级配范围要满足规定。在实际工作中，最有效的判定方法是：配比的筛分结果达到或接近规范要求的级配中值，则为最佳配比。特别是在 0.075 mm、0.5 mm、1 mm、16 mm 几个点上要力求达到中值。

②为保证筛分曲线圆滑，容易击实，配比筛分结果应满足颗粒不均匀系数 $C_u \geqslant 5$ 及曲率系数 $C_c = 1 \sim 3$。

③为防止道砟及下部土层颗粒嵌入基床表层，基床表层与上部道砟与下部填土之间的颗粒级配均要满足太沙基（Karl Terzaghi）提出的反滤层设计准则；如不能满足反滤层设计准则，基床表层可采用颗粒级配不同的双层结构或在基床底层表面铺设土工合成材料。

④为了验证理论配合比的正确性，应按照《铁路工程土工试验规程》（TB 10102—2023）进行试验。

⑤根据理论配合比，做工程试验段，通过实践对配合比进行调整，以确定施工最佳配合比及工艺参数。

a. 调整含水率。级配碎石填筑中可能有多次补水过程（搅拌、摊铺碾压、养护），要根据天气等现实条件及实践经验，经反复试验确定。施工过程中的含水率是保证级配碎石路面质量极为重要的因素。

b. 调整颗粒集料含量。在理论配合比计算中，大颗粒含量常常偏高，易被离析，造成表面观感差，空隙率大，故粗、细颗粒含量应根据实际情况做局部调整（一般是增加细颗粒含量，减小粗颗粒含量）。调整后的配合比，除做工程检测外，仍需通过试验判定关键指标是否合格。

2. 高铁路基基床表层施工工艺

基床表层级配碎石应分层填筑，按"四区段、八流程"施工工艺组织施工，填筑至最后一层时，对有预压要求的路基按设计铺设隔离土工布后填筑预压土，并进行沉降观测。通过数据分析，预测和推算总沉降值，评价剩余沉降是否满足无砟轨道工后沉降要求且沉降是否稳定后，卸掉预压土、撤除隔离土工布，再使用摊铺机铺设最后一层基床表层级配碎石。

（1）测量放样、检验

基床表层填筑前，对基床底层的压实质量和几何尺寸进行复查确认。

依照设计资料精确测放路基边线及线路中心线，打桩标示。直线地段每 10 m 一个桩，曲线地段每 5 m 一个桩，并在桩间挂线标示出填料分层摊铺厚度。

（2）修整基床底层

①对路堑换填地段，当开挖至换填底面标高时，将开挖表面整理平顺、整齐，并按设计做成向两侧的横向排水坡。

a. 不易风化的硬质岩路堑基床，应将基床表层以下 0.2 m 的岩石挖除，并做成向两侧 4% 的横向排水坡；对凹凸不平处，应用不低于 C25 的混凝土填平，之上填筑级配碎石。

b. 软质岩、强风化的硬质岩及土质基床处理，应符合下列规定：基床表层深度范围内应进行换填，并满足表 2-14 压实标准的要求；基床表层以下，基床底层表面做成向两侧 4% 排水坡，且在基床范围内不得夹有 $P_s < 1.5$ MPa 或基本承载力 $\sigma_0 < 1.8$ MPa 的土层

（采用无砟轨道时，基床范围内的地基应无 $P_s<1.8$ MPa 或 $\sigma_0<0.2$ MPa 的土层），不满足以上条件时，应进行改良或加固处理。

c. 土质路堑的地层土质不满足基床底层填料条件时，换填 A、B 组填料或改良土，厚度应不小于 1.0 m。

d. 基床挖除、换填或改良、加固处理时，应采取加强排水和防渗等措施，分层压实，压实标准应执行基床相应部位标准。

表 2-14 基床表层级配碎石压实标准

压实标准	级配碎石
压实系数 K	≥0.97
地基系数 $K_{30}/(\text{MPa}\cdot\text{m}^{-1})$	≥190
动态变形模量 E_{vd}/MPa	≥55

②基床基底应平整、坚实并具有规定的路拱，没有任何松散的材料和软弱的区域。在基床基底的碾压过程中，如发现土过干，表层松散，应适当洒水；如土过湿，发生"弹簧"现象，应采取挖开晾晒、换土、掺石灰或粒料等措施。

（3）拌和

①按级配砂砾石或级配碎石的级配要求，计算不同粒径的配合比。

②根据基床的宽度、厚度和预定的压实度，按确定的配合比确定各路段需要的集料数量。

③集料的拌和须在中心拌和站进行，采用具有自动计量配料系统的拌和机，按试验确定的配合比（加水量根据气候及运距确定，并在最优含水率基础上增加 0.5%～1%）进行配料与拌和，以获得颗粒级配稳定和含水率合适的基床表层级配碎石混合料。拌和料应随拌随用。

④经检测，混合料的级配、含水率在工艺试验确定的允许范围内，方可出场。

（4）运输

将级配碎石生产厂拌和好的级配碎石混合料用自卸汽车尽快运至现场，防止水分因蒸发而损失过多。

（5）摊铺

①采用摊铺机按工艺试验确定的每层摊铺厚度分层摊铺，曲线地段根据所在地段级配碎石的总厚度均匀分层，但分层的压实厚度最大不超过 25 cm，最小不低于 15 cm。

②摊铺前，根据测量标线调整好摊铺机左、右的控制高度，挂摊铺线。摊铺线的高度是依据不同集料的松铺系数确定的。集料的松铺系数是事先通过试验决定的，人工摊铺混合料时，松铺系数为 1.40～1.50；平地机摊铺混合料时，松铺系数为 1.25～1.35。

③摊铺时，在摊铺机后面安排人员及时消除粗、细集料出现的离析现象。出现"粗集料窝"和"粗集料带"时，应添加细集料并拌和均匀；出现"细集料窝"时，应添加粗集料，并拌和均匀。

④在每一层的填筑过程中，确认级配碎石混合料颗粒级配、含水量的均匀性、铺筑厚度、填层表面平整度符合设计及施工控制参数的要求。

（6）碾压

①摊铺后，当基床表面尚处于湿润状态时，应立即进行碾压。如基床表面水分蒸发较多，出现明显的干燥失水，在其表面喷洒适量水后，再进行碾压。

②在直线地段，由两侧路肩向路中心碾压；在曲线地段，由内侧路肩向外侧路肩进行碾压。

③按工艺试验确定的碾压速度和遍数进行碾压。碾压时，压路机的碾压行驶速度为开始时慢速，之后几遍速度逐渐加快，但最大速度不得超过 4 km/h。

④沿线路纵向行与行之间压实重叠不小于 40 cm，各区段交接处的纵向搭接压实长度不小于 2.0 m，上、下两层填筑接头应错开不小于 3.0 m。

（7）检验

①运至现场的级配碎石混合料按每施工作业段每一层抽检不少于一组的频次，检测颗粒级配和含水量。当发现运至路基填筑现场的混合料级配或含水量有明显变化时，及时抽样复查，并将检测信息反馈给填料生产拌和站，以便对配料比例做相应调整，使后续生产出来的级配碎石混合料符合要求。

②每层的填筑压实质量按表 2-15 的检测频次和相应压实标准进行检测和控制。对站场内多线路基或填筑压实质量可疑地段，应根据工程质量控制的需要，增加检验的点数。

表 2-15 基床表层级配碎石压实质量检测频次

填料	压实标准	检测频次
级配碎石	地基系数 K_{30} /(MPa·m^{-1})	沿线路纵向每 100 m 检测 4 点，其中左、右距路基边缘 1.5 m 处各 1 点，路基中部 2 点
	压实系数 K	沿线路纵向每 100 m 检测 6 点，其中左、右距路基边缘 1.5 m 处各 2 点，路基中部 2 点
	动态变形模量 E_{vd}	

（8）修整养护

基床表层路基外侧的斜坡台阶，待最上层级配碎石填筑碾压成型且板结后，再用斜坡切割机按设计厚度切除斜坡处的级配碎石。

2.2.3 土质路堑施工

1. 路堑开挖方法

路堑施工时，根据施工地段的地形地貌条件以及路堑深度、纵向长度，路堑开挖可按下列方式进行。

（1）横挖法

以路堑整个横断面的宽度和深度，从一端或两端逐渐向前开挖的方式称为"横挖法"。横挖法适用于短而深的路堑。

①用人力按横挖法挖路堑时，可在不同高度分几层台阶开挖。台阶高度宜为 1.5~2.0 m。无论是从两端一次性横挖到路基标高还是分台阶横挖，均应设单独的运土通道及临时排水沟。

②用机械按横挖法挖路堑且弃土(或以挖作填)运距较远时，宜用挖掘机配合自卸汽车进行。每层台阶高度可增加到3~4 m。其余要求与人力开挖路堑相同。

③采用横挖法挖路堑也可用推土机进行。若弃土或以挖作填运距超过推土机的经济运距时，可用推土机推土堆积，再用装载机配合自卸汽车运土。

④采用机械开挖路堑时，边坡应配以平地机或人工分层修刮平整。

(2)纵挖法

路堑较长的地段，采用分层或分段向纵深方向开挖的施工方法称为"纵挖法"。根据具体条件，纵挖法又分为分层纵挖法、通道纵挖法和分段纵挖法。

①分层纵挖法是一种沿路堑全宽以深度不大的纵向分层进行挖掘的方法。分层纵挖法适用于宽度和深度都不大且较长地段的路堑开挖。

②通道纵挖法是先沿路堑纵向挖掘一条通道，然后将通道向两侧拓宽，上层通道拓宽至路堑边坡后，再开挖下层通道，如此向纵深开挖至路基标高的方法。通道纵挖法适用于路堑较长、较深且两端地面纵坡较小的路堑开挖。

③分段纵挖法是沿路堑纵向选择一点或几点适宜处，将较薄一侧堑壁横向挖穿，使路堑分为两段或数段，各段再沿纵向开挖的方法。分段纵挖法适用于路堑较长、弃土运距过远的傍山路堑，且其一侧路堑不厚的地段开挖。

(3)混合挖掘法

当路堑纵向长度和挖深都很大时，宜采用混合挖掘法，即将横挖法与通道纵挖法混合使用。先沿路堑纵向挖通道，然后沿横向坡面挖掘，以增加开挖坡面。每一坡面应安排一个施工小组或一台机械。

2. 路堑机械开挖适用的土质

机械开挖路堑适用于不需要爆破开挖的土质路堑、强风化和全风化的岩质路堑，机械开挖路堑岩土分类如表2-16所示。

表2-16　机械开挖路堑岩土分类

类别		特征
细粒土		黏土、粉质黏土、粉土
粗粒土		漂石土、块石土、卵石土、碎石土、圆砾土、角砾土
风化岩	强风化	1. 结构和构造层理不甚清晰，矿物成分已显著变化，组织结构已大部分破坏。 2. 岩体被节理、裂缝分割成碎石块(2~3 cm)，碎石用手可折断、用镐可以挖掘，手摇钻不易钻进
	全风化	1. 组织结构已基本或大部分破坏，但尚可辨认。 2. 有微弱的残余结构强度。 3. 用镐挖，易挖掘，干钻可钻进

3. 土质路堑开挖施工

1)土质路堑开挖施工工艺

土质路堑开挖施工工艺流程包括施工准备、测量放线、防排水设施修筑、路堑开挖、路堑弃土、边坡整修、基面修整等。

(1)施工准备

路堑开挖施工前,定出路基地界桩和路堑堑顶、弃土堆等的具体桩位,并完成路基范围内的既有房屋、道路、电力设施、给排水管及其他建筑物的拆迁或改造。

(2)测量放线

在施工前,必须按施工图的要求测量放线,设置护桩,测量误差必须符合《高速铁路工程测量规范》(TB 10601—2009)有关要求,测量工作必须贯彻复核制。

(3)防排水设施修筑

①应做好堑顶截水沟、天沟,在路堑的开挖过程中要自始至终保证排水畅通。做到临时排水设施与永久性排水设施相结合。

②堑顶为土质或含有软弱夹层时,天沟应及时铺砌或采取其他防渗措施,排水口应引向自然沟或排水构筑物。

③在路堑施工期间要注意检查维护,如发现路堑或边坡内发生地下水渗流,应根据渗流的位置及流量大小采取设置排水沟、水井、渗沟等设施,降低地下水位或将地下水引出。截、排水设施要满足以下要求:

a. 边沟整齐,沟坡、沟底平顺,无浮土杂物。

b. 排水沟泄水不得对路基产生危害。

c. 截水沟的弃土应于路堑与截水沟间筑成土台,并分层压实,台顶设 2‰ 倾向截水沟的横坡。土台边缘坡脚与路堑顶的距离应不小于 5.0 m。

(4)路堑开挖

①路堑开挖形式。

a. 路堑错台分层开挖。路堑开挖平均深度在 10 m 以上时,宜从上到下分层依次进行。待上一台阶开挖到一定程度,不影响下一台阶的工作安全时,即可进行下一台阶的开挖作业。开挖深度在 10 m 以内的临时性挖方边坡的坡度,考虑土质的稳定性和施工的安全性,可参考表 2-17 确定。挖方经过不同类土(岩)层或开挖深度超过 10 m 时,其边坡可做成台阶形状。

表 2-17　开挖边坡坡度

土壤类别		边坡坡度
砂土(不包括细、粉砂)		1：1.5～1：1.25
一般黏土	坚硬	1：1～1：0.75
	硬塑	1：2.5～1：1
碎石类土	充填坚硬,硬塑黏性土	1：1～1：0.5
	充填砂土	1：5～1：1

b. 纵向分段开挖。路堑过长，运距较远，且有挖方较薄的地段时，可用纵向分段开挖与分层分段相结合的方式。当傍山路堑一侧堑壁不厚时，可适当选择一处或几处将堑壁挖穿（俗称"马口"），将长路堑变成几段开挖，增加工作面。分段开挖的分段长度，以不小于 8～10 倍的开挖深度为宜。如果马口开挖数量不大，路堑深度较小，开挖标高可一次性设计在路基面标高上；如果马口开挖数量较大，路堑较深，开挖标高则应分层确定。

c. 分层拉槽开挖。这种开挖方式用于深度在 15 m 左右的路堑。开挖时，可分为 5 m 左右一层，以最上层顺线路中心拉槽开挖，槽宽以能布置挖装和运输机械的工作场地为限。

②推土机开挖路堑施工作业。

a. 路堑两端出土纵向开挖。采用这种开挖方式时，推土机纵向开挖，从路堑的两端出土。纵向开挖利用下坡推土作业，效率较高。一般，推土机纵向弃土的运距为 40～60 m，此运距通常也是移挖作填的最大经济运距。

b. 傍坡半挖堑填堤法。傍坡半挖堑半填堤，需根据地形及挖除土体的宽度，分别采取傍坡槽推或傍坡顺推的作业方法。其中，槽推法以安装斜角推土刀片为宜，这种作业方法的施工关键是路堑与路堤连接部分的挖台阶处理和半路堤部分的分层压实，必须认真按工艺设计和作业细则进行施工。

③铲运机开挖路堑施工作业。

a. 连续铲卸法。丘陵地区移挖作填施工，常用铲运机进行连续作业，如填挖土方利用量很大，事先要用推土机开出运行路线，然后用铲运机降坡取土。当路堑逐渐下降、路堤逐渐填高，形成连续作业条件时，采用连续作业路线。

b. 横向出土法。由于条件限制，路堑施工不能作纵向出土时，可采用横向出土法。在施工中应注意以下几点：

第一，分段长度可按照路堤计算公式确定。为了减少通道数量，并适应纵向利用开挖限界的需要，路堑横向出土分段长度可比路堤分段长 10～20 m。

第二，在深路堑内，为了便于机械进出，一般在横向通道位置上将堑顶以下一定高度挖成锁口，以降低路堑通道的高度。此锁口一般只需做好上游排水、挡水措施，完工后可不予回填；如必须回填，应保证与原土的密贴和分层夯实。

第三，在横向出土开挖地段内，铲运机应采用逐渐延伸的作业方法，保持下坡铲土的有利条件。自堑顶地面边线处斜对堑底已挖出的边线，按直线运行铲土。

路堑不论采取何种形式开挖，都应随时做临时排水沟，并避免超挖和欠挖。

④特殊土质路堑开挖。

a. 膨胀土路堑不宜在雨季施工，必须及时完成膨胀土路堑的侧沟、天沟、吊沟、排水沟的铺砌，保证铺砌前不受雨水侵入。施工、生活、工业用水应采取有效措施，禁止流入施工现场，应集中力量、快速施工，及时封闭、分段完成，应避免在大雨、连续阴雨天施工。设有支挡结构的边坡应随开随砌随砌筑，如防护不能紧跟开挖完成，应暂留厚度不小于 50 cm 的保护层。膨胀土路堑基床换填要紧跟开挖完成，当有困难时，应暂留厚度不小于 0.5 m 的保护层。路堑高侧山坡不应设弃土堆；需要设置时，弃土堆距边坡顶应不小于 10 m。

b. 黄土路堑宜在旱季施工，确需在雨季施工时，应集中力量、快速施工，工作面应随时保持大于 4％的坡度，横向排水沟距路堑边坡不小于 2 m。施工前应做好堑顶截、排水和地面排水设施，各种水沟铺砌必须保证质量，严防渗漏。应妥善处理生产和生活用水，不得流入施工现场软化地基、浸泡边坡。灌浆施工时，应有符合环保要求的废浆隔离与回收设施。降雨量大的地区应及早做好边坡防护和冲刷防护。

⑤需办理变更设计的情况。路堑开挖遇到下列情况时，应办理变更设计：

a. 边坡、基床的土石种类和构造与施工图明显不符。

b. 因自然灾害危及堑底或边坡的稳定性。

c. 采用新的或特殊施工方法，需改变边坡坡度。

d. 需增设或改变支挡、防护结构及排水设施。

（5）路堑弃土

路堑施工应尽量考虑移挖作填，符合填料使用条件的土用作路堤填料必须舍弃时，应本着"高土高弃、低土低弃、劣土废弃、优土还田"的原则，合理规划弃土场，防止堆置不当影响路堑边坡的稳定性或造成水土流失、淤塞排灌沟渠等病害。弃土堆的设置及要求如下：

①弃土堆位置与高度的确定应保证路堑边坡和自身的稳定性，并考虑地形以及对附近建筑物、农田、水利、河道、交通的影响。

②沿河岸的弃土，不得弃入河道，挤压桥孔或涵洞出入口，以防止其改变水流方向和加剧对河岸的冲刷。严禁在贴近桥墩台处、岩溶漏斗处及暗河口弃土。

（6）边坡整修

①正确标出边桩连线。经常检查边坡开挖坡度，纠正偏差。

②坡面应平顺，无明显的局部高低差及浮石、渣堆、杂物等。

③边坡上出现的坑、凹槽应嵌补平整。

④平台应有向路基侧沟排水的坡度。

⑤需要防护的边坡，应按施工图及时防护；当防护不能紧跟开挖进行，应留一定厚度的保护层并放缓开挖面坡度，待做护坡时再刷边坡。

（7）基面修整

路堑施工接近堑底时，鉴别核对土质，按施工图断面测量放样，开挖修整，或按施工图采取压实、换填、改良土质、排水封闭等措施。

填补凹坑应采用与路基面种类相同的填料，并予以压实。

2）路堑开挖工艺控制要点

（1）路堑开挖原则

①尽可能增加开挖工作面和运输线，高土高弃、低土低弃。

②充分利用地势高差，加快装车速度。

③土质路堑施工，应优先考虑按机械施工进行工地的布置和规划。

④运输道路一般应布置重车下坡，以利于车辆的运行和路堑开挖时渗水和雨水的排出。

（2）施工注意事项

①大型土方机械开挖应从上至下分层分段依次进行，严禁掏挖。在挖方边坡上如发现有危岩、孤岩、滑坡等土体或岩（土）体以及倾向挖方一侧易引起滑移的软弱夹层、裂隙

时，应及时清理并采取相应措施。

②在滑坡地段挖方时，应详细了解该处的地质资料，制定施工方案，明确开挖的方法、顺序和措施，防止发生坍滑。

③开挖接近开挖控制标高时，应尽量保护好下部土层，减少扰动。使用挖掘机开挖（正铲或反铲）时，可在开挖控制标高以上保留 30 cm 的土层，待基床施工前用小型机具挖除。

④强风化的硬质岩石、软质岩石及土质路堑基床表层进行换填级配碎石处理，施工工艺及压实质量应符合基床表层级配碎石的施工要求。

⑤土方边坡的加固（包括填方、排水沟和截水沟等的边坡）应遵照施工图和施工组织设计进行，一般应使同一个层段的开挖和防护施工在一个时间段内集中完成，挖一个层段，砌筑一个层段。

⑥开挖过程中，派专人仔细调查开挖坡面稳定情况，发现问题及时加固，同时做好地下设备的调查和勘察工作。

⑦开挖土方时，对地下管线、缆线、文物古迹和其他构造物做好保护工作。在居民区附近开挖土方时，采取有效措施保证居民及施工人员的安全，并为附近居民的生活提供有效的临时便道或便桥。

⑧路堑施工开挖出土适用于种植草皮和其他用途的表土，应储存于指定地点。

⑨路堑施工开挖出的土满足路堤填料要求的，可用于路基填筑。各类材料不应混杂。

⑩路堑施工开挖出的土不能用作路堤填料的，应按规定处理。

a. 在开挖路堑弃土地段前，应提出弃土的施工方案，报有关单位批准后实施。方案内容包括弃土方式、调运方案、弃土位置、弃土形式、坡角加固处理方案、排水系统的布置及计划安排等。方案改变时，应报批准单位复查。

b. 弃土堆的边坡应不陡于 1:1.5，顶面向外应设不小于 2% 的横坡，其高度应不大于 3 m。路堑旁的弃土堆，其内侧坡脚与路堑顶之间的距离，对于干燥硬土，应不小于 3 m；对于软湿土，应不小于路堑深度加 5 m。

c. 在山坡上侧的弃土堆应连续而不中断，并在弃土前设截水沟；山坡下侧的弃土堆应每隔 50~100 m 设不小于 1 m 的缺口排水，弃土堆坡脚应做防护加固处理。

d. 严禁在岩溶漏斗处、暗河口处、贴近桥墩台处弃土。

（3）冬、雨季施工措施

雨季开挖土质路堑时，应分层进行，每层底面设大于 1% 的纵坡，挖方边坡沿边坡预留 30 cm 厚，待雨后再整修到设计边坡线。开挖路堑的过程中，在距基顶面 30 cm 时停止开挖，待雨季后再挖到设计标高。

冬季施工中，开工未挖完的土质路堑、基坑时，将开挖面表层翻松 30~40 cm，耙平作为保温层防冻；已开挖完的，表层预覆松土或草袋上覆松土，待继续施工时再清除。土方开挖完毕，立即施工上部结构，防止基底冻结；如有工艺间歇，按冬季防护办法处理。

2.2.4 石质路堑施工

1. 控制爆破

控制爆破是指通过一定的技术措施，严格控制爆破能量和爆破规模，使爆破的声响、冲击波、爆轰波、振动、破坏区域、飞块距离以及破碎物的散坍范围控制在规定的限度以内。

根据不同场所、不同材料、不同要求而采用不同的爆破方法，以控制爆破效果。爆破对象的规模、质量、数量、大小、形状等均不同，必须针对爆破目标有目的地加以控制。这些都需要通过精密的设计计算和精细的操作来实现。

2. 光面爆破工艺原理

光面爆破是一种深(浅)孔控制爆破方法，其特点是在设计开挖轮廓线上钻凿一排孔距与最小抵抗线相匹配的光爆孔(光面爆破炮孔)，并采用不耦合装药或其他特殊的装药结构，在开挖主体的装药响炮之后，光爆孔内的装药同时起爆，从而形成一个贯穿光爆孔的光滑平整开挖面。光面爆破的特点是爆破后壁面光滑平整，开挖轮廓线能大致符合设计要求，并减少爆破对边坡岩石的扰动，以及减小超挖和欠挖量。目前，为减少爆破对成形边坡的扰动和减小刷坡整形工作量，在靠近边坡的附近多采用光面爆破技术进行铁路石质路堑开挖。

光面爆破的破岩机理十分复杂，炸药起爆时，对岩体产生两种效应：一是药包爆炸瞬间高温高压气体产生炮轰波，后转化为冲击波，并形成冲击波效应；二是爆炸气体膨胀做功所起的作用。光面爆破的爆破成缝机理具体表现为如下几点：

①炸药爆炸时，炮孔壁面受压缩应力波所衍生的切向拉应力作用，在相邻炮孔之间形成应力加强带，产生少数径向裂缝。

②不耦合装药、间隔装药等缓冲装药结构使得爆轰气体对孔壁的作用时间延长，在相邻炮孔之间形成由炮轰气体引起的应力加强带。

③孔壁存在着钻孔时形成的细微裂隙，所以只要孔距合适，裂隙就从孔壁开始沿炮孔连心线向邻孔方向发展。同时，孔内爆轰气体高速楔入，加大了裂隙扩展速度，最终导致相邻炮孔贯穿成缝。

3. 石方路堑光面爆破施工

(1)石方路堑光面爆破施工工艺流程

①爆破设计。根据工程特点及现场实际情况进行光面爆破设计。确定爆破参数、装药结构、起爆程序。

a. 爆破参数。包括钻孔直径 D、最小抵抗线 W、孔距 a，根据相关要求计算确定。预裂爆破主要参数如表 2-18 所示。

表 2-18　预裂爆破主要参数

岩石类别	极限抗压强度/MPa	参数	钻孔直径/mm				
			50	70	100	125	150
坚石	60 以上	a	0.45~0.65	0.75~0.95	1.1~1.3	1.45~1.65	1.8~2.1
		q	215~340	355~560	390~620	485~765	555~875
		q'	孔深 $L>10$ m 时，$q'=5q$ $L=5$~10 m 时，$q'=4q$ $L=3$~5 m 时，$q'=3q$				

续表

岩石类别	极限抗压强度/MPa	参数	钻孔直径/mm				
			50	70	100	125	150
次坚石	30~60	a	0.4~0.5	0.6~0.75	0.9~1.1	1.2~1.4	1.5~1.8
		q	155~215	250~355	280~390	345~485	395~555
		q'	孔深 $L>10$ m 时，$q'=4q$ $L=5\sim10$ m 时，$q'=2.5q$ $L=3\sim5$ m 时，$q'=q$				
			50	70	100	125	150
软石	5~30	a	0.3~0.4	0.5~0.6	0.75~0.85	1~1.2	1.2~1.5
		q	60~155	100~250	115~280	140~345	160~395
		q'	孔深 $L>10$ m 时，$q'=4q$ $L=5\sim10$ m 时，$q'=2.5q$ $L=3\sim5$ m 时，$q'=q$				

注：表中 a 为钻孔间距，m；q 为线装药密度（全孔装药量扣除孔底部增加装药量除以装药段长度），g/m；q' 为孔底装药密度，g/m。表列 q 值按40%耐冻胶质炸药计列，并以不耦合系数取2～3为选用条件。堵塞长度在0.8～1.0 m。

b. 装药量。装药量的经验计算法见式(2.1)和式(2.2)。

$$Q = qL + Q_底 \tag{2.1}$$

$$q = kaW \tag{2.2}$$

式中：Q 为单孔装药量；q 为线装药密度，也可根据经验取值，预留光爆层时 $q=180\sim200$ g/m，有准光爆层时 $q=200\sim220$ g/m；L 为炮孔深度；$Q_底$ 为光面爆破底部加强药量，预留光爆层时取 $Q_底=(3\sim5)QL_1$，有准光爆层时取 $Q_底=(5\sim8)QL_1$，实际爆破时，要根据炮孔深度确定底部装药长度和药量增量。其中，L_1 为底部加强药量装药长度，一般取 $L_1=1.5\sim2.0$ m；K 为光面爆破的单位用药量，预留光爆层时取 75 g/m，有准光爆层时取 90 g/m；A 为孔距；W 为抵抗线。

②开凿作业面。清除地面杂物和覆盖土层，必要时搭建钻孔平台。钻孔作业在高陡的坡顶上进行，钻机移位及架设均需人工来完成，必须保证人员和机械的安全。搭建钻孔平台是为了保证施工作业的安全。

光爆孔精度要求高，三角架式钻机定位较难，为减小钻孔偏差，钻孔平台应有一定宽度，以利于钻机的调整。平台宽度一般为1.5～2.0 m。在进行多层光爆施工时，应预留出下面各层的钻孔平台宽度。

③布孔。根据设计要求放出开挖轮廓线和各炮孔孔位，并编号，插木牌逐孔写明孔深、孔径、倾斜角方向及大小。

光面爆破后边坡一次成型，若要变动，将浪费大量的人力和物力，所以需严格控制边坡测量放线及布设孔位的误差。

④钻孔。钻孔是保证爆破质量的重要一环，应严格按爆破设计的位置、方向、角度进

行钻孔，并采取先慢后快的方式。钻孔过程中，必须仔细操作，严防卡钻、欠钻、漏钻和错钻。钻孔精度是光面爆破成功的重要因素。要想保证钻孔精度，把炮孔钻在同一平面上，使用三角架式钻机，除提高钻孔技术外，还要按"对位准、方向正、角度精"三要点来操作。

a. 钻机对位要准。为了保证钻机在同一平面上对位，在钻机平台上铺设钢管，作为钻机移动轨道。钢管一般铺设在边坡线外 30 cm 处，根据设计的光爆孔孔距，用油漆在钢管上标明孔位。

b. 钻孔方向要正。沿边坡开挖线拉一条测线，测量机架两侧至测线的距离，当两者距离相同时，说明钻机安放准确。

c. 钻孔角度要精确。钻孔角度精确有利于保证光面爆破后坡面平整、光滑。钻孔角度大于边坡坡度时，将使抵抗线偏小，会产生飞石；小于边坡坡度时，则抵抗线增大，会使光爆层炸而不塌。保证钻孔精度应用仪器测定钻杆角度，符合要求后，固定钻机进行钻孔作业。

d. 钻孔作业基本要领。熟悉岩石性质，掌握不同岩层的凿岩规律；孔口要完整，孔壁要光滑，保证排渣顺利；软岩慢打，硬岩快打。

⑤钻孔检查。装药前必须检查孔位深度，倾角是否符合设计要求，孔内有无堵塞，孔壁是否有石块以及孔内有无积水。发现孔位和深度不符合设计要求时，应进行补孔。严禁少打眼、多装药。清理孔口周围的碎石、杂物，孔口岩石破碎、不稳固段应进行维护，避免孔口形成喇叭状，钻孔结束后封盖孔口或设立标志。

⑥装药与堵塞。严格按设计的炸药品种、规格及数量进行装药并堵塞。炮孔堵塞长度应大于最小抵抗线，一般为 0.8 m。堵塞时先用纸团塞紧在堵段下部，然后用黄黏土堵实。采用不耦合的方式装药，装药结构形式有以下两种：

a. 用低爆速、小直径的光爆专用药卷或现场加工的传爆性能好的细长药卷时，采用均布连续装药。

b. 用 2 号岩石炸药或水胶、乳化炸药（常用于有水的炮孔中）时，采用加导爆索间隔捆绑成药串的间隔装药。

炮孔底部加强装药段，装药长度和炸药增量可按表 2-19 确定。

表 2-19　炮孔药增量表

炮孔深度/m	底药长度/m	增量（倍）
＜3	0.5	0.5～1
3～5	0.5～1.0	1.0～1.5
5～10	1.0～1.5	1.5～2.0
10～15	1.0～1.5	2～3
＞15	1.5～2.0	＞3

⑦爆破网路敷设。网路敷设前，应检验起爆器材的质量、数量、段别并对其进行编号和分类，严格按敷设网路敷设，严格遵守《爆破安全规程》（GB 6722—2014）中有关起爆方

法的规定。网路要经检查确认完好，起爆点应设在安全地带。

⑧起爆。在网路检测无误、防护工程检查无误、各方警戒正常的情况下，指挥员即可在规定时间起爆。起爆方法有两种：一是用设计段数的电雷管或非毫秒雷管绑于内药柱或药串上起爆；二是用导爆索连接起爆。

在与主炮孔同时施爆的时候，光爆孔要滞后于主爆孔 50～100 ms(硬岩可取小值，软岩宜取大值)起爆。

⑨安全检查。爆破完成并间隔规定的时间后，若安全检查无误，即可进行机械施工。

⑩出碴。

a. 路堑石方运距大于 1 km 时，采用自卸汽车配合装载机械施工。

b. 用装载机铲运装车，在铲挖工作面与车辆间进退运行采用 V 形或 L 形循环方式，装载机铲挖的进铲方向应大致与工作面垂直，避免偏载。装车行走速度控制在 0.7～1.8 m/s。

c. 汽车运输道路的车道宽度、纵坡、曲线半径应符合有关规定，路面结构要满足重载车辆运行的需要。倾卸时要采取安全防护措施。

⑪总结分析。爆破后对爆破效果进行全面检查，综合评定各项技术指标是否合理，进一步确认已暴露岩石的结构、产状、地质构造和岩石的物理力学性质，综合分析岩石单位耗药量，做好爆破记录。聘请有经验的爆破专家进行分析和总结，以便对下一循环爆破作业进行优化。

⑫修整边坡和路基面。

a. 爆破后，边坡和堑顶山体稳定，边坡平顺，不破碎、不振动。及时清除凸面悬危石、浮石、渣堆杂物。

b. 边坡上出现的坑穴、凹槽用浆砌片石嵌补平整。

c. 整修基面。在岩石路堑的侧沟平台上，应按设计图预留信号电缆、电力电缆、排水沟槽。开挖时不得损坏边坡坡脚，必须保证侧沟平台和基面平整，有凹坑或损坏处，用混凝土或浆砌片石补齐。

(2)光面爆破工艺要点及质量、安全保证措施

①爆破工艺要点。

a. 路堑中间部分开挖爆破必须控制好爆破边线，使光面爆破区域控制在距路堑设计边线 4 m 左右。

b. 光面爆破设计参数的选择很关键，它直接影响到光面爆破的效果。为使光面爆破取得良好效果，在设计时应注重如下几点：

第一，根据岩石特点，合理选定周边眼的间距和最小抵抗线，尽最大努力提高钻眼质量。

第二，严格控制周边眼的装药量，尽可能将药量沿眼长均匀分布。

第三，周边眼宜使用小直径卷和低猛度、低爆速的炸药。为满足装药结构要求，可借助导爆索来实现空气间隔装药。

第四，采用毫秒微差有序起爆，要安排好开挖程序，使光面爆破具有良好的临空面。

c. 周边眼常用参数的选择应注意如下几点：

第一，周边眼间距 E。它是直接控制开挖轮廓面平整度的主要因素。一般情况下，$E=(12～15)d$，其中炮眼直径 d 为 35～45 mm。对于节理较发育、层理明显以及开挖轮

廓要求较高的工程，可适当减小周边眼间距，也可在两炮眼之间增加一个不装药的导向空眼。

第二，最小抵抗线 W（光面层厚度）。W 直接影响光面爆破效果和爆渣块度，其取值为 $(13\sim22)d$。

第三，周边眼密集系数 K。一般情况下，K 取 $0.7\sim1.0$ 为宜（$K=E/W$）。

第四，装药集中度 q。采用 2 号岩石炸药进行光面爆破时，q 取 $0.2\sim0.3$ kg/m；采用其他炸药时则须进行换算，其换算系数 $C=1/2\times$（2 号岩石炸药猛度÷换算炸药猛度＋2 号岩石炸药爆力÷换算炸药爆力）。

d. 严格控制周边眼的药量，采用合理的装药结构并尽量使炸药沿孔深均匀分布，这是实现光面爆破的重要条件。常用的装药结构有以下几种：

第一，连续装药。将计算出的药量按装药集中度连续均匀地装入炮眼，其起爆包置于眼底。

第二，间隔装药。为使爆炸力沿炮眼均匀分布，需将炸药沿炮眼全长布设；其所需炸药药卷连续长度短于炮眼长度较多时，应采用间隔装药。

第三，不耦合装药。采用卷装炸药时，多为不耦合装药结构。

②光面爆破质量保证措施。

a. 对参加施工的人员进行岗前培训及技术交底。

b. 选取光面爆破参数时，除理论计算外，还可用类比法与同类项目比较确定；必要时在与所做工程地质条件相类似的岩层中试验，以求得更准确的爆破参数。

c. 钻孔要严格按照设计孔位、孔深、孔径及倾斜度进行。

d. 炮位设计应充分考虑岩石的产状、类别、节理发育程度、溶蚀情况等，炮孔药室宜避开溶洞和大的裂隙。避免在两种岩石硬度相差很大的交界面处设置炮孔。

③光面爆破安全保证措施。

a. 对参加施工的人员进行安全教育及爆破规则培训。

b. 石方爆破工程的施工方案在报请当地公安机关批准后，方可组织实施；爆破员须经当地公安机关培训，考试合格后，持公安机关核发的有效操作证上岗作业。

c. 爆破施工时，指定一名领导在现场全面负责工作。

d. 装药量、装药结构及堵塞质量均应符合设计要求，已装置炸药的炮孔用泥土覆盖及保护，爆破作业区段与既有建筑物之间设排架及防护网防护。

e. 施爆前，应规定醒目、清晰的爆破信号，并发布通告，及时疏散危险区内的人员、牲畜、设备及车辆等。对不能撤离的建筑物，应采取保护、加固措施，并在危险区周围设警戒，严禁人、畜、车辆进入。爆破后，及时清除危及人身安全的危石、落石。

f. 起爆 15 min 后，由指定爆破专业人员进入爆破区域进行安全检查，确认无拒爆现象和其他问题后，方能解除警戒。

g. 对每次爆破的地质状况、主要参数、爆破效果等做详细记录，为改进爆破方案提供可靠依据。

h. 为预防盲炮现象发生，应选取合格的爆破器材，装药前要清理炮孔积水。装药时要小心，以防损坏药包相连线；联结网路时要仔细操作并按规定进行检查。

i. 要注意妥善处理盲炮，起爆线路完好时，可重新起爆；起爆线路已被破坏时，用木竹工具将填塞物掏出，用聚能药包将盲炮诱爆或在安全距离外用风水喷管吹出填塞物及炸药，并回收雷管。

j. 对于爆破施工的路段，如空中有缆线，应查明其平面位置和高度，还应调查地下有无管线，若有，则应查明其平面位置和埋设深度，同时应调查开挖边界线外的建筑物结构类型、完好程度、距开挖界距离，然后制订爆破方案。任何爆破方案都必须确保空中缆线、地下管线和施工区边界外的建筑物的安全。

2.3 路基防护与排水

2.3.1 路基防护技术

1. 坡面防护

路堤和路堑边坡长期暴露于大气中，受到水、温度、风等自然因素反复作用。坡面防护是指为避免路基边坡在自然降雨、风力、气候变化、岩体风化及水流等作用下出现浅（表）层失稳、冲蚀剥落、局部溜坍等情况，而施加于坡面的防护措施。

坡面防护的主要目的是保护路基边坡表面免受雨水冲刷，减小温度及湿度变化的影响，防止或延缓软弱岩土表面的风化、剥落等演变过程，从而提高路基边坡的稳定性。路基边坡防护应设置在稳定的边坡上，防护设计应加强工程地质勘查工作，采用综合勘探的方法，取得详细的工程地质、水文地质和环境条件资料，分析并确认路基边坡的稳定性。应贯彻绿色防护理念，结合绿色通道建设，遵循因地制宜、安全可靠、经济适用、易于管护、环境保护及兼顾景观的原则，采用植物防护与工程防护相结合的措施。

（1）植物防护

植物防护是指路基坡面采取种植植物或种植植物与工程防护（土工合成材料、浆砌片石骨架、混凝土框格等）相结合的坡面防护措施，是一项集岩土工程学、植物学、土壤学、肥料学、高分子化学及环境生态学于一体的综合工程技术，是一种防护效果好，又能改善和美化环境的一种绿色防护技术。

植物防护主要有液压喷播植草、种植灌木、喷混植生和客土植生几种措施。在高铁路基防护中，植物防护往往与骨架结构、土工合成材料等联合使用，形成边坡的综合防护。路基边坡采用带截水槽的骨架护坡，结合在骨架内种植草灌木等植物防护，并适当加深骨架埋置深度、加大骨架截面宽度，可以加快路基面和边坡的排水速度，大量减少雨水对路肩和边坡的冲刷破坏。

（2）工程防护

当不宜使用植物防护或考虑就地取材时，可采用砂石、水泥、石灰等矿物材料进行坡面防护，它的主要形式有砂浆抹面、喷浆、勾缝、石砌护坡或护面墙等。这些形式各自适用于一定条件。

砂浆抹面，适于石质挖方坡面，岩石表面易风化，但比较完整，尚未剥落，如页岩、泥沙岩、千枚岩的新坡面，对此应及时予以封面，以预防风化成害；喷浆适用于易风化但尚未严重风化的岩石边坡，且坡面较干燥；勾缝适用于较硬、不易风化、节理缝多而细的岩石路堑边坡；石砌护坡有干砌和浆砌两种，可用于土质或风化岩质路堑或土质路堤边坡的坡面防护，也可用于浸水路堤及排水沟渠作为冲刷防护；护面墙指为覆盖各种软质岩层和较破碎岩石的挖方边坡，以免其受自然因素影响，防止雨水渗入而修的墙，护面墙应紧贴边坡坡面修建，只承受自重，不承受墙背土侧压力。

2. 冲刷防护

在河滩或岸边修筑的铁路路基会受到水流和波浪的冲刷和淘蚀，为保证路基的稳固，必须根据当地的地形、地质条件和水流流速、流向及冲刷深度，设置足够坚固的冲刷防护建筑物。《高速铁路设计规范》(TB 10621—2014)规定，受洪水或河流冲刷及受水浸泡的路堤部位，除应采用水稳定性好的渗水性填料填筑，并放缓边坡坡率、设置边坡平台外，还应加强冲刷防护。

路基冲刷防护工程，分为直接防护和间接防护两种。

直接防护是直接对路基边坡进行加固，以抵抗水流的冲刷和淘蚀，适用于水流速度不大，流向与河岸基本平行，水流破坏作用较弱，或由于地形、地质条件限制不得不采用直接防护的地段。其特点是对原来水流干扰小，对防护地段上下游及对岸的影响不大，但由于这类建筑物直接修筑在受冲河岸或路堤边坡上，一旦被破坏将直接威胁铁路安全，因而必须具有足够的稳固性。直接防护有植物防护、干砌片石护坡、抛石防护、石笼防护、浆砌片石护坡、混凝土护坡、大型砌块、浸水挡土墙等类型。

间接防护是在路基或河岸的外围设置导流或阻流建筑物，以改变水流性质，迫使主流偏离被防护的路段，亦可减小流速，缓和水流对被防护路段的冲刷，或改变河槽中冲刷和淤积的部位，从而间接地实现对路堤的防护。间接防护适用于河槽较宽，冲刷和淤积大致平衡，水流性质易改变且有条件顺河流之势设置导流建筑物的地段，当被防护地段较长时尤其适宜。其特点是防护建筑物需要侵占一部分河床，不同程度地压缩和紊乱原来的水流，首当其冲的部位会受到特别强烈的冲刷和淘蚀，必须采取相应的措施进行加固。间接防护类型有丁坝(又称"挑流坝")、顺坝(又称"导流坝")等。

为了能够与水流的各种特性相适应，可采用综合防护，即直接防护和间接防护配合使用。

2.3.2　路基防排水

水对土体的浸湿、饱和及冲刷作用常常是促使路基病害发生和发展的主要原因之一。做好防排水工程，使路基主体常年处于干燥状态，对保证路基长期稳定和正常服役关系重大。路基防排水是通过修建排泄或拦截设施，使路基主体及附近的地面和地下水能顺畅排走，疏干路基土体、降低地下水位、减小毛细水影响的工程措施。

路基防排水设施是路基工程的重要组成部分，是路基土工结构物设计的重要内容之一。我国高铁路基防排水设施的设计降雨重现期为 50 年。其中，路基排水设施的设计应与桥涵、隧道、车站等排水设备衔接配合，具有足够的排泄能力，并注意与水土保持和农田水利工程的结合。排水设备的设计应遵守以下原则：

①充分调查研究，根据气象条件、汇水面积、周边地形、地质、地下水状况等条件进行规划和设计，注意排水设备的完整性、系统性和通畅性。

②与线路平、纵断面设计密切配合，线路勘测时就开始关注排水问题，设计时保证路基范围排水通畅，不发生淤积及浸泡路基现象。

③协调农田灌溉需要，设计时综合规划，注意与地区灌溉系统、水利规划、土地使用等配套。一般情况下，不利用路基边沟作农田灌溉使用。

④在不良地质地区，要结合地质与地形条件、岩层性质与渗流等复杂情况，进行独立排水系统设计；在枢纽站、区段站，由于场地宽广、地形平坦、汇水面积大、水源多，排水较困难，应结合站场设计，统一布置排水设备，在不淤不冲的前提下顺畅排水。

⑤排水设施的设计应贯彻因地制宜、因势利导的原则，迅速有效地排除影响路基强度和稳定性的"有害水"，保证高铁运输安全。

1. 路基面防排水

路基面防排水设计应综合考虑轨道形式、电缆槽、接触网立柱和声屏障基础等因素。日本铁路通过在路基顶面设置沥青混凝土结构层，加强基床防排水和防冻；德国铁路重点强调防冻层的渗透性能，一般不单独设置防排水层。我国高铁无砟轨道线路，为防止雨水下渗软化路基土体，要求在路基面设置防排水层。如京津城际高铁在正线无砟轨道混凝土支承层至电缆沟之间范围基床表层顶面铺设 10 mm 厚的稀浆封层加 10 mm 厚的单层沥青表面处治，车站到发线有砟轨道基床表层顶面铺设 40 mm 厚的 AC－13F 密级配细粒式沥青混凝土。

路基面防排水应符合下列规定。

①路基面降水应采取适当措施引入路基排水沟，或设置集水井进行引排。有特殊要求的路基面尚应进行防水下渗处理。

②线间排水应根据线路情况、气候条件及对轨道电路的影响等综合考虑，宜采用横向直排方式，无砟轨道线间排水尽可能采用横向直排方式。为避免开裂漏水，线间排水沟采用混凝土浇筑或整体式预制拼装结构，不应采用浆砌片石。

③轨道结构要求采用集水井排水时，集水井的位置，排水管材质和结构尺寸，埋设深度和方式等应根据荷载、降雨量和防冻、防渗等要求综合确定。集水井排水方式在横向直排无法满足要求时才予以采用，使用时特别注意排水通道畅通，并采取可靠的防渗漏措施。

④电缆槽、硬护肩等设施应预留排水孔。

⑤膨胀土(岩)地区路基基床底层顶面或换填层底面应加强封闭、隔水处理。黄土地区路基面防排水应结合路基结构层位的填料性质确定。

《高速铁路设计规范》(TB 10621—2014)对各型无砟轨道线间防排水措施建议见表 2-20。其中，经轨道板顶面向线路两侧横向排水方案采用线间填充级配碎石和混凝土封闭层，利用轨道板表面的横向排水坡排水。严寒地区的线间排水需结合气候条件、线下工程设计等进行系统研究。

表 2-20　无砟轨道线间防排水措施

无砟轨道结构形式	地区	
	温暖地区	寒冷地区
CRTS I 型板式	可采用集水井	考虑防冻要求，底座内设置横向排水管，线间填筑级配碎石，表面混凝土封闭
CRTS II 型板式	经轨道板顶面向线路两侧横向排水；集水井排水（为降低造价或在曲线地段）	经轨道板顶面向线路两侧横向排水；集水井排水（曲线地段）
CRTS III 型板式	可采用集水井	考虑防冻要求，底座内设置横向排水管，线间填筑级配碎石，表面混凝土封闭
CRTS I 型双块式	可采用集水井	经轨道顶面向线路两侧横向排水

2. 地面排水设备

（1）设备类型

①排水沟。设于路堤坡脚或护道外侧，用以排除路堤范围内的地表水和拦截从田野方向流向路堤的地表水。

②侧沟。位于路堑或不填不挖区段的路肩外侧，用以汇集或排泄路基面和路堑边坡的来水。

③天沟。设于路堑顶边缘以外，视需要可设一道或几道，用于截排堑顶上方流向路堑的地表水。

④截水沟。设在台阶形路堑边坡的平台上及排水沟、侧沟、天沟所在部位以外必须拦截地表水的位置，用以截排边坡平台以上坡面的地表水，或排水沟、天沟以外流向路基的地表水。

⑤跌水和急流槽。亦称"吊沟"，设于坡度陡的排水地段，多设于天沟出口、排水沟或侧沟通往桥涵建筑物处。

（2）设备设置

①在地面横坡不明显的平坦地段，当路堤高度小于 3 m 时，由于地面积水和局部地表径流可能使路基基床受水浸泡或受毛细水作用而影响路基稳定性，宜在路基两侧均设置排水沟；地面横坡明显地段的排水沟可在横坡上方一侧设置。

②为防止地面水流入路堑，地面横坡不明显地段应在堑顶外两侧设置天沟；地面横坡明显时，仅在横坡上方一侧设置天沟。天沟距堑顶边缘的距离不宜过大，否则未被拦截的地表水较多，对堑坡稳定性不利；距离也不宜过小，以避免因渗漏而影响堑坡稳定性。一般情况下距离宜不小于 5 m，在土质良好、堑坡不高或沟内有铺砌时应不小于 2 m，若堑顶有弃土堆，天沟一般应设在弃土堆上坡方向以外 1～5 m。

②路堑地段应在路肩两侧设置侧沟。在年降水量大于等于 400 mm 的地区，路堑边坡平台宜设置截水沟，并应将边坡平台截水沟的水引入相邻排水设施。

④天沟不应向路堑侧沟排水。受地形限制需排入侧沟时，必须设置急流槽，并根据流量调整下游侧沟断面尺寸。路堑地段汇水面积较大时，根据具体情况可在天沟外增设截水沟。

⑤跌水沟底设置为台阶形，台阶的高宽比大致等于地面坡度。急流槽坡度一般大于10％，进口宜成喇叭口状，槽身一般为矩形。为使通过急流槽的水流能贴槽底流动而不发生飞溅，槽底坡度应不陡于1∶0.75。常在槽底设消力槛以降低流速，防止冲刷与之相连的下游水沟。吊沟靠路肩一侧需设挡水墙，以防止水流冲刷路肩和道床。

⑥为排水通畅、避免淤塞，地面排水设备的纵坡不小于2‰。排水沟的沟顶应高出设计水位不小于0.2 m。

⑦沿铁路纵向的排水坡段长度宜不大于400 m，必要时，应增设横向排水设施将水流引出路基外，并排入至自然河槽或沟渠。排水沟、侧沟、天沟的水应引入桥涵、沟渠，其端部沟底高程应不低于桥涵沟底高程。

⑧严禁在虚填土上设置侧沟、天沟、排水沟及急流槽等排水设施。因浆砌片石的工程质量不易保证，易开裂漏水，地面排水设备应采用混凝土现场浇筑或预制混凝土构件砌筑拼装，以利施工质量控制。

3. 地下排水设备

路基范围内的地下水及其活动，往往会给路基的稳定性带来不利影响。在地下水危及路基稳定或严重降低土体强度的情况下，应根据具体情况采用地下排水设备拦截、疏干地下水或降低地下水水位等措施。

常用的地下排水设备主要有明沟、排水槽、截水渗沟、引水渗沟、边坡渗沟、支撑渗沟、渗水隧洞、立式集水渗井(渗管)、仰斜式钻孔等类型。

(1)明沟和排水槽

明沟和排水槽是开敞式地下水排导设备，主要用于拦截、引排或降低埋藏较浅(一般在2～3 m以内)的潜水及上层滞水，并可兼排地表水，常设置在山坡上较平缓的斜坡地带或路基两侧。严寒地区不宜使用。

明沟的深度一般宜不超过1.5 m，排水槽的深度一般在2.0 m以内，最深不超过3.0 m，沟底均应埋在不透水层内。明沟通常采用倒梯形断面，底宽0.4～1.0 m，沟壁厚约0.3 m。排水槽通常采用矩形断面，底宽0.6～1.0 m。明沟和排水槽与含水层相接触的沟壁上需设置向沟内倾斜的渗水孔；沟壁与含水层之间应设置反滤层；沿纵向每隔10～15 m应设置伸缩缝(兼作沉降缝)。

(2)截水渗沟和引水渗沟

截水渗沟用于拦截地下水，阻止其流入路基。引水渗沟用于引排山坡、洼地或路基内的地下水，疏干附近土体或降低地下水位。

渗沟断面采用矩形，宽度一般不小于2 m。渗沟内充填渗水料，沟壁与含水层土体间设反滤层，沟底部设置有盖板的矩形沟或圆管作为排水通道，盖板及圆管上根据需要留进水孔眼或缝隙。

沟底纵坡应根据地下水埋藏深度及地层情况、出水口位置高程等综合确定。为迅速排出地下水和防止淤积，底部纵坡不宜太小，但考虑到经地层土渗流的自然过滤作用，地下水含泥量一般会小于地面水，若反滤层保持有效，则淤积程度不会严重。因此，渗沟的防淤积不仅依靠纵坡，而且需要以加强反滤措施为重要配合环节方能奏效。一般沟底排水纵坡应设置为不小于 5‰，困难时可减小至不小于 2‰，此时必须采用加大排水断面、加强反滤层、缩短检查井间距等综合措施。

(3)边坡渗沟和支撑渗沟

边坡渗沟用以疏干边坡、引排坡面滞水，也有一定的支撑边坡的作用，适用于坡度不陡于 1:1 的土质路堑边坡和易发生表土坍滑的潮湿土质边坡。边坡渗沟应多条间隔地垂直嵌入边坡土体，主沟间距 6～10 m。

边坡表土普遍潮湿时采用拱形布置，边坡局部潮湿时可采用条带形及分岔形布置。渗沟横断面通常采用矩形，宽度宜不小于 1.3～1.5 m。渗沟基底通常埋置在潮湿土层以下较干燥而稳定的土层以内且不小于 0.5 m，并按潮湿带的厚度做成带有泄水坡的阶梯形。渗沟的填料可全部采用干砌片石或只在底部约 0.5 m 的范围内用干砌片石，其余空间充填洁净砂石。渗沟填料与土壁之间设置反滤层，渗沟分岔部分及拱部的断面下侧采用隔渗措施。

支撑渗沟是地下排水工程与支挡工程的结合，其用砌石体置换滑体，并穿过滑面作台阶，支撑可能滑动的不稳定土体或山坡，同时排除滑动面附近的地下水，疏干潮湿的土体。支撑渗沟常与抗滑挡墙配合使用，作为整治滑坡的措施，有事半功倍之效。支撑渗沟通常采用成组的条带形布置，并与山体(或土体)的滑动方向大致平行。

支撑渗沟一般采用矩形断面，宽度不小于 3 m，布置间距 6～15 m 不等。沟底必须埋置到可能的滑动面(带)以下稳定地层中且不小于 0.5 m，采用浆砌片石砌筑并顺滑动面形状做成阶高 1～2 m 的阶梯形，有 1%～2% 的流水纵坡，基底做成石牙粗糙面以增加抗滑力。渗沟底截面略呈 V 形，横坡坡度 10%，沟内用密度较大的石块充填，沟壁两侧设反滤层。

(4)渗水隧洞

渗水隧洞用以截排或引排埋藏较深的地下水，或与立式渗井(渗管)群配合使用，以排除具有多层含水层的复杂地层中的地下水。渗水隧洞的断面形式可分为直墙式和曲墙式。直墙式适用于裂隙岩层、破碎岩层及较密实的碎石类土层；曲墙式适用于松散的碎石类土层或有少量卵石、碎石的黏性土层。隧洞应埋入稳定地层内，在穿过不同的地层分界处时应设沉降缝。隧洞穿过路基时，按铁路拱涵考虑。

隧洞拱部和边墙设置渗水孔，孔端含水层处须设反滤层(或反滤包)。渗水隧洞排水纵坡要求与渗沟相同，出水口底部宜高出当地天然河沟的设计洪水位至少 0.5 m，并至少高出洞门外铺砌的排水沟沟底至少 0.2 m。

(5)立式集水渗井(渗管)

立式集水渗井(渗管)用来排除具有多层含水层的复杂地层中的地下水，或潮湿土体中的重力水和毛细水。渗井或渗管一般成群布置，并与水平式排水设备配合使用。

一般渗井间距为 20～30 m，渗管间距为 10～15 m。渗井断面根据施工条件采用直径为 1.0～1.5 m 的圆形或边长为 1.0～1.5 m 的方形，渗管直径通常不小于 0.25 m。渗井及渗管顶部应用足够厚度的隔渗材料覆盖，防止地面污水流入。

(6)仰斜式钻孔

仰斜式钻孔是用钻机在地层中钻出带有一定仰坡的平孔，然后装入滤水管及集水管所构成的地下排水设备，一般用于含水层较明显的地层中，也可与下卧通道和立式渗井配合使用。仰斜式钻孔在国外多用来代替工程较大、施工困难的渗水隧洞，在国内工程实践中也取得了良好效果。

钻孔的平均仰斜度一般可采用 10%～15%，孔径一般为 100 mm，成排布设，多排时交错布置。受施工条件限制，孔深不宜过深，防止孔向下弯曲而可能无法排水。含水层较多、钻孔过长时，可采用集水井与水平排水孔相结合排水。永久性钻孔的集水部分可采用镀锌钢材或硬质韧性塑料的渗水滤管，管壁上除出口段 1/4～1/3 部位留作流水槽外，其余部分均按梅花形排列凿留渗水孔。

第3章　桥梁工程施工

3.1　桥梁基础施工

基础是指桥梁结构物直接与地基接触的部分，是桥梁下部结构的重要组成部分。承受基础传来的荷载的那一部分地层（岩层或土层）则称为地基。地基与基础受到各种荷载后，其本身将产生应力和变形。为了保证桥梁的正常使用和安全，地基和基础必须具有足够的强度和稳定性，变形也应在容许范围之内。根据地基土的土层变化情况、上部结构的要求和荷载特点，桥梁可采用各种类型的基础。

3.1.1　明挖基础施工

1. 基坑开挖的一般规定

基坑开挖前应做好下列工作：测定基坑中心线、方向、高程，并按地质水文资料，结合现场情况，确定开挖坡度、支护方案、开挖范围，以及防、排水措施。

基坑可采用垂直开挖、放坡开挖，以及支撑加固或其他加固的开挖方法。在有地面水淹没的基坑，可修筑围堰、改河、改沟、筑坝，排开地面水后再开挖基坑。

2. 基坑开挖方法

（1）坑壁形式

明挖基础的坑壁形式通常分为以下几种：垂直式、斜坡式、阶梯式、变坡度坑壁等。

（2）无支护加固基坑坑壁的施工要求

①基坑尺寸应满足施工要求。对无水土质基坑底面，宜按基础设计平面尺寸每边放宽不小于 50 cm。尤其适宜垂直开挖且不立模板的基坑，基底尺寸应按基础轮廓确定。对有水基坑底面，应满足四周排水沟与汇水井的设置需要，每边放宽宜不小于 80 cm。

②在天然土层上挖基坑时，如基坑深度在 5 m 以内，施工期较短，且基坑底处于地下水位以上，土的湿度接近最佳含水量，土层构造均匀，则基坑坑壁坡度可参照表 3-1 选定。基坑深度大于 5 m 或有其他不利条件时，应适当放缓坑壁坡度或加作平台。当土的湿度过大，可能引起坑壁坍塌时，坑壁坡度应采用该湿度下土的天然坡度。

表 3-1　基坑坑壁坡度

坑壁土	坑壁坡度		
	基坑顶缘无载重	基坑顶缘有静载	基坑顶缘有动载
砂类土	1∶1	1∶1.25	1∶1.5
碎石类土	1∶0.75	1∶1	1∶1.25
黏性土、粉土	1∶0.33	1∶0.50	1∶0.75
极软岩、软岩	1∶0.25	1∶0.33	1∶0.67
较软岩	1∶0	1∶0.10	1∶0.25
极硬岩、硬岩	1∶0	1∶0	1∶0

注：挖基坑通过不同的土层时，边坡可分层选定，并酌留平台；在山坡上开挖基坑，当地质不良时，应防止滑坍；在既有建筑物旁开挖基坑时，应按设计文件的要求进行。

③基坑顶有动荷载时，坑顶缘与动荷载间应留有大于 1 m 的护道，如地质、水文条件不良，或动荷载过大时，应进行基坑开挖边坡检算，根据检算结果确定是否采用增宽护道或其他加固措施。

④弃土不得妨碍施工。弃土堆坡脚距坑顶缘的距离宜不小于基坑的深度，且宜弃在下游指定地点，不得淤塞河道，影响泄洪。

⑤基底应避免超挖，应清除松动部分。使用机械开挖时，不得破坏基底土的结构，可在设计高程以上保留一定厚度由人工开挖。

基坑宜在枯水或少雨季节开挖。基坑开挖不宜间断，达到设计高程并经检验合格后，立即砌筑基础。如基底暴露过久，则重新检验。必要时，应对基坑进行边坡稳定计算。

基础砌筑后，及时回填基坑，回填时应注意以下事项：

①应按设计要求及时回填基坑，分层夯实。

②台后、涵洞两侧基坑回填所用的材料和混凝土强度应满足设计要求。

③台后、涵洞两侧基坑回填应密实、稳定。若以碎石分层填筑，其压实质量应满足设计要求。

④台后、涵洞两侧基坑回填顶面高程允许偏差为±50 mm。

（3）坑壁加固的基坑

当基坑较深、土方数量较大、基坑坡度受场地限制、基坑地质松软或含水量较大坡度不易保持时，基坑开挖后可采用护壁加固。护壁加固方式可采用挡板支撑护壁、喷射混凝土护壁和现浇混凝土围圈护壁等。

①挡板支撑护壁。挡板支撑的形式有竖向挡板式坑壁支撑、横向挡板式坑壁支撑；如果基坑过宽、过深或由于支撑过多而影响基坑出土时，可采用锚桩式、斜撑式或锚杆式支撑。

②喷射混凝土护壁。喷射混凝土护壁适用于稳定性好、渗水量少的基坑。喷护的基坑深度应由地质条件决定，但宜不超过 10 m。喷射混凝土护壁的坡度根据土质稳定情况与渗水量的大小可采用 1∶0.1～1∶0.07。所选用的喷射机必须具有良好的密封性且输料均匀。喷射混凝土应掺入外加剂，其掺量应通过试验确定。当使用速凝剂时，应满足初凝时

间不大于 5 min、终凝时间不大于 10 min 的要求。干混合料宜随拌随喷。按土质与渗水情况，每次下挖 0.5~1.0 m，并即时喷护。对无水或少水坑壁，喷射顺序应由下而上；对渗水的坑壁，应由上而下。当一次达不到要求厚度时，可在第一层混凝土终凝后，再喷第二次或第三次直至达到要求厚度。续喷前，应将混凝土表面污渍、泥块清理干净。喷射混凝土终凝 2 h 后，应进行湿润养护。

基坑开挖前，应在基坑口顶缘采取加固措施，以防止土层坍塌以及地表水或杂物落入井内。此时，可在井口设置混凝土防护环圈。实践证明，用堆土防护圈施工简易方便，可以代替混凝土环圈的作用。

③现浇混凝土围圈护壁。现浇混凝土围圈护壁，除流砂及呈流塑状态的黏性土外，适用于各类土的开挖防护。围圈混凝土由上而下逐层浇筑。顶层应一次性、整体浇筑，以下各层分段开挖浇筑。上下层混凝土纵向接缝应相互错开。分层高度以垂直开挖面不坍塌为原则，顶层高度宜为 2.0 m，以下每层高 1.0~1.5 m。其开挖面应均匀分布，对称施工，及时浇筑，无支撑总长度不得超过 1/2 周长。壁厚和拆模强度应满足承受土压力的要求。

3. 明挖基坑围堰

围堰是导流工程中的临时挡水建筑物，在导流任务完成以后，如果围堰对永久性建筑物的运行有妨碍或没有考虑作为永久性建筑物的一部分时，应予拆除。

围堰的形式按其所用材料可分为土石围堰、板桩围堰、钢套箱围堰和双壁刚围堰。

1) 土石围堰

土石围堰主要有土围堰、土袋围堰、竹笼片石围堰及堆石土围堰等。

(1) 土围堰

土围堰适用于水深在 2.0 m 以内，流速小于 0.3 m/s，冲刷作用很小，且河床为渗水性较小的土。土围堰宜使用黏性土填筑，围堰断面应根据使用的土质、渗水程度及围堰本身在水压力作用下的稳定性而定。堰顶宽度应不小于 1.5 m，外侧坡度不陡于 1∶2，内侧坡度不陡于 1∶1。填土超出水面后应分层夯实。筑堰会引起流速增大，此时可在外坡面采用草皮、片石或土袋等进行防护。

(2) 土袋围堰

土袋围堰一般适用于水深不大于 3.0 m，流速不大于 1.5 m/s，河床为渗水性较小的土。堰顶宽度可为 1.0~2.0 m，外侧边坡为 1∶1~1∶0.5，内侧为 1∶0.5~1∶0.2。土袋围堰应用黏土填充。袋内装入松散黏性土后，缝合袋口，装填量约为袋容量的 60%。在流速较大处，外侧土袋内可装粗砂或小卵石。堆码时应平放土袋，其上下层和左右层应互相错缝。

土袋围堰填筑前，应清理堰底的树根、草皮、石块等杂物。当有冰块时，必须彻底清除。填筑时，均应自上游开始至下游合拢。堰底内侧坡脚距基坑顶缘距离应不小于 1.0 m。

(3) 竹笼片石围堰及堆石土围堰

适用于水深在 3 m 以上、流速较大、河床坚实无法打桩，且石块能就地取材的情况。

2) 板桩围堰

常用的板桩围堰有钢板桩围堰和钢筋混凝土板桩围堰。

(1) 钢板桩围堰

①特点及适用范围。钢板桩本身强度大、防水性能好，打入土中穿透力强，适用于深

水基坑，以及河床为砂类土、黏性土、碎石土及风化岩等地层。堰深一般为 20 m 以内，若有超出，可适当接长板桩。

②施工工艺流程。钢板桩围堰施工适用于一般深水基坑，河床为砂类土、碎石等地层。根据具体情况采用此种方法施工时，一般施工工艺流程如图 3-1 所示。

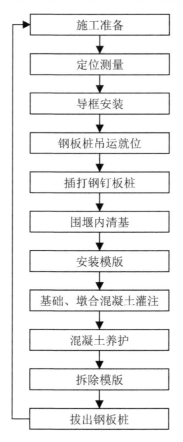

图 3-1　钢板桩施工工艺流程

在施工准备过程中，对新钢板桩验收时，新钢板应备有出厂合格证，机械性能和尺寸应符合要求。经整修或焊接后的钢板桩，应用同类型的钢板桩作锁口进行试验检查。验收或整修后的钢板桩，应分类、编号、登记存放。锁口内不得积水。钢板桩堆存、搬运、起吊时，不得损坏锁口，同时防止因自重而引起残余变形。钢板桩接长应以等强度焊接。

当吊装设备许可时，应将 2~3 块钢板桩拼成一组组合桩，组拼后用坚固夹具夹牢。

插打钢板桩应符合下列规定：

a. 插打前，在锁口内应涂抹防水混合料，组拼钢板桩时，应用油灰和棉絮捻塞拼接缝。插打顺序应按施工组织设计进行，可由上游分两头插向下游合拢。

b. 插打时必须有可靠的导向设备。宜先将全部钢板桩导框逐根或逐组插打稳定，然后依次打到设计高程。对于开始打的几根或几组钢板桩，应检查其平面位置和垂直度，当发现有倾斜时，应立即纠正。

c. 当吊桩起重设备高度不够时，可改变吊点位置，但不低于桩顶以下 1/3 桩长。

d. 钢板桩可用锤击、振动或辅以射水等方法下沉。但在黏土中，不宜使用射水的方法。锤击时应使用桩帽。若因其倾斜无法合拢时，应使用特制楔形钢板桩，楔形的上下宽度之差不得超过桩长的 2%。

e. 钢板桩相邻接头应上下错开不小于 2 m。同一围堰内，使用不同类型的钢板桩时，应将两种不同类型钢板桩各取一半拼接成异型钢板桩。

围堰将近合拢时，应经常观测四周的冲淤状况，并采取预防上游冲空涌水或下游积淤的措施。

另外，在施工过程中遇到锁口漏水时，可在内侧嵌塞板条、旧棉絮条等，同时在漏缝外侧水面撒细煤渣与木屑等，使其随水流自行堵塞，必要时可进行外部堵漏。较深处的渗漏可将煤渣等沉送到漏水处堵漏。对于潮汐地区或河流水位涨落较大地区的围堰，应采取措施防止围堰内水位高于外侧。拔桩前应向围堰内灌水，保持内外水位相等。拔桩应从下游开始。插打钢板桩过程中，当导向设备失效，钢板桩顶达到设计高程时，平面位置允许偏差：水中打桩为 20 cm，陆地打桩为 10 cm。

（2）钢筋混凝土板桩围堰

钢筋混凝土板桩围堰一般在河床无覆盖层的岩面，且水压较高，流速较大的砂类土、黏质土和碎石河床处使用。它的主要特点是耐冲刷、安全性高、防透水性好，可以考虑作为永久性结构物的一部分，但施工较困难。一般主要用于水工建筑中，其他土木工程中较少采用。

3）钢套箱围堰

（1）工艺特点及适用范围

钢套箱具有可靠的整体性和良好的防水性，也便于分块拼装、重复使用。与土石围堰相比，不仅节约填筑工程量，而且可减少对河流的污染、减少挖基数量。桥梁钻孔桩使用钢套箱顶搭设钻机的工作平台和修筑承台底板的操作平台，既是围水设备，又可作为基础或承台施工模板使用。如果相同结构形式的墩台基础数量较大，钢套箱能周转使用时，则更不失为一种工程费用低、工期短的施工方法。

钢套箱围堰主要适用于流速较小、埋置不深、覆盖层较薄、平坦岩石河床的水中基础，也可以修建桩基承台。无底套箱用木板、钢板或钢丝网水泥制成，内部设钢木支撑。根据工地起吊、移运能力和现场实际情况，钢套箱可制成整体式或装配式，并采取相应措施防止套箱接缝渗漏。

（2）施工工艺流程

钢箱套围堰基础施工工艺流程如下：

①工作平台拼装和就位。用 2～4 艘 20 t 船只组装成工作平台，将工作台浮运或吊运至基础位置，按测量控制位置就位。

②钢套箱的制作、拼装。钢套箱组件按工艺设计在工厂或岸上加工、拼装组件，运往工作平台组装成无底钢套箱。拼装完成后，对制成的模板进行分组、编号、上油保护。设专箱存放所用橡胶防水垫圈等，与钢套箱钢模一起运送到工作平台待用组装。

为了保证钢套箱拼接严密，防止接缝渗水，可在连接板缝口上喷涂一层厚 1.0～1.5 mm 的防水胶，再加垫一层厚 10 mm、与接缝同宽的泡沫橡胶垫。拼装好后，在接缝的内、外侧各涂防水胶一道，贴玻璃丝一层，再涂防水胶一道。

③就位下沉。可在墩台位置处，在以脚手架或浮船搭设的平台上用浮吊吊起钢套箱，

拆去工作台上的脚手架，对准墩位的接引装置后将吊缆徐徐放松，钢套箱依靠自重慢慢下沉。

④清基封底。套箱下沉就位后，还应注意防范无底钢套箱底部因与土或岩层接触面不均匀密合产生的渗漏。首先由潜水工将套箱脚与岩面间空隙部分的泥砂软层清理干净，然后在无底钢套箱脚堆码一圈砂袋作为封堵砂浆的内模，再用布袋或水桶盛 1∶1 水泥砂浆，缓慢吊送给潜水工，由潜水工将砂袋轻轻倒入无底钢套箱壁脚底与砂袋之间，以增强封堵效果，防止清基时沙砾涌入套箱内。

清基完成后方可进行水下挖基，一般用吹砂吸泥或静水挖抓泥沙的办法施工；当排干水，清凿风化岩层时，若仍有少量渗水，则设置集水井，将水排至井外。

钢套箱围堰承台施工工艺流程如下：

①有底钢套箱围堰加工与试拼装。为了保证有底钢套箱的加工精度，在岸上找一个较为开阔的场地，夯实并用水泥砂浆抹平，用钢板、型钢搭设简易的工作平台，在上面放样加工。

有底钢套箱试拼工作在钢结构加工厂进行，搭设高约 1 m 的支架，测量放线确定位置，在支架上先放 2 根托梁，然后吊放 3 块底模，调整底模的尺寸和位置，符合要求后，将底模临时点焊固定。从长方向的中间开始拼装侧模，按顺序延伸，最后拼装短方向并合拢。

防渗漏水的关键技术：有底钢套箱采用螺栓连接并夹入槽形橡胶条密封，以防渗漏水；有底钢套箱底模预留孔与桩基钢护筒间有一定缝隙，在有底钢套箱安装完毕后，沿钢护筒外缘设 2 块半圆环形钢板，然后将水泥袋沿钢护筒外缘绕一圈，以保证水下封底混凝土不漏浆；在此过程中，水下封底混凝土的灌筑质量也是保证密封性的关键。

另外，可在施工现场加工钢套箱，由此减少工厂加工造成的运输费用，降低有底钢套箱制作的成本。有底钢套箱可以多次周转使用，除底模伸入桩基无法拆除外，其余各部件均能拆除，多次倒用，减少加工数量，节约材料。

②搭设脚手架平台、测定桩位。在桩顶搭脚手架平台，用交会法测出桥墩的纵、横中心轴线，并测出桩顶的中心线和高程。

③有底钢套箱吊装要点如下：

a. 安装前应调查水文资料，掌握桥址处吊箱施工期的水位预报资料，在有底钢套箱安装前 2~3 d 昼夜连续实测水位变化情况，并做分析、比较。

b. 对水中墩现有桩护筒的实际位置精确测量、绘图，也要考虑施工平台钢管桩的位置是否影响有底钢套箱的安装、下沉，调查承台处是否有影响有底钢套箱施工的其他障碍物。

c. 将立柱吊入桩基内，高程误差不大于 5 mm、垂直度不大于 1/1 000，并灌筑不低于桩基强度等级的混凝土。

d. 陆地用 160 kN 汽车吊机将底模装在 1 台 8 t 长板汽车上运至河边码头，吊车卸车装船。用一艘 1 000 kN 平板驳船在其上搭设支架，按相对位置先放托梁，再按顺序放底模，其平整度及各部尺寸符合要求后，在底模上安装吊杆及其护筒，并将吊点焊在底模上。用拖船将平板驳船运至墩位，在低潮位时，用 3 000 kN 浮吊将底模缓缓吊起，沿钢护筒的边缘缓慢下降，然后用 10 个 100 kN 倒链替换浮吊，以便进行侧模与侧模、侧模与底模的螺栓连接。

e. 有底钢套箱底模、侧模安装完毕后，用倒链将有底钢套箱沿钢护筒下降至施工高程。用浮吊安装抗浮工字钢及主梁，将主梁与立柱焊接牢固，并将主梁、工字钢、侧模塞紧以便共同受力。然后安装上部吊杆的锚具、锚梁及垫板。吊杆为吊箱的受力部件，材料为 $\phi 32$ mm 精扎螺纹钢筋，可多次使用。在低水位时，将有底钢套箱内的 10 个倒链的吊钩拆除，完成有底钢套箱受力的转换。用 2 块半圆的环形钢板沿钢护筒套下去，并用水泥袋将钢护筒与底模的空隙堵住。

④灌筑封底混凝土。有底钢套箱底面积较大，一次封底较为困难。施工时，用薄钢板根据钢护筒的位置，将底模分为若干块。每次依次用移动式导管灌注水下封底混凝土。在低水位时抽水检查封底混凝土的质量，如有漏水可用水泥袋进行堵漏。切除有底钢套箱内钢护筒，封底混凝土表面凿毛，清理干净，清除有底钢套箱内的积水。

⑤抽水、凿桩头、绑扎承台钢筋骨架。

⑥灌注承台混凝土。有底钢套箱受力分布是按分层灌注混凝土设计的，承台混凝土分 3 次灌注。用混凝土输送泵灌注，采用插入式振捣棒振捣。当下层混凝土强度达到施工图标示强度的 80% 时，方可灌注上一层混凝土。灌注混凝土自中心开始，对称向两端延伸，以保证有底钢套箱及下一层混凝土均匀受力。

⑦有底钢套箱的拆除。拆除有底钢套箱上平台，割断钢筋，用起重船将有底钢套箱侧板逐块拆除。有底钢套箱内的支撑随承台混凝土分层灌注逐层拆除，未灌注部分的支撑暂不拆除，吊走主梁及抗浮工字钢。潜水员将水中侧模与底模的连接螺栓和侧模间的连接螺栓拆除，其余螺栓采用水上拆除。一般先拆除短边侧模，然后拆除长边侧模。

4）双壁钢围堰

（1）工艺特点及适用范围

双壁钢围堰能承受较大的水压力，结构刚性大，有重量轻、浮力大的特点，可利用此特点使钢围堰浮运就位，起吊下水后能像船体一样稳定、垂直地自浮于墩位处的水面上。围堰下沉过程不需钢气筒和供气系统、充气机械等，因此减少了大量机械设备，大大降低了工程造价，能够加快施工速度。

本工艺适用于大型河流、水深流急的深水基础，能承受较大水压，保证基础全年施工安全渡洪，特别适用于覆盖层较薄(0.5～2.0 m)的平坦岩石河床。

（2）施工工艺流程

①双钢壁围堰的拼装。对于一般的大中型围堰，若墩位处水流条件允许，可在墩位处、拼装船上组拼；整体吊装时上下对接，每节高度一般不超过 5 m，总重不大于 100 t。对特大型双壁钢围堰，必须合理确定分节高度，分节、分块组拼接高下沉。

②浮运就位。在选定制作底节地点时，应考虑下水方案：涨水自浮或滑道下水。底节围堰拼装完毕并经检查合格后，将拼装船与导向船组用拖轮拖运至上游定位船侧处，连好锚绳及拉缆，导向船组顺流至墩位初步定位处。利用导向船上的起吊设备将底节钢围堰吊起，使之离开拼装船船面上 0.10 m 左右，观察 10 min，如无反常情况，则继续提升高度直至其能使拼装船退出，即停止提升。迅速将拼装船向下游方向退出。拼装船退出后，将底节围堰慢慢平稳地沉入水中，然后收紧围堰底部和顶部所有拉缆，使其保持垂直而不被水流冲斜。底节围堰起吊下水后，通过导向船四角的导向架和锚绳、拉缆共同作用，底节

双壁钢围堰像船体一样稳定垂直地自浮于墩位处。底节就位后向围堰各隔舱对称均匀加水，使底节平稳下沉，直至下沉到一定深度后随即拼装接高，然后继续加水，边下沉边接高，直至各节拼装完毕。

③清基封底。围堰着床后，首先在围堰四周外侧堆砌一圈土袋，在刃脚内侧灌注水下混凝土堵漏；然后用吸泥机等机械按基底方格网坐标划分的区域逐块清挖，并由潜水员下水逐块、逐片检查，量测坐标点高程，经潜水员检查量测完毕后，方可进行封底或浇筑基础混凝土。

④围堰拆除。拆除围堰的一般步骤：首先，将各隔舱内的水抽干，使围堰浮起；其次，用平台或机船上的吊车将围堰下游片吊起，使围堰处于倾斜状态，由工作人员进入下游侧交角的隔舱内拆除螺栓；再次，打开下游片，用机船将围堰拖离墩位；最后，合拢下游片，恢复原状，拖至岩边修整后重复使用。

3.1.2 桩基础施工

桩基础施工按照施工方法的不同可分为沉入桩基础（预制桩）施工、钻孔灌注桩施工和挖孔灌注桩施工。

1. 沉入桩基础施工

（1）沉入桩的类型及适用范围

沉入桩的类型主要为预制钢筋混凝土桩和预应力混凝土桩，其断面形式常为方形和管形。

钢筋混凝土桩又可分为实心和空心两种。其中，空心桩可减轻桩身重量，对存放、吊运、吊立都有利。

预应力混凝土桩也有实心和空心两类。一般采用的预应力混凝土管桩，国内已有定型生产。

沉入桩是在地基浅层土质较差、持力土层埋藏较深，需要采用深基础才能满足结构物对地基强度、变形和稳定性要求时采用的基础，适用于利用打桩设备将预制钢筋混凝土桩或预应力混凝土桩沉入地基土中的施工。

（2）沉入桩的施工

预制沉入桩的施工方法主要有锤击沉桩法、振动沉桩法、静力压桩法及射水沉桩法等。

①锤击沉桩法。锤击沉桩法是以桩锤的撞击力撞击预制的桩头将桩打入地下土层中的施工方法。一般适用于中密砂类土、软塑和可塑的黏性土。由于锤击沉桩依靠锤的冲击能量将桩打入土中，因此桩径不能太大，一般土质中桩径不大于 60 cm；桩的入土深度也不能太深，一般土质中为 20~30 m，否则对打桩设备要求较高，且打桩效率低。

②振动沉桩法。振动沉桩法是用振动打桩机将桩打入土中的施工方法，一般适用于砂质土、硬塑及软塑的黏性土和中密及较松散的碎、卵石类土。该法施工也可用于拔桩。该法的优点是噪声较小，施工速度快，不会损坏桩头，不用导向架也能打进，移位操作方便，但所需电源功率大。

③静力压桩法。静力压桩法是在松软的地基中，用液压千斤顶或桩头加重物以施加顶进力将桩压入土层中的施工方法，一般适用于高塑性黏土或砂性较弱的亚黏土层。采用此种方法施工时产生的噪声和振动较小，桩头不易损坏，不仅可以施工直桩，而且可施工斜桩。

④射水沉桩法。射水沉桩法是利用小孔喷嘴以 0.3～0.5 MPa 的压力喷射水，使桩尖和桩周围土层松动，同时桩在自重作用下下沉的方法。该法很少单独使用，常和锤击沉桩法或振动沉桩法联合使用。施工方法的选择视土质情况而异：在砂夹卵石层或坚硬土层中，一般以射水为主，锤击或振动为辅；在亚黏土或黏土中，为避免降低承载力，一般以锤击或振动为主，以射水为辅，并适当控制射水时间和水量。采用下沉空心桩时，一般用单管内射水；采用下沉实心桩时，要将射水管对称地装在桩的两侧，并能沿着桩身上下自由移动，以便在任何高度上射水冲土。

2. 钻孔灌注桩施工

钻孔灌注桩施工是采用不同的钻孔方法，在地层中按要求形成一定形状（断面）的井孔，达到设计高程后，将钢筋骨架吊入井孔中，再灌注混凝土（有地下水时灌注水下混凝土），形成桩基础的一种工艺。钻孔灌注桩施工速度快，质量稳定，受气候环境影响小，因而被普遍采用。

(1)准备工作

①施工前期准备

a. 进行场地踏勘，对既有架空电线、地下电缆、给排水管道等设施，如果妨碍施工或对安全操作有影响的，应采取清除、移位、保护等措施妥善处理。

b. 平整场地，以便于钻机的安装和移位。对不利于施工机械运行的松散场地，应采取硬化、加固等措施。此外，场地要采取有效的排水措施。

c. 场地的布置应根据施工组织设计，合理安排泥浆池、沉淀池的位置，沉淀池的容积应满足 2 个孔以上排渣量的需要。

d. 收集工程地质资料、施工图审核意见、施工组织设计或方案，编制工艺施工组织设计和施工工艺设计。

e. 水上钻孔作业时，应搭设工作平台，同时准备一定数量的造浆黏土。

f. 用全站仪等准确放样各桩位中心，用十字桩固定位置，用水准仪测量地面高程，确定钻孔深度；必须复测测好的桩位，误差控制在 5 mm 以内。

g. 确定科学、合理的钻孔方法和设备，制备基桩检测管。

h. 架设电力线路，配备合适的变压器或柴油机。

i. 组织钢材、水泥、砂石等材料进场、检验，取得各种原材料及其抽检试验报告、混凝土配合比设计报告以及相关资料。

j. 编制作业指导书、操作规程和技术交底书，组织技术交底和技术培训。

②护筒制作及埋设。护筒有定位、保护孔口和维持水位高差等重要作用，所以护筒中心与桩位中心应重合，周边用黏土夯填密实。

a. 制作要求：护筒一般用 4～8 mm 厚的钢板加工制成，高度为 1 500～2 000 mm。钻孔桩的护筒内径应比钻头直径大 100～150 mm；冲孔桩的护筒内径应比钻头直径大 200～250 mm。护筒的顶部应开设 1～2 个溢浆口，并高出地面 250～350 mm。护筒顶高程：采用反循环钻时，顶部应高出地下水位 2.0 m；采用正循环钻时，应高出地下水位 1.0～1.5 cm，且高出地面 0.3 m。

b. 埋设要求：护筒位置要根据设计桩位，按纵、横轴线中心埋设。埋设护筒的坑不要太大。挖好坑后，将坑底整平，然后放入护筒，经检查位置正确、筒身竖直后，四周即用黏土回填，分层夯实，并随填随观察，防止填土时护筒位置偏移。护筒埋好后应复核校正，护筒中心与桩位中心应重合，偏差不得大于 50 mm。

c. 护筒的埋设深度：在黏性土中宜不小于 1.0 m，在砂土中宜不小于 1.5 m，并保持孔内泥浆液面高于地下水位 1.0 m 以上。

③泥浆作用及其制备。

a. 作用：在灌注桩钻孔施工中泥浆具有护壁作用，防渗、防水。以孔内高于地下水位的泥浆的侧压力平衡孔壁土压力和孔周水压力，抵抗孔周水渗入孔内，维持孔壁稳定。

b. 制备泥浆的材料及相关要求：泥浆的种类见表 3-2，钻孔泥浆一般由水、黏土（或膨润土）和添加剂按适当配合比配制而成，其性能指标可参照表 3-3 选用。

表 3-2 泥浆种类

泥浆种类	主要材料	外加剂
膨润土泥浆	膨润土，水	分散剂，增黏剂，防漏剂
聚合物泥浆	聚合物，水	（加重剂）
CMC（羧甲基纤维素）泥浆	膨润土，CMC，水	分散剂
黏土泥浆	黏土，水，纯碱，外加剂	分散剂，增黏剂

表 3-3 泥浆性能指标选择

钻孔方法	地层情况	泥浆性能指标要求						
		相对密度	黏度/(Pa·s)	静切力/MPa	含砂率/%	造浆率/%	失水率/mL·(30 min)$^{-1}$	酸碱度/pH
正循环回击冲击	黏性土	1.05～1.20	16～22	1.0～2.5	<8	>90～95	<25	8～10
	砂土	1.20～1.45	19～28	3～5	<8	>90～95	<15	8～10
	碎石土							
	卵石							
	漂石							
推钻冲抓	黏性土	1.10～1.20	22～24	1.0～2.5	<4	>95	<30	8～11
	砂土	1.2～1.4	22～30	3～5	<4	>95	<20	8～11
	碎石土							
反循环回转	黏性土	1.02～1.06	16～20	1.0～2.5	<4	>95	<20	8～10
	砂土	1.06～1.10	19～28	1.0～2.5	<4	>95	<20	8～10
	碎石土	1.10～1.15	20～35	1.0～2.5	<4	>95	<20	8～10
测定方法、仪器		泥浆相对密度计	漏斗黏度计	静切力计	含砂量计	双对数计算法	失水量仪	pH试纸

注：相对密度是泥浆密度与 4 ℃纯水密度之比；地下水位高或流速大时，指标取高限，反之取低限；地质较好、孔径或孔深较小时，指标取低限。

· 58 ·

材料要求：黏土粒径应小于 0.005 mm，颗粒含量大于 50%，塑性指数大于 25%～30%，含砂量小于 6%，SiO_2（二氧化硅）和 Al_2O_3（氧化铝）之比为 3 以上，富含 Na^+（钠离子）、K^+（钾离子）等亲水阳离子，水溶液呈碱性，氧化酶小于 70 mg/L，氯化物小于 300 mg/L；膨润土的造浆率、失水率、含水量、筛余量、屈服值等指标应符合有关标准；水可采用淡水。

c. 泥浆基本配合比。泥浆配合比应视地质情况、施工机械等条件选择，选定基本配合比后，经过配制试验并修正，确定最后的泥浆配合比。

（2）钻孔施工

钻孔桩的关键是钻孔。钻孔的主要方法有冲击钻进法、冲抓钻孔法和旋转钻进法。

①冲击钻进法。该施工方法采用冲击钻机。使用卷扬机起吊锥头时，卷扬机钢丝绳通过三脚立架上端的滑轮与锥头连接，放开卷扬机，锥头自然下落，锥头的冲击作用使岩土破碎，部分挤入孔壁。泥浆将渣土悬浮排出孔外，同时平衡部分孔壁土压力和水压力，保持孔壁稳定。锥体一般为圆柱形，用钢材制成，锥头呈"十"字形，便于破碎岩石。

②冲抓钻孔法。该施工方法采用冲抓钻机。施工时使三脚立架滑轮固定，绕过滑轮的钢丝绳下端吊着由三块钢锥片组成的锥头，锥头张开的最大外围尺寸与桩孔直径相同。锥头对准桩孔中心，放开制动，锥头在自重作用下下落，打入孔底土层中，卷扬机提升拉索使锥头合拢，砂土被封闭在锥体内，提出锥体。锥体提出孔口后，打开锥头控制栓，锥头自行张开，排出渣土。

冲抓钻孔法适用于黏性土、砂性土、砂黏性夹碎石及河卵石地层。

③旋转钻进法。旋转钻进法是用钻机或人力，通过钻杆带动锥或钻头旋转切削、排出土壤，形成钻孔。旋转钻孔又可分为人工推钻、机动推钻或螺旋钻、正循环旋转钻、反循环旋转钻、潜水钻等。其中，人工推钻、机动推钻或螺旋钻适用于无水作业，不需要泥浆；但在有地下水地区的桥梁施工工程中，以正、反循环旋转钻法的使用较为普遍。

旋挖钻头应根据地质、孔深、孔径、沉渣厚度、护壁措施等选择，并与机型相配套。常见的旋挖钻头有螺旋钻头、旋挖斗、筒式取芯钻头、扩底钻头、冲击钻头、冲抓钻头和液压抓斗等。

（3）清孔及安装钢筋笼

①清孔的方法。钻孔至设计高程，经对孔径、孔深、孔位、竖直度进行检查确认合格后，即可进行清孔。浇筑水下混凝土前允许沉渣厚度应满足设计要求，设计无要求时，柱桩不大于 5 cm，摩擦桩不大于 20 cm。清孔时可选用以下方法：

a. 抽渣法，适用于冲击或冲抓法钻孔。

b. 吸泥法，适用于土质密实、不易坍塌的冲击钻孔。

c. 换浆法，适用于正、反循环旋转钻孔。

②清孔相关要求。不论采用何种方法清孔，在抽渣或吸泥时都应及时向孔内加注清水或新鲜泥浆，以保持孔内水位。

清孔应达到以下标准：孔内排出或抽出的泥浆中无 2～3 mm 颗粒，泥浆比例不大于 1.1，含砂率小于 2%，黏度为 17～20 Pa·s。浇筑水下混凝土前孔底沉渣厚度：柱桩不大于 5 cm，摩擦桩不大于 20 cm。严禁采用加深钻孔深度的方法代替清孔。

③钢筋骨架的制作、吊装。清孔达标后，立即安装钢筋骨架和浇筑水下混凝土。钢筋

骨架由主筋、加强筋、螺旋箍筋、定位筋四部分组成。

钢筋笼的材料、加工、接头和安装，应符合《铁路混凝土工程施工质量验收标准》(TB 10424—2018)的有关规定，主筋与加强筋必须全部焊接。在成孔、钻孔前应按图纸尺寸要求制作好钢筋笼。按吊装和钢筋单根定长确定下料长度。在 50 cm 范围内，主筋接头数量不能超过截面主筋根数总数的 50%，加强筋直径要准确；螺旋箍筋要预先调直，螺旋箍筋布置在主筋外侧；定位筋应均匀、对称地焊接在主筋外侧。

钢筋笼吊装入孔后不影响清孔时，应在清孔前进行吊放。吊装时，应严防孔壁坍塌。钢筋笼入孔后应准确、牢固定位，平面位置偏差不大于 10 cm，底面高程偏差不大于 ±10 cm。在钢筋笼上端应均匀设置吊环或固定杆，钢筋笼外侧应对称设置控制钢筋保护层厚度用的垫块。

在浇筑柱桩水下混凝土前，应用射水或射风冲射钻孔孔底 3～5 min，将孔底沉淀物翻动上浮，射水或射风压力应比孔底压力大 0.05 MPa。

(4)灌注水下混凝土

①灌注水下混凝土用导管。水下混凝土灌注施工常采用导管法。导管法灌注水下混凝土的原理是：以导管中混凝土压力使混凝土通过导管进入孔内，并从下部向上翻挤灌注，混凝土以自重压实。

导管通常采用壁厚大于 3 mm 的无缝钢管制作，直径应与桩径及混凝土灌注速度相适应，可为 20～30 cm。钢导管内壁应光滑、圆顺，内径一致，接口严密。导管管节长度：中间节宜为 2 m 等长，底节可为 4 m；漏斗下宜用 1 m 长导管。

导管长度应按孔深和工作平台高度决定。漏斗底距钻孔上口应大于一节中间导管长度。导管接头的法兰盘宜加锥形活套，底节导管下端不得有法兰盘。有条件时可采用螺旋丝扣型接头，但必须有防松装置。

导管应位于钻孔中央，在灌注混凝土前，应进行升降试验。导管吊装升降设备能力应与全部导管充满混凝土后的总重量和摩阻力相适应，并应有一定的安全储备。

②加压试验。导管组装后应进行加压试验，其试验压力不得小于灌注混凝土时可能承受的最大压力 P_d，P_d 可按式(3.1)计算。

$$P_d = \gamma_c h_c - \gamma_w H_w \tag{3.1}$$

式中：γ_c 为混凝土拌和物的重度(容重)，kN/m^3；h_c 为导管内混凝土柱最大高度，m；γ_w 为孔内水或泥浆的重度，kN/m^3；H_w 为灌注时混凝土顶面至水面或泥浆面的高差，m。

③水下混凝土的拌制与运输。水下混凝土的强度、等级和材料除应符合设计要求和规范规定外，还应符合下列要求：

a. 水泥可选用矿渣水泥、火山灰水泥、粉煤灰水泥、普通水泥或硅酸盐水泥。

b. 粗集料宜优先选用卵石，如选用碎石，宜适当增加含砂率；集料最大粒径应不大于导管内径的 1/8～1/6 和钢筋最小净距的 1/4，同时应不大于 40 mm。

c. 细集料宜采用级配良好的中砂。为使混凝土有较好的和易性，混凝土的含砂率宜采用 40%～50%，水胶比宜采用 0.4～0.5。有试验根据时，含砂率和水胶比可酌情加大或减少。

d. 混凝土拌制物从搅拌机卸出到进入导管时的坍落度为 18～25 cm。桩径小、桩身短的取低限；反之取高限。首批灌注的混凝土初凝时间不得早于灌注桩全部混凝土灌注完成时间。当混凝土数量较大，需要用较长时间灌注时，可通过试验，在首批混凝土中掺入混凝剂，以延缓初凝时间。应尽量缩短混凝土的运输时间和距离，以迅速、不间断为原则，防止在运输中产生离析。灌注前混凝土坍落度的损失（与出罐时相比）不得超过 2 cm。如发生离析或坍落度损失过大现象就要进行再次搅拌。

④混凝土的灌注（导管的提升与控制）。

a. 首批灌注混凝土的数量应能满足导管首次埋置深度和填充导管底部的需要，导管埋入混凝土的深度不得小于 1 m 且宜不大于 3 m。当混凝土的初存量满足首批混凝土入孔后，桩身较长时，可适当加大导管埋入混凝土中的深度。漏斗底口处必须设置严密、可靠的隔水装置，该装置必须有良好的隔水性能，并能顺利排出。

首批灌注所需混凝土数量可用式（3.2）和式（3.3）进行计算。

$$V = \pi D^2 \frac{(H_1 + H_2)}{4} + h_1 \frac{\pi d^2}{4} \quad (3.2)$$

$$h_1 = \frac{H_w \gamma_w}{\gamma_c} \quad (3.3)$$

式中：V 为开导管灌注首批混凝土的需要量，m^3；D 为桩孔直径，m；H_1 为桩孔底至导管底端间距，一般为 0.4 m；H_2 为导管初次埋置深度，m；h_1 为桩孔内混凝土达到埋置深度 H_2 时导管内混凝土柱平衡导管外（或泥浆）压力所需高度，m；d 为导管内径，m；H_w 为桩孔内水或泥浆的深度，m；γ_w 为桩孔内水或泥浆的重度，kN/m^3；γ_c 为混凝土拌和物的重度，kN/m^3。

b. 灌注水下混凝土时，应探测水面或泥浆面以下的孔深和所灌注的混凝土面高度，以控制沉淀层厚度、埋导管深度和桩顶高度。如果探测结果不准确，将导致沉淀过厚、导管提漏、埋管过深，继而发生夹层断桩、短桩或导管拔不出等事故。采用测深锤法测孔深时，用绳系重锤吊入孔中，使之通过泥浆沉淀层面，停留在混凝土表面（或表面下 10～20 cm），根据测绳所示锤的沉入深度作为混凝土的灌注深度。

c. 灌注开始后，应紧凑、连续地进行，严禁中途停工。在灌注过程中，要防止混凝土拌制物从漏斗顶溢出或从漏斗外掉入孔底，使泥浆内含有水泥而变稠、凝结，致使探测不准。

d. 在灌注混凝土过程中，应测量孔内混凝土顶面位置，保持导管埋深在 1～3 m 范围。当混凝土灌注面接近设计高程时，应用取样盒等容器直接取样确定混凝土的顶面位置，保证混凝土顶面灌注到桩顶设计高程以上 1.0 m 左右。

e. 灌注时间过长容易发生灌注质量事故和坍孔事故，而过分压缩灌注时间，又增加了设备和劳动力，因此要合理控制灌注时间，保证灌注质量。

f. 水下混凝土灌注过程中，因导管漏水或拔出混凝土面、机械故障及其他原因，造成断桩事故时，应予重钻或与有关单位研究补救措施。

3. 挖孔灌注桩施工

挖孔灌注桩基础施工采用人工下井的施工方法，以风镐或风钻（电钻）辅助适当的爆破开挖成孔，配以简单机具设备，灌注混凝土成桩，适用于无水或少水的较密实的各类土层或岩层。桩径一般不小于 1.2 m，孔深一般不大于 20 m。孔深大于 15 m 时，应加强通风和安全措施。

挖孔灌注桩的主要作业内容：准备工作、孔井口加固、挖掘成孔、孔壁支撑、清孔、终孔检查处理、钢筋笼制作及安装、超声波检测管预埋、混凝土拌制及灌注等。

3.1.3 沉井基础施工

1. 就地灌注沉井施工工艺

本工艺适用于在桥梁墩台原位制作钢筋混凝土沉井或混凝土沉井，并挖土下沉的施工中。在岸滩或浅水中修筑沉井基础时，可在墩位筑岛制造，并依靠自重下沉；也可采取辅助下沉措施，诸如采用射水吸泥、空气幕等方法，以减少下沉时的井壁阻力，从而减小井壁厚度。

（1）场地准备

制造沉井前，应先平整场地，并要求地面及岛面具有一定的承载力；否则应进行换填、打砂桩等加固措施。在无水区，如果天然地面土质较好，只需将地面杂物清理干净和整平即可；如土质松软，则应换土或在其上进行铺填和夯实。有时为减少沉井在土中的下沉量，可先开挖一个基坑，使其坑底高出地下水面 0.5～1.0 m，然后在坑底上制造沉井。

在岸滩或浅水地区，需先筑造无围堰土岛，在深水或流速较大地区的场地需围堰筑岛。此外，筑岛还应符合下列规定：

①筑岛材料应用透水性好、易于压实的土（砂类土、砾石、较小的卵石），且不应含有影响岛体受力及抽垫下沉的块体（包括冻块）。

②筑岛的尺寸应满足沉井制作及抽垫等施工的要求。无围堰的筑岛，护道宽度宜不小于 2 m，临水面坡度可采用 1∶2；有围堰的筑岛，确定的护道宽度应满足沉井重量等荷载产生的对围堰侧压力的要求。

③岛面应高出施工水位 0.5 m 以上。有流冰时应适当加高。

④在斜面或软下卧层上筑岛时，必须考虑土体稳定性的要求。

（2）底节沉井的制作与养护

底节沉井的制作包括场地整平夯实、铺设垫木、立沉井模板及支撑、绑扎钢筋、浇筑混凝土、拆模等工序。

①在岸滩或筑岛上制造沉井前，要挖除原有场地的松软土，换填好土，并要将场地夯实平整，以防在灌注混凝土过程中或撤除垫木时发生不均匀沉陷。按沉井位置放出准确的十字中线并整平。为了使垫木铺设平顺、受力均匀，垫木下要加铺一层厚 5 cm 的中粗砂垫层。

②沉井分节高度：底节沉井的最小高度视在拆除垫木或挖除土模时能抵抗的纵向破裂而定。若沉井底节下为松软土，则底节最大高度不得大于 0.8 倍沉井宽度，其余各节应尽量做得高一些。除要考虑保证沉井稳定外，还要考虑挖土起重机械工作的方便。

③刃脚下应满铺垫木。一般常使用长、短两种垫木相间布置。在刃脚的直线段应垂直铺设，圆弧部分应径向铺设。

④垫木铺设完后，在垫木上面测量放样出精确的桥位轴线、墩（台）身轴线和沉井刃脚轮廓线，以便于刃脚踏面角钢或钢刃尖的安装。在轮廓线外 15～20 cm 处放出检查点，便于控制、检查沉井位置。

⑤沉井模板与支撑应具有足够的强度和刚度。刃脚下的底模应按拆除顺序分段布设，

预先断开。刃脚与隔墙下应设屋架支撑，使其两端与刃脚下的垫木连成一体，以防止灌注混凝土时发生不均匀沉降进而造成裂纹。

模板安装顺序：刃脚斜面及隔墙底面模板→井孔模板→绑扎模板→设内外模间支顶→支立外模板→设内外模间拉筋→调整各部尺寸→全面紧固支顶、拉杆、拉箍→固定撑杆和拉绳。

⑥绑扎钢筋是在内模(井孔)已支立完毕，外模尚未扣合时进行的。先将制好的焊有锚固筋的刃脚踏面摆放在垫木上的刃脚画线位置，进行焊接后，再布设刃脚筋、内壁纵横筋、外壁纵横筋(冲刷水管、空气幕管道)。为了加快进度，可以将模板组成大片，利用吊机移动定位，焊接组成整体。内、外侧箍筋还要设好保护层垫块。

⑦沉井混凝土应沿井壁四周对称进行灌注，避免混凝土面高低相差悬殊，以防产生不均匀下沉导致出现裂缝。每节沉井的混凝土都应分层、均匀、连续地灌注直至完毕。高度较高的可以设缓降器，缓降器下的工作高度不得大于 1 m。应控制好每层混凝土的厚度，人工振捣时每层的厚度为 15～25 cm。

⑧沉井拆模顺序：井孔模板→外侧模板→隔墙支撑及模板→刃脚斜面支撑及模板。拆模后、下沉抽垫前，仍需将刃脚下回填密实，以防止不均匀下沉，保证下沉位置正确。

采用土内模支撑、模板及支垫支撑制作底节沉井以及沉井抽垫时，均应按照有关规定执行。

(3)沉井下沉

沉井下沉主要是通过从井孔中用机械或人工的方法均匀除土，削弱基底土对刃脚的正面阻力和沉井壁与土之间的摩阻力，使沉井依靠自重克服上述阻力而下沉。井内挖土方法可分为排水挖土和不排水挖土。只有在稳定的土层中，且渗水量较小(单位沉井面积渗水量不大于 1.0 m³/h)，不会因抽水引起翻砂时，才可边排水边挖土；否则，只能进行水下挖土。

采用的挖土方法和机具应根据工程的具体条件合理选择。在排水下沉时，可用抓斗或人工挖土。用人工挖土时，必须防止基坑涌水翻砂，特别应查明土中有无"承压水层"，以免在该土面附近挖土时，承压水突破土层涌进沉井而危及人身安全和埋没机具设备。不排水下沉时，可使用空气吸泥机、抓土斗、水力吸石筒、水力吸泥机等。下沉辅助措施有高压射水、炮振、压重、降低井内水位、空气幕及泥浆套等。

沉井下沉应符合下列规定：

①沉井应连续下沉，减少中途停顿的时间。下沉过程中应掌握土层情况，做好下沉记录，随时分析判断土层摩阻力与沉井重量的关系，选用最有利的下沉方法。

②沉井下沉时，应防止内隔墙受到支撑。井内除土时应先从中间开始，对称、均匀地逐步向刃脚处挖土。排水下沉的底节沉井，支撑位置处的土应在分层除土中同时挖除。

③下沉初期及下沉过程中应随时调整倾斜度和位移。应按土质、沉井大小和入土深度等，控制井内除土深度和井孔间的土面高差。

④弃土不应靠近沉井或污染环境。在水中下沉时，应检查河床因冲刷或淤积引起的土面高差，必要时应对河床面采取防护措施或利用出土调整。

⑤在不稳定的土层或砂土中下沉时，应保持井内水位高于井外水位，以防止大量翻砂。

（4）沉井纠偏

①偏除土纠偏法：在入土不深的沉井纠正偏斜时，可在刃脚高的一侧除土、刃脚低的一侧支垫，随着沉井的下沉，倾斜即可得到纠正。

②加压法：在井顶施加水平力，在刃脚低的一侧设支垫，反方向设滑车组及平衡重牵引纠偏。

③增加偏土压纠偏：由于弃土偏堆在沉井一侧或上游河床受冲而在沉井两侧形成土压力差导致沉井产生偏斜，可在沉井偏斜的一侧抛石填土，使该侧土压力增大，从而纠正沉井的偏斜。

④沉井位置扭转的纠正：可在一对角位置处除土，另一对角位置处填土，借助刃脚下不相等的土压力所形成的扭矩，使沉井在下沉过程中逐渐纠正其位置。

（5）沉井接高

当沉井顶面距地面或岛面不小于 0.5 m、距水面不小于 1.5 m 时，可停止下沉，在地面上接高井壁。但注意一次接高不超过 5.0 m。

沉井接高时，各节沉井的竖向中轴线应与第一节的重合，外壁应竖直平滑；下节混凝土顶面应凿毛并设连接钢筋，以保证接茬混凝土紧密结合；竖向接高沉井模板时，不宜直接支撑于地面上，以免沉井因自重增加而产生不均匀下沉，致使新灌注的混凝土产生裂缝。

接高前应尽量纠正倾斜和正位。

（6）沉井顶防水围堰

鉴于通航、节省坞工量及美观的需要，沉井顶面往往置于最低水位或地面以下一定深度。为此，当最后一节沉井下沉到顶面在水面（地面）上 1.5 m 时，就要在井顶设置防水（挡土）围堰，以便继续下沉至施工图标示高程。井顶围堰可采用土围堰、砖砌围堰、混凝土围堰、木质井顶围堰、钢质井顶围堰等。

（7）清基、封底、填充

在沉井下沉至施工图标示高程后，应对基底按施工图要求进行清理，为封底做好准备。

沉井封底时，荷载将通过墩（台）传递至地基的承重结构层上，因此要通过封底混凝土把沉井和基岩紧密地结为整体。沉井井孔填充与否要根据施工图要求而定。井孔填充可以减少混凝土的合力偏心距，不填充则可以减少对基底的压力，节省填充工序和材料。

封底方法有无水灌注混凝土和水下灌注混凝土。

当沉井封底混凝土养护达到施工图标示强度后，才允许抽净井孔内的水，刷洗、清除混凝土表面的淤泥、浮浆等杂质，再按施工图要求进行分层夯实填充。

（8）井顶盖梁灌注

井顶盖梁是将桥梁上部结构所受的力及墩身重力传递给基础的承重结构，必须妥善处理。填充井孔的顶盖板可通过直接在填充料面上接好钢筋并灌注混凝土而制成；施工图要求不需要填充的井孔，可不抽除其孔内的水（或按施工图要求处理），但在沉井顶部内侧需设支撑顶盖板、底模板的"牛腿"、底梁，以便在其上铺底模、绑扎钢筋、灌注混凝土。

2. 浮式沉井施工工艺

在水深流急、筑岛困难的情况下修建沉井基础时，可采用浮式沉井。此法是把沉井底节做成空体结构，或采取其他办法使其在水中漂浮，用船只将其托运到设计位置，再逐步用灌注混凝土或水的方法增大自重，使其在水中徐徐下沉，直达河底。当沉井较高时，则需分段制造，在悬浮状态下逐节提高，直至沉入河底。当沉井刃脚切入河底一定深度后，即可按一般沉井的下沉方法施工。

浮式沉井的类型很多，有木沉井、带有临时性井底的浮运沉井、带钢气筒的浮运沉井、钢筋混凝土薄壁浮运沉井、钢丝网水泥薄壁沉井、装配式钢筋混凝土薄壁沉井、钢壳底节沉井等。在特大河流上一般采用钢质的浮式沉井。

（1）钢刃脚制造及拼装

根据起重能力，可将沉井分成若干井箱制造。其拼装工序主要有：搭设拼装平台、钢刃脚拼装、焊接、安装钢气筒底座、水密性试验等。

（2）浮运就位

浮运前应对锚锭设备、导向船组、起吊设备等进行全面检查。将浮运船组拖至主定位船侧，挂缆于定位船上，然后下溜放至预定的初步定位位置固定。

（3）悬浮状态下的接高及下沉

浮式沉井在水中一般分节接高和下沉，其气筒充气、填充井内混凝土及接高井壁等工序是交替重复进行的，直至刃脚落入河床并嵌入一定深度后，方可切除气筒，然后如就地沉井一样接高、除土下沉。

（4）准确定位及放气落至河床

当沉井刃脚下沉接近河床（一般为 0.3～0.5 m）时，即将沉井从上游溜放至施工图标示位置，利用锚锭设备对沉井精确定位，然后利用钢气筒放气，使沉井准确地沉落于河床上。

沉井浮运、定位、落床过程中的注意事项如下：

①沉井浮运和落床均须在沉井混凝土达到施工图标示强度等级后方可进行，并尽可能选择在低水位或水流平稳时，以期顺利进行。

②沉井浮运宜在白天无风或风力较小时，以拖轮或绞车牵引进行。遇水深流急时，可在沉井两侧设置导向船，以增强沉井浮运过程的稳定性。

③沉井下沉前初步锚锭在墩位处，在沉井浮运、下沉的全过程，沉井露出水面的深度均应不小于 1.0 m。

④落床前，应对所有缆绳、锚链、锚锭和导向设备进行检查、调整，并注意水位涨落对锚锭的影响。布置锚锭体系时，尽可能使锚绳受力均匀，边锚预拉力要适当，避免导向船和沉井产生过大摆动或折断锚绳。

⑤准确定位后，应向井孔内或井壁孔腔内迅速、对称、均衡地灌水，使沉井降至河床。水下拆除底板时，要防止沉井偏斜。薄壁空腔沉井落床后，可对称、均匀地排水，灌注混凝土和加压下沉。

⑥沉井着床后，应随时观测河床局部冲刷的情况，必要时可在沉井位置以卵碎石填筑整平，改变河床粒径，减小冲刷深度，增强沉井着床后的稳定性。

⑦沉井着床后，应采取措施使其尽快下沉。除观测沉井四周冲刷状态外，还应观测沉井的平面位置和偏斜状态，以便发现偏差及时调整。

3.2 桥梁墩台施工

桥梁墩台施工是桥梁工程施工中的一个重要部分，其施工质量的优劣，不仅关系到桥梁上部结构的制作与安装质量，而且对桥梁的使用功能也影响重大。因此，墩台的位置、尺寸和材料强度等必须符合设计规范要求。在施工过程中，应准确测定墩台位置，正确进行模板制作与安装，同时采用经过正规检验的合格建筑材料，严格执行施工规范，以确保施工质量。

3.2.1 普通墩台施工

1. 墩台身施工

（1）墩台模板

常用的墩台模板主要有以下几类：

①拼装式模板：用各种尺寸的标准模板利用销钉连接，并与拉杆、加劲构件等组成墩台所需形状的模板。将墩台表面划分为若干小块，每小块对应一块模板，尽量使每部分模板尺寸相同，以便于互换使用。模板高度通常与墩台分节灌注高度相同，一般可为 3~6 m，宽度可为 1~2 m，具体视墩台尺寸和起吊条件而定。拼装式模板由于在厂内加工制造，因此板面平整、尺寸准确、体积小、质量轻，且拆装容易、快速，运输方便，故应用广泛。

②整体式吊装模板：将墩台模板水平分成若干段，每段模板组成一个整体，在地面拼装后吊装就位。分段高度可视起吊能力而定，一般可为 2~4 m。整体吊装模板的优点是：安装时间短，无须设施工接缝，可加快施工进度，提高施工质量；将拼装模板的高空作业改为平地操作，有利于保证施工安全；模板刚性较强，可少设或不设拉筋，节约钢材；可利用模外框架作简易脚手架，不需另搭施工脚手架；结构简单，装拆方便，对建造较高的桥墩较为经济。

③组合型钢模板：以各种长度、宽度及转角的标准构件和定型的连接件将钢模拼接而成的结构用模板。该模板具有体积小、质量轻、运输方便、装拆简单、接缝紧密等优点，适用于在地面拼装，整体吊装的结构上。

④滑动钢模板：将模板悬挂在工作平台的围圈上，沿着所施工的混凝土结构截面的周界组拼装配，并随着混凝土的浇筑由千斤顶带动向上滑升，适用于各种类型的桥墩。

此外，还有爬升模板、翻升模板等。各种模板在工程上的应用，可根据墩台高度、墩台形式、机具设备、施工期限等条件合理选用。

模板安装前应对模板尺寸进行检查；安装时要坚实牢固，以免振捣混凝土时引起跑模漏浆，安装位置要符合结构设计要求。模板组装完毕后，应对模板的垂直度、平整度、错台、拉杆和螺栓的连接牢固程度以及支架的稳固性等进行检验，合格后方可浇筑混凝土。

有关模板制作及安装的允许偏差及检验方法见表 3-4 和表 3-5。

表 3-4 模板制作的允许偏差

项次	项 目		允许偏差/mm
木模板	模板的长度和宽度		±5.0
	不刨光模板相邻两板表面高低差		3.0
	刨光模板相邻两板表面高低差		1.0
	平板模板表面最大的局部不平(用直尺检查)	刨光模板	3.0
		不刨光模板	5.0
	拼合板中木板间的缝隙宽度		2.0
	桦槽嵌接紧密度		2.0
钢模板	外形尺寸	长和宽	0, −1
		不刨光模板	±5.0
	面板端偏斜		≤5.0
	连接配件(螺栓、卡子等)的孔眼位置	孔中心与板面的间距	±3.0
		板端孔中心与板端的间距	0, −0.5
		沿板长、宽方向的孔	≤1.6
	板面局部不平(用 300 mm 长平尺检查)		1.0
	板面和板侧挠度		±1.0

表 3-5 墩台模板安装的允许偏差及检验方法

序号	项目	允许偏差/mm	检验方法
1	前后、左右距中心线尺寸	±10	测量检查每边不少于 2 处
2	表面平整度	3	1 m 靠尺检查不少于 5 处
3	相邻模板错台	1	尺量检查不少于 5 处
4	空心墩壁厚	±3	尺量检查不少于 5 处
5	同一梁端两垫石高差	2	测量检查
6	墩台支承垫石顶面高程	0, −5	
7	预埋件和预留孔位置	5	

(2)混凝土施工

墩台身混凝土施工前,将基础顶面冲洗干净,凿除表面浮浆,整修连接钢筋,安装模板。灌注混凝土时,应经常检查模板、钢筋及预埋件的位置和保护层的尺寸,确保位置正确,不发生变形。混凝土施工中,应切实保证混凝土的配合比、水灰比和坍落度等技术性能指标满足规范要求。

墩台是大体积圬工,为避免水化热过高,导致混凝土因内外温差产生裂缝,可采取如下措施:

①用改善骨料级配、降低水灰比、掺加混合材料与外加剂、掺入片石等方法减少水泥用量。

②采用 C_3A（$3CaO \cdot Al_2O_3$，铝酸三钙）、C_3S（$3CaO \cdot SiO_2$，硅酸三钙）等含量小、水化热低的水泥，如大坝水泥、矿渣水泥、粉煤灰水泥、低强度水泥等。

③减小浇筑层厚度，加快混凝土散热速度。

④混凝土用料应避免日光暴晒，以降低初始温度。

⑤在混凝土内埋设冷却管通水冷却。

当浇筑的平面面积过大，不能在前层混凝土初凝或重塑前浇筑完次层混凝土时，为保证结构的整体性，宜分块浇筑。分块时应注意：各分块面积不得小于 $50 \ m^2$；每块高度宜不超过 2 m；块与块间的竖向接缝面应与墩台身或基础平截面短边平行，与平截面长边垂直；上下邻层间的竖向接缝应错开位置做成企口，并应按施工接缝处理。

墩台身钢筋的绑扎应和混凝土的灌注配合进行。在配置第一层垂直钢筋时，应有不同的长度，同一断面的钢筋接头应符合施工规范的规定。水平钢筋的接头，也应内外、上下互相错开。钢筋保护层的净厚度应符合设计要求。如无设计要求时，则可取墩台身受力钢筋的净保护层不小于 30 mm，承台基础受力钢筋的净保护层不小于 35 mm。墩台身混凝土宜一次连续灌注，否则应按《高速铁路桥涵工程施工技术规程》（Q/CR 9603—2015）的要求处理好连接缝。墩台身混凝土未达到终凝前不得泡水。混凝土墩台的允许偏差见表 3-6。

表 3-6　混凝土墩台允许偏差和检验方法

序号	项目	允许偏差/mm	检验方法
1	墩台前后、左右边缘距设计中心线尺寸	±20	测量检查不少于 5 处
2	空心墩壁厚	±5	
3	桥墩平面扭角	2°	
4	表面平整度	5	1 m 靠尺检查不少于 5 处
5	预埋件和预留孔位置	5	测量检查
6	支承垫石顶面高程	0，—10	

2. 墩、台顶帽施工

墩、台顶帽是用以支承桥跨结构的，其位置、高程及垫石表面平整度等均应符合设计要求，以避免桥跨结构安装困难，或使顶帽、垫石等出现碎裂或裂缝，影响墩台的正常使用功能与耐久性。

墩、台顶帽是安放梁的支座，可将桥跨结构传来的集中压力均匀地分散给桥墩，另外顶帽要有一定的宽度，以满足架梁施工和养护维修的需要。

墩、台顶帽施工要点如下：

（1）墩、台帽放样

墩、台混凝土（或砌石）灌注至离墩、台帽底下 30～50 cm 高度时，需测出墩、台的纵、横中心轴线，并开始设立墩、台帽模板，安装锚栓孔或安装预埋支座垫板、绑扎钢筋等。台帽放样时，应注意不要以基础中心线作为台帽背墙线，浇筑前应反复核实，以确保墩、台帽中心、支座垫石等位置方向与水平高程等不出差错。

（2）墩、台帽模板施工

墩、台帽系承承上部结构的重要部分，对其尺寸位置和水平高程的准确度要求较高，浇筑混凝土应从墩、台帽下方 30～50 cm 处至墩、台帽顶面一次浇筑，以保证墩、台帽底有足够厚度的紧密混凝土。墩帽模板下面的一根拉杆可利用墩帽下层的分布钢筋，以节省钢材件；台帽背墙模板应特别注意纵向支撑或拉条的刚度，防止灌注混凝土时发生鼓肚，侵占梁端空隙。

（3）钢筋和支座垫板的安设

墩、台帽钢筋绑扎应遵照《高速铁路桥涵工程施工技术规程》（Q/CR 9603—2015）有关钢筋工程的规定。墩、台帽上的支座垫板的安设一般采用预埋支座垫板和预留锚栓孔的方法。预埋支座垫板须在绑扎墩台帽和支座垫石钢筋时，将焊有锚固钢筋的钢垫板安设在支座的准确位置上，即将锚固钢筋和墩、台帽骨架钢筋焊接固定，同时将钢垫板作一木架，固定在墩、台帽模板上。此法在施工时垫板位置不易准确，应经常检查与校正。预留锚栓孔须在安装墩、台帽模板时，安装好预留孔模板，在绑扎钢筋时注意将锚接孔位置留出。此法安装支座施工方便，支座垫板位置准确。

3.2.2　高桥墩施工

高桥墩的施工设备与一般桥墩所用设备大体相同。但其模板另有特色，一般有滑动模板、爬升模板、翻升模板等几种，这些模板依附在灌注的混凝土墩壁上，随着墩身的逐步加高而向上升高。

滑动模板施工的主要优点是：施工进度快，在一般气温下，每昼夜平均进度可达 5～6 m；混凝土质量好，采用干硬性混凝土，机械振捣，连续作业，可提高墩台质量；节约木材和劳动力，有资料统计表明，可省劳动力 30%，节约木材 70%；滑动模板可用于直坡墩身和斜坡墩身。模板本身附带有内外吊篮、平台与拉杆等，以墩身为支架，墩身混凝土的浇筑随模板缓慢滑升连续不断地进行，故而安全可靠。以下重点介绍滑动模板施工方法。

1. 滑动模板构造

由于桥墩类型、提升工具的类型不同，滑动模板的构造也稍有差异，但其主要部件与功能大致相同，一般主要由工作平台、内外模板、混凝土平台、工作吊篮和提升设备等组成。

（1）工作平台

工作平台由外钢环、辐射梁、内钢环、栏杆、步板等组成，除提供施工操作的场地外，还用它把滑模的其他部分与顶杆相互连接起来，使整个滑模结构支承在顶杆上。工作平台是整个滑模结构的骨架，因此，应具有足够的强度和刚度。

（2）内外模板

内外模板采用薄钢板制作。用于上下壁厚相同的直坡空心桥墩时，内外模板均通过内外立柱固定在工作平台的辐射梁上；用于上下壁厚相同的斜坡空心墩时，内外模板仍固定在立柱上，但立柱架（或顶梁）不是固定在辐射梁上，而是通过滚轴悬挂在辐射梁上，并可利用收坡螺杆沿辐射方向移动立柱架及内外模板位置；用于斜坡式不等壁厚空心墩时，内外立柱固定在辐射梁上，而在模板与立柱间安装收坡螺杆，以便分别移动内外模板的位置。

（3）混凝土平台

混凝土平台由辐射梁、步板、栏杆等组成，利用平台柱支承在工作平台的辐射梁上，供堆放及浇筑混凝土的施工操作用。

（4）工作吊篮

工作吊篮悬挂在工作平台的辐射梁和内外模板的立柱上，它随着模板的提升而向上移动，供施工人员对刚脱模的混凝土进行表面修饰和养生等施工操作之用。

（5）提升设备

提升设备由千斤顶、顶杆、顶杆导管等组成，通过顶升工作平台的辐射梁使整个滑模提升。

2. 滑动模板提升工艺

滑动模板提升设备主要有提升千斤顶、支承顶杆及液压控制装置等几部分。其提升过程如下：

（1）螺旋千斤顶提升步骤

①提升：转动手轮使螺杆旋转，使千斤顶顶座及顶架上横梁带动整个滑模徐徐上升。此时，上卡头、卡瓦、卡板卡住顶杆，下卡头、卡瓦、卡板则沿顶杆向上滑行，当滑至与上、下卡瓦接触或螺杆不能再旋转时，即完成两个行程的提升。

②归位：向相反方向转动手轮，此时下卡头、卡瓦、卡板卡住顶杆，整个滑模处于静止状态，仅上卡头、卡瓦、卡板连同螺杆、手轮沿顶杆向上滑行，至上卡头与顶架上横梁接触或螺杆不能再旋转时为止，即完成一个循环。

（2）液压千斤顶提升步骤

①进油提升：利用油泵将油压入缸盖与活塞间，在油压作用下，上卡头立即卡紧顶杆，使活塞固定于顶杆上。随着缸盖与活塞间进油量的增加，缸盖连同缸筒、底座及整个滑模结构一起上升，直至上、下卡头顶紧时，提升暂停。此时，缸筒内排油弹簧完全处于压缩状态。

②排油归位：开通回油管路，解除油压，利用排油弹簧推动下卡头，使其与顶杆卡紧，同时推动上卡头将油排出缸筒，在千斤顶及整个滑模位置不变的情况下，使活塞回到进油前位置。至此，完成一个提升循环。为了使各液压千斤顶能协同一致工作，应将油泵与各千斤顶用高压油管连通，由操作台统一集中控制。

提升时，滑模与平台上的临时荷载全由支撑顶杆承受。顶杆多用直径为 25 mm 的 Q235-A 或 Q275-A 圆钢，其承载能力分别为 10.0 kN 和 12.5 kN。顶杆一端埋置于墩台结构的混凝土中，另一端穿过千斤顶芯孔，每节长 2～4 m，采用丝扣连接或焊接逐渐接长。为了节约钢材，使支承顶杆能重复使用，可在顶杆外安上套管，套管随同滑模结构一起上升，待施工完毕后，可拔出支承顶杆。

3. 滑模施工要点

（1）滑模组装

在墩位上就地进行组装时，安装步骤如下：

①在基础顶面搭枕木垛，定出桥墩中心线。

②在枕木垛上先安装内钢环，并准确定位，再依次安装辐射梁、外钢环、立柱、千斤

顶、模板等。

③提升整个装置，撤去枕木垛，再将模板落下就位，随后安装余下的设施；内、外吊架待模板滑升至一定高度时再安装；模板在安装前，在其表面涂润滑剂，以减少滑升时的摩阻力；组装完毕后，必须按设计要求及组装质量标准进行全面检查，并及时纠正偏差。

(2)浇筑混凝土

滑模宜浇筑低流动度或半干硬性混凝土，浇筑时应分层、分段对称进行，分层厚度以 20～30 cm 为宜，浇筑后混凝土表面距模板上缘宜有不小于 10～15 cm 的距离。混凝土入模时，要均匀分布。应采用插入式振捣器捣固，振捣时应避免触及钢筋及模板，振捣器插入下一层混凝土的深度不得超过 5 cm；脱模时混凝土强度应为 0.2～0.4 MPa，以防在其自重压力下坍塌变形。为此，可根据气温、水泥强度等级经试验后掺入一定量的早强剂，以加速提升；脱模后 8 h 左右开始养护，用吊在下吊架上环绕墩身的带小孔的水管来浇水养护。养生水管一般设在距模板下缘 1.8～2.0 m 处效果较好。

(3)提升与收坡

整个桥墩浇筑过程可分为初次滑升、正常滑升和最后滑升三个阶段。从开始浇筑混凝土到模板首次试升为初次滑升阶段。初浇混凝土的高度一般为 60～70 cm，分三次浇筑，在底层混凝土强度达到 0.2～0.4 MPa 时即可试升。将所有千斤顶同时缓慢起升 5 cm，以观察底层混凝土的凝固情况。现场鉴定可用手指按压刚脱模的混凝土表面，基本按压不动，但留有指痕，砂浆不沾手，用指甲划过有划痕，滑升时能耳闻"沙沙"的摩擦声，这表明混凝土已具有 0.2～0.4 MPa 的脱模强度，可以再缓慢提升 20 cm 左右；初升后，经全面检查设备，即可进入正常滑升阶段。每浇筑一层混凝土，滑模提升一次，使每次浇筑的厚度与每次提升的高度基本一致。在正常气温条件下，提升时间宜不超过 1 h；最后滑升阶段是混凝土已经浇筑到需要高度，不再继续浇筑，但模板尚需继续滑升的阶段。浇完最后一层混凝土后，每隔 1～2 h 将模板提升 5～10 cm，滑动 2～3 次后即可避免混凝土与模板黏接。

滑模提升时应做到垂直、均衡一致，顶升架间高差不大于 20 mm，顶升架横梁水平高差不大于 5 mm。施工时要求三班连续作业，不得随意停工。随着模板的提升，应转动收坡螺杆，调整墩壁曲面的半径，使收坡坡度符合设计要求。

(4)接长顶杆，绑扎钢筋

模板每提升至一定高度后，需要穿插进行接长顶杆、绑扎钢筋等工作。为了不影响提升时间，应事先配好钢筋接头，并注意将接头错开。滑模抽离后，要及时清理预埋件及预埋的接头钢筋，使之外露。

在整个施工过程中，由于工序的改变，或发生意外事故，导致混凝土的浇筑工作停止较长时间时，需要进行停工处理。例如，每隔 0.5 h 左右稍微提升模板一次，以免混凝土与模板黏结；停工时在混凝土表面插入短钢筋等，以加强新老混凝土的黏结；复工时还需将混凝土表面凿毛，并用水冲走残渣，湿润混凝土表面，浇筑一层厚度为 2～3 cm 的 1∶1 水泥砂浆，再浇筑原配合比的混凝土，继续滑模施工。

爬升模板施工与滑动模板施工相似，不同的是支架通过千斤顶支承于预埋在墩壁中的预埋件上，待浇筑好的墩身混凝土达到一定强度后，将模板松开，千斤顶上顶，把支架连同模板升到新的位置，模板就位后，再继续浇筑墩身混凝土。如此往复循环，逐节爬升，每次升高约 2 m。

翻升模板施工采用一种特殊钢模板，一般由三层模板组成一个基本单元，并配置有随模板升高的混凝土接料工作平台。当浇筑完上层模板的混凝土后，将最下层模板拆除翻上来拼装成第四层模板，依此类推，循环施工。翻升模板也能够用于有坡度的桥墩施工。

3.2.3 锥体填筑

1. 锥体填筑

桥台后的过渡段及锥体填筑必须待桥台混凝土达到设计强度后方可进行。锥体填筑前应对原地面进行处理、压实。需要进行锥体地基处理的，应与路基过渡段地基处理同步进行。

锥体填筑应符合设计范围及坡度的要求，一次填足，并应在设计边坡之外适当加宽，待整修边坡时再把多余土刷去。

锥体与桥台后过渡段填筑应同步施工。施工中应采用机械分层填筑压实。碾压时应先用轻型压路机稳定后，再用重型压路机碾压至要求的压实标准。重型压路机碾压不到的部位，用小型振动压实设备进行压实，严格控制分层厚度和压实密度。施工时注意加强对成型桥台的保护，采用大型压路机碾压对桥台造成影响时，应改用小型振动压实机具，避免碰坏、撞坏桥台，并保证桥台、横向结构物稳定、无损伤。

2. 锥坡施工

（1）施工准备

①技术准备。

a. 砂浆配合比设计：根据砂浆原材料品质、设计强度等级及施工工艺对工作性能的要求，通过试配、调整等步骤选定施工用理论配合比。

b. 对桥台锥体护坡防护施工图进行审核。

②现场施工准备。

a. 根据现场实际施工情况，施工前按照设计图纸核实坡面形状、尺寸和基础高程等，对影响护坡施工的构筑物进行清除，平整施工现场，提供较好的施工场地条件。

b. 完善施工道路的通行条件，满足桥台锥坡防护施工需要。

c. 材料进场。

d. 完成临时排水系统及临时电力线路。

e. 施工前应先清理坡面浮土，填补坑凹，使坡面大体平整。

（2）测量放样

根据桥台施工设计图，结合台背回填高度放出锥坡的轴线控制桩，放样点设带钉木桩，拉线确定锥坡坡度、碎石垫层厚度、片石砌筑厚度和基础开挖深度、尺寸，并用白灰线洒出开挖轮廓线。拉线放样时，坡顶宜预先放高 2～3 cm，以消除后期锥体沉降对坡度的影响。

（3）坡面修整

按照设计边坡标准线进行刷坡，锥体边坡主要采用挖掘机进行刷坡，刷坡时预留约 20 cm 采用人工进行。边坡修整时用坡度尺拉线修整，修整后的边坡坡度不得大于设计值。

同时，将坡脚地面整平。刷坡时防止出现较大超欠挖，超挖部分要夯填密实，欠挖部分清挖至设计断面。

（4）基坑开挖

开挖前，延长基础轴线控制桩至基坑外并用木桩加以固定，以便于基坑开挖完后能及时恢复垂裙线。然后根据测量放样的尺寸开挖基础，采用人工配合小型挖掘机进行开挖，基底预留 20 cm 左右，采用人工按基础设计尺寸拉线进行开挖并修整，清理干净基底浮土，同时保证原土不受扰动。

（5）基础砌筑

砌筑时，首先按设计尺寸进行挂线。砌块在使用前必须浇水湿润，表面如有泥土、水锈，应清洗干净。砌筑基础的第一层砌块时，如基底为岩层或混凝土基础，应先将基底表面清洗、湿润，再坐浆砌筑；砌体应分层砌筑；各砌层应先砌外圈定位行列，然后砌筑里层，外圈砌块与里层砌块交错连成一体。各砌层的砌块应安放稳固，砌块间应砂浆饱满，砌筑牢固，不得直接贴靠或脱空。砌筑时，底浆应铺满，竖缝砂浆应先在已砌石块侧面铺放一部分，石块放好后填满捣实。用小石子混凝土填塞竖缝时，应以扁铁捣实。砌筑上层砌块时，避免振动下层砌块。砌筑工作中断再恢复砌筑时，对已砌筑的砌层表面应加以清扫和湿润。

（6）碎石垫层铺筑

待基础砌筑完成后铺筑碎石垫层，碎石垫层厚 10 cm。垫层分两次铺筑，第一次铺至平台（包括平台），待平台及平台以下施工完毕后，方可铺筑平台以上坡段，铺至锥顶底部。

铺筑前按设计尺寸要求挂线，碎石垫层铺筑时先由人工抛撒至坡面，抛撒应均匀；然后将碎石与坡面土夯接紧密，避免碎石下滑。

（7）泄水管预埋

泄水管的预埋与碎石垫层的铺设同时进行，用 PVC（polyvinyl chloride，聚氯乙烯）管材预埋，其间距不大于 1.5 m，宜采用梅花形布置。

（8）浆砌片石砌体砌筑（基础、护坡、平台）

锥体护坡采用砌块的品种、规格、质量和护坡表面坡度应符合设计要求。砌筑前按设计图纸尺寸要求挂线，清洗干净表面泥土、水锈，然后洒水湿润片石。锥体坡脚应设垂裙，垂裙埋入深度应符合设计要求。设计无要求时，埋入深度不得高于一般冲刷线。

锥体护坡砌筑自下而上分段进行。砌筑放样时应拉紧拉线，护坡砌筑表面应平顺。浆砌片石采用挤浆法分层、分段砌筑，分段位置宜设在沉降缝或伸缩缝处。各砌层先砌外圈定位砌块，并与里层片石交错连成一体。定位砌块宜选用表面较平整且尺寸较大的石料，定位砌缝应铺满砂浆，不得镶嵌小石块。

定位砌块砌完后，先在圈内底部铺一层砂浆，其厚度应使石料在挤压安砌时能紧密连接，且砌缝砂浆密实、饱满。镶面石砌筑宜用一顺一丁或两顺一丁方式砌筑，采用水平分层砌筑。每层中相邻石块间的砌缝应竖直，每层高度宜固定不变，也可向上逐层递减。在丁石的上层或下层，均不得有垂直砌缝。当错缝确有困难时，丁石顶面或底面一侧的错缝可稍小。

砌筑腹石时，石料间的砌缝应互相交错、咬搭，砂浆密实，石料与石料之间不得无砂浆直接接触，也不得干填石料后铺灌砂浆。石料应大小搭配，较大的石料以大面为底，较宽的砌缝用小石块挤塞。挤浆时可用小锤敲打石料，将砌缝挤紧，不得留有空隙。

护坡反滤(垫)层规格、质量应符合设计要求，并应边做反滤(垫)层边砌筑，同时做好沉降缝和泄水孔。锥体应按设计要求进行完整防护。

锥坡砌体允许偏差及检验方法见表3-7。

表3-7　砌体允许偏差和检验方法

序号	项目	允许偏差/mm	检验方法
1	顶面高程	±50	水准仪检查
2	表面平整度	30	2 m靠尺检查
3	坡度	不小于设计要求	测量检查
4	厚度	不小于设计要求	尺量检查
5	底面高程	±50	测量检查
6	反滤层厚度	不小于设计要求	尺量检查

(9)勾缝养护

在砌体砌筑时留出深2 cm的空缝用来进行勾缝。勾缝采用凹缝形式，勾缝所用的砂浆强度不得小于砌体所用的砂浆强度。封面高度比砌体略低，勾缝砂浆面应平整、光滑，勾缝后砌石轮廓不能被掩盖，砌缝的准确位置和宽度应清晰可见。

勾缝完毕后及时覆盖土工布或湿草帘，并将其四周固定在牢固的物体上，以免被风刮走。经常洒水保持湿润，常温下养护期不得少于7 d。养护期间避免外力碰撞、振动或承重。

(10)干砌片石砌体砌筑(锥顶)

砌筑锥顶干砌片石前，按设计图纸尺寸要求挂线，砌筑采用分层砌筑，可不按同一厚度分层，底层、顶面、边缘宜使用较大石块砌筑。石块应相互交错咬接靠紧，空隙用碎石填实，石块外露面要稍加修整。

3.3　高铁简支梁桥施工

3.3.1　后张法预应力混凝土简支梁桥预制

1. 预制场地的建设

高铁使用的预应力混凝土简支梁，横截面积大，质量大，验收标准严，质量要求高，预制难度大，不能采用"工厂预制，铁路运输，工地架设"这一传统方法施工，只能在施工现场选址设置临时预制场预制梁体，然后通过专用运架设备完成梁体架设。

国内外高铁预制场建设经验表明，梁体预制场投入设备多，建设周期长，建设费用大。因此，为保证预制梁体的质量和预制效率，合理使用建场费用，施工单位有必要对预制场进行科学系统的规划、设计与优化。

(1)制梁场规划设计的总原则

制梁场规划设计应本着安全适用、技术先进、经济合理、环保的原则，统筹规划，以达到"制梁速度快，质量高和建场费用低"的目的。制梁场内生产区和生活区应相互分开。生产区按工艺流程分区划块，结构紧凑，尽量减少中间环节作业量。充分保证安全生产。注意人流、货流的分离。

(2)制梁场的选址

制梁场选址时应按照制梁场覆盖的范围，全面考虑桥跨与梁形布置、工期、运架梁速度、地质状况及桥跨两端路基工程等因素，同时做到运梁距离相对最短，为轨道施工打开工作面，形成流水作业，提高施工设备利用率，降低设备投入费用。因此制梁场选址应遵循以下原则：

①制梁场应尽量布置在桥群集中地段，同时尽量选择在桥梁的直线地段。

②尽量选择在交通便利，利于大型制、运、架梁设备和大宗材料运输进场，减少运输费用。

③高铁梁体对制梁台座、存梁台座的承载能力和不均匀沉降均提出了很高的要求。因此，制梁场应尽量选在地形、地质条件较好的地方，以减少土石方、基础加固及拆迁工程；有条件时应尽量利用正式工程场地，降低临时工程费用投入。如京石客运专线利用设计的车站广场作为梁体预制场地。在路基地段布置制梁场应尽量使制梁场场地高程与路肩高程相同。

④运输距离较短。较短的运输距离可确保梁体运输安全，提高运架梁的施工进度，减少运架梁费用。

⑤尽量减少征地拆迁。要在满足制梁工期和存梁的前提下，尽量利用红线以内区域布置制梁场，少占用耕地，减少拆迁量和以后的复耕费用。在条件允许的情况下，借用车站位置布置制梁场是一个不错的选择。

⑥考虑防洪排涝，确保雨季施工安全。

总之，制梁场地的选择应综合考虑各方面的因素，本着"因地制宜、节约资金、降低成本、确保安全与质量"的原则，统筹规划。在施工前要认真进行施工调查和技术经济比较，选择最佳位置。

(3)制梁场的布置

①制梁场布置原则。

a. 结合制梁场的生产和供应梁体的数量，首先要确定制梁台座和存梁台座的数量，再确定搅拌站及存料场的大小。

b. 制梁场布置应紧凑合理，不仅要考虑制架梁施工流程，而且要兼顾运架设备的安装和拆除。

c. 根据制梁施工工艺、移梁和运梁工序的要求，合理布置生活办公区、生产区、存梁区(兼运梁区)和混凝土搅拌区(含材料存放区)。

d. 制梁场布置要使场内交通、供水、供电、供气、防火、防洪排涝、环保尽量合理。

②制梁场布置形式。

制梁场的布置一般有以下两种形式：

a. 纵列式布置：制、存梁台位纵向并列，台座的长度方向与线路走向基本平行，利用龙门吊平移梁体。纵列式布置比较适合于制梁场靠近线路的情况。特别是对于长大桥梁，制梁场一般设于桥梁中部，必须配备提梁的大型门吊，宜采用纵列式布置。纵列式布置可以充分利用永久征地，减少临时用地的数量。

b. 横列式布置：制、存梁台位平行，台座的长度方向垂直于线路走向，利用千斤顶顶移梁体。横列式布置的梁体在上桥前需水平旋转90°，运梁车需调头，因此这种布置形式比较适合于制梁场远离线路的情况。特别是对于桥群地段，为减少投入，应按便道运梁考虑，采用横列式布置较为合适。

（4）制梁场规模的确定

制梁场主要由4个功能区组成：生活办公区、生产区（包括钢筋加工、制梁台座、模板存放等）、存梁区（兼运梁区）和混凝土搅拌区（含材料存放区）。

制梁场的规模主要根据其所需要的生产能力确定，生产能力与生产工艺要求的时间，制梁场供应梁体的范围，制、架梁工期，架梁进度有密切关系。此处对后面三点进行分析。

①制梁场供应梁体的范围。在现有技术条件下，1台架桥机配1台运梁平车的运架梁经济供应范围一般在单向15～20 km以内。因此在设计或业主招标中，一般按此确定标段内的制梁场数量和位置。

②制、架梁工期。制、架梁工期是结合总工期、桥梁下部工程及铺轨工程工期综合考虑的，它直接影响着制梁场的规模。

③架梁进度。在确定了制、架梁工期后，架梁所需要的综合进度见式（3.4）。

$$t = \frac{n}{T} \tag{3.4}$$

式中：t 为综合进度，d；n 为制架梁孔数，孔；T 为制架梁工期 d。

2. 模板

（1）模板的制作

预制梁体的模板主要由底模、外模、端模、内模系统及液压系统等组成。模板的质量直接关系到梁体外形尺寸的准确性、梁体的线形、梁体外观质量及制梁的工作效率。因此模板的各部位尺寸要求准确；表面要平直，转角要光滑，焊缝要平顺；每扇联结螺栓孔的配合要准确；端模要平整，预应力筋预留孔眼的位置要准确；各类配件完好、数量齐全。

（2）模板的安装

底模采用分片制作，然后拼装成整体，采用螺栓连接，用水准仪按二次抛物线调出反拱，经检查符合要求后与台座焊接加固，放出底模中心线，保证侧模安装的准确性，在两端上下预留压缩量。

侧模安装前必须检查模板面是否平整光滑，有无凸凹变形、残存灰渣，特别是接口处及端模凹穴内必须清理干净；检查模板连接端面、底部有无碰撞而造成的缺陷和变形；振动器支架及其模板焊缝是否有开裂破损。如有问题要及时整修合格。要仔细均匀地对模板面刷脱模剂，不得漏刷。特别注意梁体的四个支座板安放处的相对高差不能大于2 mm。

侧模与制梁台座的基础内侧一端铰接，外侧一端为可调千斤顶或螺杆连接。通过调整千斤顶(或可调螺杆)使侧模绕台座上的铰轴转动，当模板的高度与梁体的设计高度符合，模板的倾斜角度也与梁体侧面的设计倾角相吻合，两侧的模板与底模密贴后，再用底拉螺栓将侧模与底模连接成一个整体。在模板的外侧根据需要增设相应的支撑杆件，保证模板的整体刚度。

端模板进场后对其进行全面的检查，保证其预留孔与设计位置的偏离不大于 3 mm。安装端模前，先检查板面是否平整光洁，有无凹凸变形及残余黏浆，端模管道孔眼是否清理干净。用起重设备将端模板吊装就位，依次将橡胶抽拔管穿过相对的端模孔慢慢就位。因管道较多，安装时应注意不要将橡胶抽拔管挤弯，否则会造成端部有死弯。端模中线要与底模中线重合，以端模上两根竖向槽钢为基准吊线检查，上好撑杆，调节撑杆螺栓，调整端模到垂直位置，上紧所有紧固件。端模安装完成后，再次逐根检查橡胶管是否处于设计位置。并注意锚垫板在对位时要避免顶撞钢筋骨架，以免引起支座板移位。

内模为全液压外力牵引整体式。在内模托架上，依靠油缸的驱动使模板张开到设计梁体的内腔尺寸后，安装好机械螺杆，利用龙门吊整体吊入已放好底腹板钢筋的台位。然后，安装通风孔成孔器、泄水管及固定装置、预留孔成孔器、固定管卡的预埋螺母等预埋件。为保证腹板厚度，防止灌注混凝土时内模左右移动，将内模与外模(在通风孔处)及端模用螺栓连接，内模的支撑通过在底模泄水孔里放置支墩来实现，同时该支墩兼作底模与内模的拉杆。

在模板、钢筋骨架安装过程中，同时安装预埋装置，主要包括：支座板、防落梁支架预埋钢板、泄水管固定预埋螺母、接触网支柱(下锚支柱、下锚拉线)的预埋铁座、梁端预埋伸缩缝以及各种成孔装置(腹板的通风孔，底板、顶板的泄水孔，顶板的吊装孔以及梁端电缆槽预留孔等)。

模板全部安装完毕后，必须按标准进行最终调整，各部位尺寸都达到要求后，按桥梁模板检查表填入相关数据。灌注混凝土时，必须设专人值班，负责检查模板、连接螺栓及扣件，如有松动随时紧固。

(3)模板的拆卸和存储

模板的拆卸按照模板安装的逆向进行，首先拆除端模，然后是内模。

当梁体混凝土强度达到规定要求时，梁体混凝土芯部与表面、箱内与箱外、表层与环境温差均不大于 15 ℃，且能保证梁体棱角完整时即可拆模。

当混凝土的强度达到拆模强度时，首先拆除端模，拆除端模上的所有紧固螺丝，用龙门吊吊住端模，然后采用千斤顶顶端模上的反力架使端模与梁体脱离。施工时不能硬拉、硬撬，造成端模变形。下部端模的拆除也要注意上述问题。如果条件允许，端模的两部分可作为一个整体拆除。端模拆除完成后，要放置在开阔的地方进行检查，同时进行清灰、涂油处理，以便下次使用。

随后，松开内模与侧模、内模与底模在对应通风孔、泄水孔的紧固连接件，再把内模内腔中的支撑螺杆全部松开、拆除，并集中在一起，利用内模的自动收缩系统把内模收缩到原始状态。利用卷扬机把内模拉出来一部分，再用龙门吊将其拉出。内模被拉出整个梁体的内腔后，要把内模吊放到存放支架上，进行模板清理、检查以及涂油，然后张开到设计尺寸，用机械撑杆撑好，以备下次使用。

（4）模板整修

梁体吊离底模后，应立即清理钢底模上的混凝土残渣，清理胶条与底模间的混凝土残渣，更换破损、脱落的胶条。清渣完毕后，在模板上均匀涂刷隔离剂，不得出现积液、漏刷现象。技术人员须逐片对底模全长、平整度及反拱值进行检查，如有超标及时整改。对检查中发现的问题，应及时处理并做好相关记录，存入模板管理档案。大修模板的检查验收按新制模板办理，经验收合格后方可使用。严禁使用已鉴定报废和不合格的模板。

（5）模板施工注意事项

模板安装和拆除施工时，须由专人负责指挥，施工人员应密切配合，相互提醒，确保安全。吊装内模采用的吊架应有足够的刚度，吊点设置应合理并均衡，以防内模变形。内模就位时要缓慢，两端及两边应平衡，严禁碰撞梁体钢筋。拆模时，严禁生拉硬撬，以免造成模板局部变形或损坏梁体混凝土。模板拆除后，应及时清点紧固件，并在清理干净后涂抹机油，以备再用。

3. 钢筋骨架制作

（1）钢筋骨架绑扎

钢筋骨架采用分体绑扎，分体吊装。绑扎工艺流程为：绑扎底（腹）板、顶板及竖墙钢筋→吊底、腹板钢筋→内模就位→调整内模位置，保证腹板保护层厚度→吊顶板钢筋→绑扎底、腹板与顶板的连接筋。

绑扎底、腹板钢筋时，在胎具四个支座板相应中心位置上安装 1：1 支座板模板，预留出支座套筒的位置，方便底、腹板钢筋在模板内的吊装就位。

钢筋的绑扎要求主要有如下几点：

①钢筋的交叉点用铁丝绑扎牢固，必要时，可用点焊。箍筋、桥面筋两端交点均绑扎；钢筋弯折角与纵向分布筋交点均绑扎；下缘箍筋弯起部分与蹬筋相交点绑扎；其余各交点采用梅花形跳绑；绑扎点拧紧，如有扭断的扎丝必须重绑。

②梁中的箍筋与主筋垂直绑扎；箍筋的末端向内弯曲；箍筋转角与钢筋的交接点均绑扎牢固。箍筋的接头（弯钩结合处）在梁中沿纵向方向交叉布置。

③后张梁预留管道及钢筋绑扎尺寸要求见表 3-8。

表 3-8　后张梁预留管道及钢筋绑扎要求

序号	项目	要求
1	预留管道位置与设计位置的偏差	距跨中 4 m 范围≤4 mm，其余部位≤6 mm
2	桥面主筋间距及位置偏差（拼装后检查）	≤15 mm
3	底板钢筋间距及位置偏差	≤8 mm
4	箍筋间距及位置偏差	≤15 mm
5	腹板箍筋的不垂直度（偏离垂直位置）	≤15 mm
6	混凝土保护层厚度与设计值偏差	$C \geqslant 30$ mm 时，+10 mm，0 mm $C < 30$ mm 时，+5 mm，0 mm
7	其他钢筋偏移量	≤20 mm

注：C 为混凝土保护层厚度。

（2）钢筋的安装

安装钢筋时，必须采取有效措施，确保钢筋的混凝土保护层厚度满足设计要求。垫块的强度不低于梁体混凝土的设计强度。垫块互相错开，呈梅花形布置，并不得横贯保护层的全部截面。按照设计要求，底板和腹板钢筋保护层的控制垫块数量为 4 个/m²，端头钢筋密集部分的垫块可加密。

钢筋骨架吊装时用专用吊装扁担梁，防止钢筋变形，安装就位要准确，纵、横向不得有错位。桥面钢筋与梁体钢筋要绑扎结实，绑扎点不得少于规定数量，相邻两绑扎点间成八字形，以保证骨架更加牢固，不变形。

定位网片安装是关键工序，在施工时由质检部门重点测量定位网片的安装质量并做详细记录。安装钢筋骨（网）架时，要保证其位置正确，不得倾斜、扭曲，也不得变更保护层的规定厚度。

骨架就位后，要检查预留管道有无错位，定位网片是否正确。只有在保证骨架绑扎牢固、管道位置正确的前提下，方可进行下道工序。

（3）预留孔道的形成

后张法预留孔道有两种方式：一种是使用抽拔式制孔法，另一种是使用埋置式制孔法。抽拔式制孔法是在需留设孔道的部位埋设制孔器（如橡胶抽拔管），浇筑混凝土并养护一定时间后，拔出胶管，形成预留孔道；埋置式制孔法是将与孔道直径相同的管材埋于构件中，永久埋设，无须抽出。为防止漏浆，高铁后张法预制混凝土梁体多采用抽拔橡胶管的方式制孔。

4. 浇筑混凝土

（1）梁体混凝土浇筑

混凝土采用强制搅拌机进行拌制，电子计量系统自动计量原材料。搅拌时，先向搅拌机中投入粗骨料和细骨料，搅拌均匀后，再投入水泥、矿物掺和料、水和外加剂。总搅拌时间为 150 s。冬天搅拌混凝土前，采用加热拌和用水的方法调整拌和物的温度；夏天搅拌混凝土时，采用冷却拌和水、洒水冷却粗骨料和在傍晚或晚上搅拌混凝土的方法，以控制混凝土的入模温度在 5~30 ℃。

梁体混凝土连续浇筑，一次成型。混凝土浇筑采用纵向分段、水平分层连续浇筑，由一端向另一端循环浇筑的施工方法，从腹板顶下料，浇筑腹板下倒角（部分底板）和腹板混凝土；从内模顶开孔中下料，补足底板混凝土量；顶板从一端向另一端浇筑；浇筑时间控制在 6 h 以内；混凝土从加水搅拌起，45 min 内泵送完毕。其入模温度控制在 5~30 ℃，分层厚度为 30~40 cm。

混凝土的振捣采用插入式振捣棒。操作插入式振捣棒时宜快插慢拔，垂直点振，不得平拉，不得漏振，谨防过振。振捣棒移动距离应不超过振捣棒作用半径的 1.5 倍，每点振动时间约 20~30 s。振动时，振捣棒上下略为抽动，插入深度以进入前次灌注的混凝土面层下 50 mm 为宜。灌注过程中注意加强跨中处预应力孔道、倒角、交界面以及钢筋密集部位的振捣。

开盘前，试验人员必须测定砂、石含水率，将混凝土理论配合比换算成施工配合比；开盘后，试验人员要对前三盘逐盘检查混凝土坍落度，以后每 10 盘检查一次，如发现混凝土坍落度与配合比要求相差较大时，要由试验人员查明原因后加以调整。

（2）混凝土养护

梁体混凝土养护应符合下列规定：

①梁体采用蒸汽养护时应实施跟踪养护，使棚温与梁体内水化热相适应。蒸汽养护分为静停、升温、恒温、降温四个阶段。静停期间棚温应不低于 5 ℃；静停 4 h 后方可升温，升温速度应不大于 10 ℃/h；恒温养护期间蒸汽温度宜不超过 45 ℃，梁体芯部（梁端中央 300 mm 处）混凝土温度应不超过 65 ℃，恒温时间应根据梁体拆模对混凝土强度的要求及环境条件等由试验确定；降温速度应不大于 10 ℃/h。梁体养护期间及拆除保护设施时，混凝土芯部与表层、表层与环境温度之差均应不超过 15 ℃。蒸汽养护结束后，应立即进入自然养护。

②梁体采用自然保湿养护或蒸汽养护后，进入自然养护时，混凝土外露面宜采用保湿、保温材料严密覆盖，梁体洒水次数应能使混凝土表面保持充分湿润，保湿养护时间应根据梁体拆模对混凝土强度的要求及环境条件等确定，但应不少于 14 d。梁体混凝土表层温度与养护水温度之差应不超过 15 ℃。气温低于 5 ℃时，应采取保湿、保温措施，不应对混凝土浇水。

5. 拔管

在混凝土灌注完毕 5～8 h 时抽拔橡胶管，抽拔后，混凝土孔道不得发生变形及塌落现象。

拔管时，用直径 10～12 mm 钢丝绳将梁端外露胶管顶端固定住，然后开动卷扬机进行拔管。拔管从梁体腹板最上部橡胶管开始，自上而下进行。

拔管时如遇到胶管被拔断，则采用单根钢丝探入孔道找出断管或死弯位置（也可用别的办法探查）；然后将其混凝土凿开一个小洞；再从此处把胶管拔出来；最后将开洞部位用同强度的混凝土修补好，注意保证此处管道孔的顺直。

立即将拔出来的胶管表面的灰污物清理干净，并理顺放好，以备下次再用。如发现胶管表面破损剥皮，则将其抽出来，禁止再次使用。

胶管存放时，禁止在上面施压重物，以免胶管变形。

6. 钢绞线制束及穿束

（1）制束

将钢绞线盘立放在钢绞线施放支架内，抽出内圈的钢绞线的端头，并从前端的施放孔中牵引出来，然后利用人工或机械牵引至规定的长度，用切断机或砂轮切割机等切断，严禁采用电弧切断，也不得使预应力筋受高温、焊接火花或接地电流的影响。下料长度误差±10 mm。注意检查外观，发现劈裂、死弯、锈蚀、油污等缺陷者不得使用，钢绞线下料后不得散头。

将钢绞线按规定的要求制成钢束并捆绑好，钢丝编束梳丝理顺，每隔 1～1.5 m 捆绑一道。钢绞线成束时保证顺直、不扭转，钢束的两端注意齐平（参差不齐的偏差不能超过±50 mm）。

预应力筋下料长度要符合设计要求。无设计要求时，可通过式（3.5）进行计算，并通过试用后进行修正。

$$L = l + 2l_1 + n(l_2 + l_3) + 2l_4 \tag{3.5}$$

式中：L 为钢绞线下料长度，mm；l 为锚具支承板间管道长度，mm；l_1 为工作锚具厚度，mm；l_2 为张拉千斤顶长度，mm；l_3 为工具锚具厚度，mm；l_4 为长度富余量，可取 100 mm；n 为预应力张拉，单端张拉为 1，两端张拉为 2。

（2）穿束

钢束在移运过程中，采用多支点支承，支点间距不得大于 3 m，端部悬出长度不得大于 1.5 m，严禁在地面上长距离拖拉，以免损伤钢绞线。

钢束穿入梁体孔道时，可采用卷扬机进行引拉，也可采用人工穿入。采用卷扬机引拉时，先穿入一根钢丝作为引线，将钢丝绳拉进孔道，再将钢丝绳与钢束连接起来，然后开动卷扬机，人工扶正钢束，即可将钢束拉入管道。

在穿束过程中，如遇到钢束穿不进去的情况，要查明原因。若是孔道死弯，则必须开口修理，取直管道，然后穿入钢束，再在开口部位的钢束周围包裹铁皮或套入塑料管等物，捆好固定并堵塞两端全部缝隙，再灌补与梁体同等级混凝土修复。在此特别注意堵缝一定要认真仔细，不能再次流入水泥浆导致堵死管道。

7. 钢绞线的张拉

（1）预应力筋张拉前的检验校核

①锚具、夹具和联结器进场时，除应按出厂合格证和质量证明书核查其锚固性能类别、型号、规格及数量外，还应按照《预应力筋用锚具、夹具和连接器》（GB/T 14370—2015）要求检验。

②千斤顶必须经过校正后才允许使用。千斤顶校正系数 K 通过式（3.6）计算。

$$K = \frac{油表读数 \times 千斤顶有效活塞面积}{压力机度数 \times 1\,000} \tag{3.6}$$

在正常情况下，千斤顶校正系数 K 不得大于 1.05。千斤顶校正后的有效使用期限不超过一个月，且张拉作业次数不得超过 200 次。千斤顶常压下漏油或串缸时，应及时检修。每次检修后，必须经过校正才允许使用。

千斤顶与已校正过的油压表配套编号。千斤顶、油压表、油泵安装好后，试压 3 次，每次加压至最大使用压力的 110%，加压后维持 5 min，其压力下降不超过 3%，即可进行正式校正工作。

由于顶推式液压千斤顶吨位较重且体积较大，校验时可采用压力环校正法或顶压机校正法，测读千斤顶或油泵上油表读数（精度 0.40 级标准油表）及相应压力环或压力机的标示读数，重复 3 次，取其平均值。校正千斤顶用的压力环或压力机必须在检定有效期限内。

千斤顶校正系数 K 小于 1.05 时，按实际数采用；如大于 1.05，则该千斤顶不得使用，应重新检修并校正。

③高压油表必须经过校正后才允许使用。高压油表采用防震型压力油表，其精度等级不低于 1.0 级，最小分度值应不大于 0.5 MPa，油表表盘量程应在工作最大油压的 1.25～2.00 倍；油表检定有效期不得超过 7 d，当采用 0.4 级精度的精密油表并由计量管理部门按 0.4 级精度进行检定时，其有效期应不超过一个月。压力油表发生故障后必须重新校正。

（2）张拉前的准备工作

钢筋张拉为特殊工序，操作人员应持证上岗。锚具要按规定检验合格，预应力钢绞线经复验确认合格才能投入使用。千斤顶和油表均已校正并在有效期内，张拉技术资料已到位。确认钢绞线根数与设计相符，每根顺直不绞缠，安全防护措施已到位。

（3）主要张拉工艺

①张拉时，预应力钢绞线与孔道壁接触面间产生摩擦力而引起预应力损失，称为"摩阻损失"。摩阻损失主要是因为受到孔道的弯曲和孔道的偏差两部分影响而产生的。从理论上说，直线孔道无摩阻损失，但由于施工中孔道位置的偏差及孔道不光滑等原因，在钢绞线张拉时，实际上仍会与孔道壁接触而引起摩阻损失，称此项摩阻损失为孔道偏差影响（长度影响）摩阻损失；对于曲线孔道，除了孔道偏差影响之外，还有因孔道转弯，预应力钢绞线对弯道内壁产生径向压力所起的摩阻损失，一般称这部分损失为弯道影响摩阻损失。弯道影响摩阻损失随钢筋弯曲角度的增加而增加。因此在试生产期间，应对预应力管道、扩孔段和锚口摩阻进行测试，以确定预应力的实际损失。必要时将数据上报设计院，由设计院对设计张拉控制应力进行调整，之后方可进行预应力张拉施工。

②张拉钢束前，安装好锚头，并要求预应力筋、锚具和千斤顶位于同一轴线上。安装锚头前，检查修整不合格的管道口（如管口不圆、不顺直、口径小等），并清理支承板上的灰渣、污物。

③按照设计的张拉顺序进行张拉，具体如下：

a. 预张拉。预制箱梁预张拉在制梁台座上进行。当混凝土强度、弹性模量达到设计要求时，拆除端模和内模，松开外模紧固件，进行预张拉。张拉顺序为：0→初应力（做伸长值标记）→早期张拉控制应力（测伸长值，校核伸长值，持荷 3 min）→回油锚固（测回缩量及夹片外露量）。

b. 初张拉。预制箱梁初张拉在制梁台座上进行。当梁体混凝土强度达到设计强度的80%后，进行初张拉。初张拉完成后，方可将梁体移出制梁台座。初张拉的顺序为：0→初应力（做伸长值标记）→早期张拉控制应力（测伸长值，校核伸长值，持荷 3 min）→回油锚固（测回缩量及夹片外露量）。

c. 终张拉。当梁体混凝土强度及弹性模量达到设计值且混凝土龄期大于 10 d 时，进行终张拉。经初张拉后的预应力筋张拉程序为：0→拉松夹片到早期张拉控制应力（做伸长值标记）→控制应力（测伸长值，校核伸长值，持荷 5 min）→回油锚固（测回缩量及夹片外露量）。终张拉结束且存梁期达到 30 d 时，应由质检人员测量梁体上拱度。实测上拱值宜不大于 1.05 倍的设计计算值。

④未经初张拉后的预应力筋张拉程序为：0→初始应力（终张拉控制应力的10%，测钢绞线伸长值并做标记，测工具锚夹片外露量）→张拉控制应力（各期规定值，测钢绞线伸长值，测工具锚夹片外露量）→持荷 5 min→主油缸回油锚固（油压回零，测总回缩量，测工作锚具夹片外露量）→副油缸供油卸千斤顶。

预应力筋张拉时，以张拉应力控制为主，对伸长值进行校核，即张拉过程中的"双控"。两端同时张拉，其伸长值为两端张拉伸长值之和。如果实测伸长值与理论伸长值之差超出±6%，则停止张拉，须查明原因，重新进行张拉。

在持荷状态下，如发现油压下降，立即补至规定油压，认真检查有无滑丝现象。

预加应力和张拉 24 h 后，每片后张梁出现断丝的总根数不得多于钢丝总根数的0.5%，并且断丝不得在同一束，也不得在同一侧，否则必须进行处理。处理断、滑丝时，要先退出夹片，放松钢束应力后，抽换所断或刮、滑伤的钢绞线，并重新更换锚具，然后对该钢束继续进行张拉。

8. 管道压浆

后张预制梁终张拉完成后，在 48 h 内进行管道真空辅助压浆。压浆时及压浆后 3 d 内，梁体及环境温度不得低于 5 ℃。冬期压浆时，应采用保温措施，保证压浆施工质量。

预应力管道压浆采用真空辅助压浆工艺；压浆设备采用连续式泵；同一管道压浆必须连续进行，一次完成。管道出浆口装有三通管，当出浆浓度与进浆浓度一致时，方可封闭保压。压浆前管道真空度稳定在 $-0.10 \sim -0.06$ MPa；浆体注满管道后，在 $0.50 \sim 0.60$ MPa 下持压 3 min；压浆最大压力不超过 0.60 MPa。水泥浆搅拌结束至压入管道的时间间隔不超过 40 min。所用水泥不受潮，不结块，不降低出厂时的强度等级，否则不能使用。水泥浆中不得掺入氯化物或其他对预应力筋有腐蚀作用的外加剂。

压浆 24 h 之前，必须将锚头部位全部缝隙堵塞严密。堵塞部位是锚具与支承垫板接触面的缝隙和锚环与夹片间的钢绞线之间的间隙。堵缝应认真细致，可用灰刀、泥抹子或刮铲等工具。压浆前清理管道内杂物及积水，方法为用高压风吹。

浆体应具有流动性好、不泌水、无收缩、可灌时间满足施工工艺要求的性能。如果早期有少许泌水，在密封状态下 24 h 内应能被浆体重新吸收。水泥浆初凝时间不小于 4 h，终凝时间不大于 24 h。

浆体试件制作 2 组，分别进行抗折和抗压试验。拆卸压浆短管的时间宁晚勿早。按不同季节酌情掌握。水泥浆不流出即可拆管。

在梁体真空压浆前，必须定期校正压浆计量器具。如计量器具不准，必须到有资质的计量单位标定后方可使用。

管道压浆作为梁体质量控制的特殊工序，应安排专人进行现场监控，严格监控整个注浆过程，并做好相应的监控记录。

9. 梁体封端

为保证封锚混凝土接合良好，将原混凝土表面凿毛，并焊上钢筋网片，然后用无收缩混凝土进行封堵。浇筑梁体封端混凝土之前，先清理干净承压板表面的黏浆和锚环外面上部的灰浆，对锚圈、锚垫板及外露钢绞线用聚氨酯防水涂料进行防水处理，同时检查确认无漏压的管道后，才允许浇筑封端混凝土。

封端混凝土种类、强度等级及钢筋保护层厚度应符合设计要求。封锚混凝土填充时，应首先用较干硬的混凝土填充并捣固密室，然后用正常稠度混凝土填平。每次封端，试件至少制作 2 组。

封端混凝土采用自然养护时，在其上覆盖塑料薄膜，梁体洒水次数以保持混凝土表面充分湿润为度。当环境相对湿度小于 60% 时，自然养护应不少于 28 d；当环境相对湿度在 60% 以上时，自然养护不少于 14 d。当环境温度低于 5 ℃ 时，在预制梁表面喷涂养护剂，并采取保温措施，禁止对混凝土洒水。封端混凝土养护结束后，采用聚氨酯防水涂料对封端混凝土与梁体混凝土之间的交接缝进行防水处理。封锚后，须对梁体的底板和腹板部位涂刷聚氨酯防水涂料。

10. 桥梁存放与吊运

(1)吊运准备

必须及时做好吊梁机保养与检修工作，随时可吊运预制梁体。起吊司机必须进行安全培训，确保吊运过程中"人""机""梁"的安全，严禁违规操作。吊运前进行安全排查，确保无安全隐患。

(2)吊运安全

桥梁吊、送、运、存、装作业，必须注意安全，认真、稳妥、可靠，统一操作指挥。

吊梁机由专职司机操作，桥梁质量不准超过吊梁机的规定限额，严格按设备说明书操作。在吊梁前，检修吊机及吊具等起吊设备，凡起重制动失灵、吊机及吊具的机件损伤和钢丝绳损坏(断股或扭麻花)等，均须修复后再进行吊运。在任何情况下，严禁乘坐吊钩升降横飞。吊运作业时，梁下不得站人。

(3)梁体的起吊

梁体是在制梁场的制梁区域内采用固定台座法进行生产的，当桥梁早期张拉完毕后，应立即将梁吊走，以便空出台位，准备下次生产梁体。吊梁机在制梁区内把梁体吊起后，在规定的轨道上移向存梁区。吊梁时的 8 个吊点分别设置在梁体的两端。后张梁在起梁、移梁、吊装、运输时，梁端允许悬出长度必须严格按图纸控制。

(4)梁体存放

梁体从制梁区通过吊梁机运输到存梁区内，放置在存梁台座上，梁体的 4 个支点应在同一平面上。存梁台座及地基应有足够的承载力。存梁场地应保证排水通畅，无积水。

3.3.2　先张法预应力混凝土简支梁体预制

1. 模板工程

(1)模板构造

①先张梁体模板的支架系统根据空间要求特殊设计。

②模板应具有足够的强度、刚度和稳定性。制梁模板应采用钢模，由底模、侧模、内模、端模、撑杆、联结件及防漏胶条组成，侧模、底模及端模上应分别安装附着式振动器。

③侧模与制梁台座宜采用固定式结构。

④内模采用液压台车式结构，分节组装。

⑤端模宜采用两块整体模板，其预留眼孔应较预应力筋直径大 5 mm 为宜。

(2)模板制作

模板制作同后张法梁体预制，此处不再具体介绍。

(3)安装导向装置

①折线筋导向装置主要由埋入梁体内的一次性使用部分和梁体外重复使用部分组成。埋入梁体内的一次性使用部分包括导向辊、支承侧板、连接螺栓等；梁体外重复使用部分包括连接环、连接销、底座机架、固定轴、滑套、轴夹板、地脚螺栓等。

②每孔梁设置 8 个导向装置，导向装置下部通过预埋螺栓锚固于底模下的制梁台座基础上；在底模上开口，安装导向装置上半部分，为防止漏浆和脱模后便于修补，采用穴模

封堵缝隙。

③导向装置安装应定位准确，其安装误差应符合设计规定。

（4）模板安装

先张法预应力混凝土梁体预制模板安装与后张法相同，此处不再具体介绍。

①安装底模。底模安装时应合理设置预留压缩量和反拱值，预留反拱值按二次函数抛物线设置。检查底模两边的燕尾橡胶密封条，对损坏的应更换或修补。底模的平整度要符合规范要求。支座板应保持平整，安装后的四个支座板相对高差不得超过 2 mm。

②安装侧模。侧模安装工艺流程：侧模清渣→涂刷脱模剂→撑杆调整侧模角度→拧紧螺杆，使侧模与底模靠紧→调节支腿支撑使侧模板固定→打紧子母楔形→检查侧模安装尺寸。

③安装内模。液压内模安装工艺流程：内模整体拼装→清理内模表面灰渣→清理缝隙灰渣→检查并校正内模尺寸→涂刷脱模剂→内模整体吊入底、腹板钢筋骨架内→内模稳定安装于底模上→检查验收。

④安装端模。端模安装工艺流程：模板清理整备→涂刷脱模剂→内模就位后吊装端模→端模与侧模、底模、内模进行连接→检查验收。

（6）模板拆除

①拆除模板条件。拆模时，梁体混凝土强度要求达到设计强度的 60％以上（≥30 MPa，用与梁体混凝土同等养护条件的试件强度确定），且能保证构件棱角完整时方可拆模。拆模时，梁体混凝土芯部与表层、箱内与箱外、表层与环境温差均应不大于 15 ℃；气温急剧变化时不宜拆模。

②拆模工艺流程。松开紧固件→拆除端模→松动外侧模板→收缩内模→逐节退出内模→模板整修。

（7）模板整修

模板整修工作与后张法预应力混凝土梁体预制相同。

2. 钢筋工程

每片梁体钢筋骨架分为底、腹板钢筋骨架和桥面钢筋骨架两部分，分别在钢筋预扎架上进行绑扎，骨架绑扎要求同后张法钢筋骨架施工。绑扎时，为方便安装折线筋，两端端部钢筋待折线筋安装完毕后再绑扎。

底模修整及导向装置安装完成后，即可吊装底、腹板钢筋。安装主筋采用的吊架应有足够的刚度，吊点设置应合理并均衡，以防钢筋变形。主筋安装到位后，即可安装端模和张拉横梁，以便安装钢绞线。

3. 安装钢（张拉）横梁

①端模安装完成后即可安装钢横梁。为保证直线筋和折线筋张拉时的不同方向位移，张拉上、下横梁宜分开设置，并分别设置走行滑道。

②先吊装上横梁，后吊装下横梁。上横梁底部安装有滑道上摆，张拉时可沿传力柱上的预埋滑道移动，并保证上横梁两端位移同步；在下横梁上设置滑道上摆，保证张拉横梁沿制梁台座上的预埋滑道做活塞运动而不翻转。

钢横梁安装误差应满足表 3-9 规定。

表 3-9　钢横梁安装允许误差

序号	检验项目	允许误差	备注
1	上、下滑道轨道间距	2 mm	用钢卷尺测量
2	上滑道轨道角度	30′	用水平仪和直尺测量
3	下滑道轨道高程	2 mm	用水平仪测量
4	上、下横梁中心位置与底模中心偏差	2 mm	以底模中心线为基准检查横梁中线
5	上、下横梁纵向位置与设计位置偏差	10 mm	以力柱断面为测量基准

4. 预应力工程

预应力钢绞线进场后应对所有批号取样，在其弹性模量和力学性能试验合格后方可使用。实测弹性模量须在施工记录上标明。

(1)钢绞线下料长度

钢绞线的下料长度计算见式(3.5)。

(2)钢绞线安装

①钢绞线布筋穿孔前，应在钢绞线、钢横梁上相应孔位按设计顺序进行编号标识，避免出现眼孔错位、钢绞线交叉等现象，影响张拉。

②钢绞线安装时，要求直线筋顺直，无交叉、缠绕；钢绞线安装应自下而上，分列、分层进行，先穿直线预应力筋，再穿折线预应力筋；折线预应力筋应通过导向装置相应的槽口。

③预应力筋伸出端横梁的长度以满足初调前卡式千斤顶工作长度为宜，穿好的钢绞线应采用张拉应力 10% 左右的拉力进行拉直锚固，防止钢绞线相互缠绕、交叉。

④预应力筋连同隔离套管应在钢筋骨架完成后一并穿入就位，钢绞线应根据图纸要求套上相应长度的隔离套管，即按要求设置预应力筋的失效长度。隔离套管内端应堵塞严密，隔离套管应紧贴端模防止进浆，其长度及位置允许偏差为±20 mm。

⑤预应力筋穿入就位后，可通过桥面观察折线筋是否有相互缠绕交叉，若有应及时进行纠正；同时通过侧模上预留的观察窗口对导向装置处钢绞线的安装情况进行检查。

⑥预应力筋穿入就位后，严禁使用电弧焊在梁体钢筋骨架及模板的任何部位进行焊接或切割。

⑦折线筋通过导向装置的相应槽口，隔离套管位置、长度应正确，两端堵塞应严密。预应力筋保护层厚度应满足设计要求。

钢绞线安装完毕后，即可进行桥面钢筋安装。桥面钢筋在专门的预扎胎膜上绑扎，经检验合格后采用专用起重机具和吊具进行吊运安装。吊具应具有足够的刚度并设置合理吊点，起吊时吊具及钢筋不得发生过大变形。桥面钢筋安装到位后及时补扎剩余的钢筋和配件。

(3)预应力张拉

①钢绞线摩阻测试

a. 预制梁试生产期间，应至少对两件梁体进行各种预应力瞬时损失测试，确定预应力的实际损失，必要时应由设计方对张拉控制应力进行调整。正常生产后每 100 件进行一次损失测试。

b. 试验采用的张拉设备应与实际施工相同，采用两台穿心式压力传感器（精度为 0.5％）测力。由于直线筋长度较长，主动端可采用两台千斤顶串联使用，以满足钢绞线的伸长量能够达到设计值。

c. 测试中采用一端张拉，荷载分级张拉至设计吨位，每根钢绞线张拉两次。测读内容包括：张拉端与被动端测力传感器读数、张拉端油缸伸长量、张拉端与被动端夹片回缩量。

d. 根据张拉过程中分级测得的预应力束主动端和被动端的荷载，通过线性回归确定直线筋和折线筋钢绞线被动端和主动端荷载的比值，并根据回归曲线的斜率，确定出直线筋和折线筋的摩阻损失率。

②千斤顶校正。千斤顶校正同后张法梁体预制。

③张拉前的准备工作。张拉前的准备工作与后张法预应力混凝土预制梁相同。

④张拉程序。直线预应力筋及折线预应力筋均采用两端同步分级张拉方式，按照"单根初调、整体终拉"的张拉工艺施工。张拉顺序为先初调直线预应力筋，再初调和张拉折线预应力筋，最后张拉直线预应力筋。其程序如下：初始状态观测→初调直线筋(0.2σ)→初调折线筋(0.2σ)→张拉折线筋(0.6σ)→张拉折线筋(1.0σ)→张拉直线筋(0.3σ)→张拉直线筋(0.8σ)→张拉直线筋(1.0σ)→补足折线筋(1.0σ)→结束（σ 为张拉控制应力）。

⑤单根初调。每根钢绞线均采用 0.2σ 进行初调，以保证其受力均匀，单根初调的顺序如下：

a. 折线筋采用两端对称初调，顺序为从内侧向外侧，从上至下，两侧对称依次进行初调；直线筋采用单端初调，顺序为从中间向两边，按照左、右对称的方式进行初调。

b. 初调前，须在折线筋及直线筋的中部和两侧的钢绞线上安装测力传感器，以观测其应力损失情况。

c. 钢绞线初调完成后，由于钢横梁产生变形，部分钢绞线的预应力可能会有损失。如果应力损失超过 3％，应及时补张。

d. 实测钢绞线伸长值初始点。

⑥整体终张拉。单根钢绞线应力初调完成后，进行钢绞线整体终张拉。整体终张拉采用两端同步分级整体张拉工艺。

a. 整体张拉顺序为：先张拉折线筋，后张拉直线筋。

b. 在梁体两端分别采用顶推式液压千斤顶同步分级张拉至 σ，持荷 3 min，测钢绞线伸长值，检查钢横梁、锚具受力情况，最后锚固，锁定千斤顶，安装螺杆支撑。

c. 在张拉的过程中，螺杆支撑须不断跟进。

d. 控制张拉应力以油表读数为主，以预应力筋的伸长值作为校核。如实测伸长值与理论计算伸长值相差大于±6％时，应查明原因并处理后再重新张拉。

e. 钢绞线理论计算伸长值应按预应力筋实测弹性模量计算，实测伸长值应以 30％张拉力值作为测量的初始点。

f. 张拉的过程中，如每端上、下张拉横梁两侧的钢绞线伸长值之差＞10 mm 时，应立即进行调整，从而达到同步张拉。

⑦张拉观测。观测内容为钢绞线实际应力值、上横梁位移（折线筋伸长值）、下横梁位移（直线筋伸长值）、下横梁挠度变形、传力柱变形等。

a. 钢绞线实际应力值观测。张拉时，在折线筋及直线筋钢横梁与锚板间安装测力传感器，监控钢绞线受力时的实际应力值。

b. 上横梁位移（折线筋伸长值）观测。在传力柱上横梁钢板处做基准点标记，同时在上横梁上做相应标记，沿上横梁移动方向测量每级荷载下上横梁的位移，即钢绞线伸长值。

c. 下横梁位移（直线筋伸长值）观测。在钢横梁前方 20 cm 处做基准标记，测量每级荷载前后钢横梁的位移量，即钢绞线伸长值。

d. 下横梁挠度变形观测。在下横梁受力区拉线测量每级荷载下横梁的挠度变形情况。

e. 传力柱变形观测。在传力柱端部安置百分表，测量每级荷载下传力柱压缩量及位移变化情况。

（4）预应力放张

①放张条件。

a. 梁体混凝土强度应达到设计值的 90% 以上。

b. 弹性模量达到规定值。

c. 混凝土龄期不少于 72 h。

②准备工作。放张前应认真检查核对下列准备工作是否已完成。

a. 梁体内模液压已收起，内模离开梁体，端模和侧模固定牢固；两端预埋支座板、防落梁板的安装螺栓已拆除。

b. 解除所有导向装置支撑侧板，使梁体预埋部分和基础固定部位分开。

c. 底模两端变截面活动底模已拆除。

d. 如梁体预应力部分的混凝土有缺陷，必须及时进行修补，并养护达到设计强度后方可放松预应力。

e. 放张施工人员已到位，所有设备已检查、处于完好状态，备用电源已到位。

f. 在梁体上布置上拱度及弹性压缩的观测点，观测人员已就位，标尺准备好，测量设备已安装完毕，测量初始读数已记录。

g. 放张安全措施已检查，符合安全规定。

③放张程序。采用两端整体同步分级缓慢放张工艺，放张时应先放张折线筋，后放张直线筋。

折线筋放张程序：试松螺栓支撑（$1.0\sigma-1.0$ MPa）→千斤顶顶松支撑螺杆（$1.0\sigma+0.5$ MPa）→控制应力（1.0σ）→千斤顶回油（0）→切割导向装置。

直线筋放张程序：试松螺栓支撑（$1.0\sigma-1.0$ MPa）→千斤顶顶松支撑螺杆（$1.0\sigma+0.5$ MPa）→控制应力（1.0σ）→千斤顶回油（0）→结束。

④割丝、拆除张拉横梁。先张梁体放张完毕后，先用砂轮片切除两端端模外的钢绞线，退出工具锚和钢绞线，以利端模、内模及张拉横梁的拆除。张拉横梁采用门吊整体吊移，然后拆除端模、退出内模。

（5）安全防护措施

①预应力张拉前。

a. 对施工所需的各种原材料、钢配件，如钢绞线、锚具、导向装置等按照相关规定进行复检，合格后方可使用。

b. 重复使用的工具锚，在每次使用前要认真检查，严禁将有裂纹及其他异常现象的夹片装入锚板；对千斤顶、油泵、油管及钢横梁进行认真检查，确认其处于良好工作状态。

c. 预应力张拉属特种作业，施工前应对操作人员进行技术培训，做到持证上岗。并编制工艺文件和施工作业指导书，进行技术交底。

②预应力张拉及放张过程中。

a. 预制梁在预应力张拉及放张过程中，梁上、梁端千斤顶后面严禁站人或行人通过，操作人员应站在千斤顶侧面进行操作。

b. 千斤顶、油泵与油管的接头必须安装牢固，人员不得踩踢高压油管，不得敲击及碰撞张拉设备，油表要妥善保护，避免受震。

c. 预应力筋整体张拉后至放张的全过程中，应设专人对张拉期间的千斤顶、油泵、支撑螺杆及横梁进行监护，不得用外力敲击张拉设备和锚具。

③张拉钢横梁防倾覆措施。为预防下横梁在张拉过程中发生倾覆，采用在制梁台座预埋防倾滑轨的方式，在下横梁底面设置 2 处防倾覆装置，与制梁台座上的防倾滑轨"锁定"在一起。

④千斤顶泄漏防护措施。除保证张拉千斤顶在配置上有足够的安全系数外，为确保千斤顶作业安全及张拉质量，另在上、下横梁与反力墙间每侧千斤顶四周设置 4 个支撑螺杆，以避免千斤顶因故障损坏或长时间支撑而产生漏油、泄压，造成安全事故。

⑤拆模作业时的安全措施。

a. 当梁体混凝土强度达到设计强度的 60% 且温差满足拆模要求时，即可进行脱模作业。由于梁体预应力尚未放张，梁体内、外模板只能松开，使模板与梁体混凝土表面分开，以利放张时不损坏梁体。

b. 脱模过程中，严禁使用大锤等器具敲击模板或梁体，不得碰撞钢绞线，应避免任何形式的振动对梁体产生不利的影响。

c. 作业人员进入内箱作业时，应从端头桥面中部下到内箱，严禁翻越梁端钢绞线或正对钢绞线位置作业。

2. 混凝土工程

先张法的混凝土工程与后张法的混凝土工程相同。

3.3.3　预应力混凝土简支梁桥整孔架设

1. 架桥机架设

(1)架桥机架梁一般规定

梁体运输、架设应符合《特种设备安全监察条例》(国务院令第 549 号)的规定。提运架设备的安装、调试和架梁作业均应严格按照操作规程和使用说明书进行施作，并建立完善的检修、保养制度，定期对重要部件进行探伤检查。架梁前应编制相应的架梁施工组织设计、施工工艺的安全操作细则，并认真组织实施。对运架范围内的运架通道应进行验收，保证满足运梁荷载和运行净空要求。运梁车重载在已架好的梁上通行时，应对桥梁进行检算。

（2）架梁工艺

架梁工艺操作包括提梁机提梁、运梁车运梁和架桥机架梁三部分。

①利用制梁场的 900 t 提梁机将待架的箱梁起吊至运梁车上，完成装梁作业。

②运梁前，应检查确认运架设备通过的路线和结构物能否安全承受运梁车的荷载。在新建的路基上运行时，轮胎式运梁车的接地比压不能超过路基的允许承载能力。运梁线路的纵横向坡度、最小曲线半径和路面宽度等应符合运架设备走行的要求。走行界限内障碍物应清楚，在平交道口处应设专人防护。运梁车运梁起步及运行时应缓慢平稳，严禁突然加速或急刹车。当运梁车接近架桥机时应停车，在得到指令后才能喂梁。架桥机拖架梁时，前后支点高度差应不大于 100 mm。确认无误后，运梁车驮运箱梁运至架桥机尾端。

③架梁时，梁体到达设计平面位置后，将梁体先落在临时支点千斤顶上，然后调整支点高程及反力。

2. 落梁就位

落梁时，应采用测力千斤顶作为临时支点，在保证每个支点反力与四个支点反力的平均值相差不超过±5%时，采用流动性强的砂浆在支座与支承垫石之间进行重力灌浆，填满空隙，使支座锚固螺栓孔和支座与垫石间隙充满无收缩高强度砂浆。待浆体材料强度达到规定强度后，方可撤出千斤顶。临时支点千斤顶撤除前严禁架桥机过孔。同一梁端的千斤顶油压管路应采用单端并联，保证同端的支座受力一致。预制梁就位后，与相邻预制梁端的桥面高差应不大于 10 mm，支点处桥面高程误差应在−20～0 mm 范围之内。

3. 组合箱梁湿接缝施工规定

①箱梁端隔板及桥面板连接的结构、尺寸应符合设计要求。

②湿接缝模板应与梁体密贴、不漏浆。桥面连接板采用吊模板施工时，支、拉杆件应有足够的强度及刚度，保证底模定位牢固、不变形。

③湿接缝拼接面应凿毛、清理干净。混凝土种类和强度等级应符合设计要求，浇筑完成后应进行保温、保湿养护。

④横向预应力张拉时，湿接缝混凝土强度应符合设计要求。

4. T 梁架设安装和横向连接

（1）隔板及桥面板接缝施工

①在施工过程中，应采取措施保证同一孔 T 梁龄期不超过 6 d，同一孔梁的横隔板、桥面板预留孔在同一轴线上。

②钢筋加工及安装按图纸设计施工，其误差要求应符合《高速铁路桥涵工程施工技术规程》(Q/CR 9603—2015)的有关规定。

③制孔时，预应力筋孔道应满足设计要求。为控制管道坐标位置，应设置定位网，以保证制孔器(一般为波纹管)顺直，各方向偏差符合设计要求。隔板及桥面板接缝处的预留波纹管应插入 T 梁预留孔道内 30 mm 以上，孔道对接处要保证密封，防止进浆。

④混凝土搅拌、运输、灌注、振捣、养护工艺应符合相关规定。T 梁隔板接缝处混凝土应凿毛，灌注混凝土前要充分湿润。

⑤横隔板及桥面板拆模时，混凝土强度不得低于设计强度的 60%。拆模后，将横向预应力孔道内杂物清理干净，穿入预应力筋。

对已就位的梁片应立即连接 T 梁梁端及跨中横隔板,将两梁片连成整体。连接钢板需满焊,焊缝厚度不小于 8 mm。只有将三处横隔板满焊连接完成后,方可前移架桥机继续架梁。

由于横隔板焊接工作量大,且在半空施焊,具有平、仰等多种焊态,焊接速度影响架梁速度,焊接质量事关架梁安全,因此必须安排熟练的焊工和准备足够的设备,确保架梁进度和质量要求。横隔板焊接时必须采取安全网、安全带等安全保证措施,以确保焊接过程中作业人员的人身安全。

(2)横向预应力张拉

当隔板接缝处混凝土强度达到设计值的 100% 时,方可施加横向预应力。根据设计的张拉力以及试验室出具的千斤顶报告,计算张拉油表度数,并计算单根钢筋的张拉伸长值。钢筋张拉采用双控,以保证张拉的质量符合设计要求。

(3)T 梁的架设施工控制要点

①架桥机纵向移动轨道两侧轨顶高度要求对应水平,保持平稳,并严格控制轨距。

②架桥机前后两个起吊天车携带 T 梁纵向运行时,前支腿部位要求用 5 t 手拉倒链与桥墩拉紧固定,以加强稳定性。

③架桥机架梁时,要经常注意安全检查,每安装一孔,必须进行一次全面安全检查,发现问题立即停止工作,及时处理后方能继续作业,不允许机械及电气设备带故障工作。

④架梁设备不能超负荷运行,不得斜吊提升作业。

⑤大风、雨雪天气停止架梁施工。大风时必须用索具稳固架桥机和起吊天车。架桥机停止工作时要切断电源,由专人在每个轮子前后放置铁鞋制动,以防发生意外。

⑥在架桥机纵移或横移轨道两端,必须设置铁挡(或限位装置),以确保架桥机的安全。

⑦为保证墩顶上负责桥梁对位、支座安装人员的安全,须事先安装墩顶围栏、吊篮。墩顶围栏安装如果影响桥梁架设,须安装高度适宜的临时围栏。高空作业人员须使用安全带(安全带的使用须符合相关安全规定)。所有进入架梁现场的人员必须佩戴安全帽。作业区域应设置围护绳,设专人看护,禁止闲杂人员进入作业区。

T 梁架设是一个既简单又复杂的施工工序。简单是因为这其实就是一个拼装过程;复杂是因为为了保障施工能够安全正常地进行,必须提前做大量的准备工作(包括人力组织、物力组织、技术组织等准备工作),还有施工过程中每个环节之间的协调和配合工作。只有协调好各环节施工步骤,才能为顺利架设桥梁提供良好的保障。

3.3.4 支架浇筑

支架浇筑是一种古老的施工方法,它是在桥孔位置搭设支架,并在支架上安装模板、绑扎及安装钢筋骨架,预留孔道,并在现场浇筑混凝土与施加预应力的施工方法。支架法一般适用于地基条件较好,跨越旱地或浅水河流且桥墩高度较低的简支梁、连续梁、连续刚构梁。

1. 支架

(1)支架类型及构造

支架按跨越能力分为一跨式、支墩式、满堂式等,其适用范围见表 3-10。支架主梁可选用贝雷梁(单层或双层)、万能杆件、型钢、特制钢梁、大号型钢、钢轨、轻型型钢梁等。单层贝雷梁一般适用于支墩式;双层贝雷梁具有较强的跨越能力,一般适用于一跨式,这是两种应用最多的形式。万能杆件因拼装困难,且价格较高,一般不采用。特制钢梁有非常强的跨越能力,但投入成本较高,采用也较少。大号型钢适用于多支点。应结合具体的施工条件及单位既有资源情况选择支架结构类型。

表 3-10   支架施工方法适用条件表

序号	支承形式	适用条件
1	一跨式	对地质条件、墩高基本无要求,墩高满足安拆要求即可
2	支墩式	要求地质条件较好,墩不宜太高,25 m 内为宜。过高需增加墩柱稳定措施,采用双排或多排连接成整体
3	满堂式	地质条件好,墩低,20 m 内为宜

①支墩式支架(含一跨式支架)。支墩式支架施工是指设置临时支墩,安装承重主梁及横梁承受梁体及施工荷载的施工方法。根据支墩设置数量可分一跨式、两跨式及多跨式。纵向承重梁根据受力情况常采用贝雷片或型钢拼组。支墩式支架具有结构受力简单明确且支架系统承受的荷载大,施工方便,材料可周转使用等优点。

②满堂式支架。满堂式支架一般采用 WDJ(稳定架)型碗扣、轻型钢管(较少采用,往往用于局部加密或设剪刀撑)或重型门式支架。满堂支架构造简单,安装方便,在荷载作用下稳定性较好,是高铁桥梁施工中广泛应用的一种支架形式。因为满堂式支架是整个梁体最重要的受力体系,所以严禁使用有锈蚀、弯曲、压扁或有裂缝的杆件作为钢管支撑,禁止使用有脆裂、变形、滑丝的扣件。

(2)支架搭设

①支墩式支架(含一跨式支架)搭设。支架系统安装分为下部支撑体系的安装及上部梁系的安装。首先把钢管用吊车安装就位,下口和预埋螺栓连成整体;然后做纵、横向斜支撑连接,上面放置分配梁并栓接;最后用吊车安装主梁并连接,支柱顶安装砂筒以备落架。

②满堂式支架搭设。地基与基础验收合格后,放线定位,测量地面高程,然后开始支架搭设。满堂式支架搭设顺序为:立杆垫座(如需设置)→安放立杆可调底座→竖立杆、安放扫地杆→安装底层(第一步)横杆→铺放脚手板,安装上层立杆→拧紧立杆连接销→安装横杆→设置剪刀撑→下一循环。

满堂式支架顶部及底部均自带底撑和顶撑,相当于具备落梁装置,而其他形式支架没有这样的支撑,需自行设计。否则,模板、支架将承受巨大的压力,无法被顺利拆除,使用时也会存在安全隐患。

(3)支架搭设中的重点注意事项

①支架搭设时,要检查节点连接是否牢固,以保证支架整体稳定可靠,防止节点连接不紧,尤其碗扣扣件偏松。

②检查支撑是否松弛(包括顶撑和底撑),如支架处于松弛状态,未能承担应有荷载,将造成应力分布不均,使实际受力与理论存在严重偏差。对于支架顶撑的牢固度,需抽查

一定比例的支架，采取小锤撞击的方式检查。

③支架搭设不直，如支架上、下节存在严重错台，支架本身扭曲，支架偏心受压弯等，均会造成压杆稳定能力下降。

④严格控制竖杆的垂直度以及扫地杆和剪力撑的数量和间距。满堂支架的特点是抵抗垂直荷载能力强，抵抗水平荷载能力弱。因此顺桥向支架必须与墩身连接，以抵消顺桥向的水平力。对于组合支架，要将满堂式支架通过钢管与墩支架连成一体，确保组合支架的强度和整体稳定性。

⑤破损、变形、锈蚀严重的支架承载力已下降，一般不宜使用。

⑥支架需做好相应的安全防护，对于跨越既有公路、铁路等情况，还需设置专门的安全防护罩。

⑦注意控制顶撑和底撑的伸出长度，一般不小于 5 cm，以利于落梁，伸出长度也不能超出杆件长度的 90%，以免自由长度过大，造成失稳。当顶部自由长度过大时，需增设连接横撑。

（4）支架预压及预拱度的设置

①支架预压。支架预压的目的是消除支架的非弹性变形及基础沉陷，并且通过预压收集支架、地基的弹性变形数据作为箱梁设置预拱度的依据。按加载范围，支架预压可分为局部预压和整体预压，按预压的孔数可分为首孔预压和逐孔预压，按加载量可分为等载预压和超载预压（超载系数一般为 1.0～1.2）。为保证安全，且有利于施工，一般采用首孔等载预压的方式。当地质条件或支架体系发生变化时，需重新预压。对于设计图纸有明确要求的，应根据自身条件做好设计沟通，选择符合实际的预压方案，预压时间以 24 h 为宜。

支架搭设完后对其进行全面检查，确认安全可靠后进行加载预压。按照箱梁的荷载分布进行加载，现场常采用砂袋和钢筋堆码（也有采用预制块）。预压加载顺序同混凝土浇筑顺序，按施工最大荷载一般分三级进行加载，即 60%、100% 和 110% 的加载总重，每级加载完毕 1 h 后进行支架的变形测量，全部加载完毕后宜每 6 h 测量一次变形值。预压观测点布设一般为：每跨纵桥向设 5 个断面（底模端头、1/2 截面、1/4 截面、3/4 截面处），加载全部完成后，等到支架及地基沉降稳定后（一般满载后持荷时间宜不小于 24 h），方可进行卸载。卸载应分级进行，与加载顺序相反，即 110%→80%→60%→0。每级卸载 1 h 后，分别测设支架和地基的恢复量，做好记录。根据加、卸载实测数据，绘制各测点的加、卸载过程变形曲线，计算支架的弹性变形，以此作为设置预拱度的主要依据。

预压重点注意事项有如下几点：

a. 预压荷载分布与实际梁段荷载分布要基本一致。

b. 采用砂袋预压时，需采取防雨措施，防止因吸水造成超载。

c. 密切关注预压过程中支架体系的变化，如有异常要及时进行卸载。

d. 支架宜采用等荷载进行预压，以消除变形，并观测沉降量。其中等荷载是指梁体本身自重加上各种施工荷载（内、外模荷载，人群荷载及振捣荷载等）。

②预拱度设置。在支架上浇筑梁式上部构造时，在施工时和卸架后，上部构造会发生一定的下沉和产生一定的挠度。因此，采用支架法施工时应根据检算的变形量，预留适当的沉落量和施工预拱度，确保梁体线形符合设计要求。在确定预拱度时应考虑下列因素：卸架后上部构造本身及活载一半所产生的竖向挠度 δ_1；支架在荷载作用下的弹性压缩 δ_2；

支架在荷载作用下的非弹性变形 δ_3；支架基底在荷载作用下的非弹性沉陷 δ_4；由混凝土收缩及温度变化引起的挠度 δ_5。

上部构造和支架的各项变形值之和即为应设置的预拱度。各项变形值可按下列方法计算和确定。

a. 桥跨结构应设置预拱度，其值等于恒载和半个静活载所产生的竖向挠度 δ_1。当恒载和静载产生的挠度不超过跨径的 1/1 600 时，可不设预拱度。

b. 满布式支架，当其杆件长度为 L，弹性模量为 E，压应力为 σ 时，其弹性变形见式 (3.7)。

$$\delta_2 = \frac{\sigma L}{E} \tag{3.7}$$

当支架为桁架等形式时，应按具体情况计算其弹性变形。

c. 支架在每一个接缝处的非弹性变形，在一般情况下，横纹木料为 3.0 mm；顺纹木料接缝为 2.0 mm；木料与金属或木料与圬工的接缝为 1.0～2.0 mm；顺纹与横纹木料接缝为 2.5 mm。

卸落设备砂筒内砂粒压缩和金属筒变形的非弹性压缩量，根据压力大小、砂子细度模量及筒径、筒高确定。一般 200 kN 压力砂筒为 4 mm；400 kN 压力砂筒为 6 mm；砂子未预先压紧者为 10 mm。

d. 支架基底的沉陷，可通过试验确定或参考表 3-11 估算。

表 3-11　架基底沉陷

土质	基础		
	枕梁	桩	
		当桩上有极限荷载时	桩的支承能力不充分利用时
砂土	0.5～1.0 cm	0.5 cm	0.5 cm
黏土	1.5～2.0 cm	1.0 cm	0.5 cm

根据梁的挠度和支架的变形所计算出来的预拱度之和，为预拱度的最高值，设置在梁的跨径中点。其他各点的预拱度，以中间点为最高值，以梁的两端为零，按直线或二次函数抛物线比例进行分配。

2. 模板制作安装

在支架上就地浇筑的箱梁模板，一般由底模、外模及内模三部分组成。其中外模包括侧模和端模。模板按结构形式分为大块钢模、组合钢模及钢木组合三种。大块钢模因强度及刚度较高，不易损坏，周转次数多，能更好地保持梁体外观而多被高铁桥梁所使用；组合钢模在箱梁外模上很少采用，一般在梁数较少的情况下使用，在箱梁内模中使用较多；钢木组合一般不宜采用，除非梁数极少，或用于内模，但在市政项目中已有成功应用新型的钢木组合材料案例。

在设计和制造钢模板时，应有足够的强度、刚度及稳定性，确保梁体各部位结构尺寸正确及预埋件的位置准确，且具有足够的刚度，能经多次反复使用而不影响梁体外形。

（1）底模安装

一般采用吊车安装就位，人工辅以倒链或千斤顶校正。底模安装前，要考虑支架的预拱度设置、加载预压试验及支座板的安装。

（2）腹板外侧模及翼板

采用吊车安装就位，使侧模及翼板与底模的相对位置对准，用顶压杆调整好侧模垂直度，并与端模连接好。侧模安装完后，用螺栓连接稳固，并上好全部拉杆。调整其他紧固件后，检查整体模板的长、宽、高尺寸及不平整度，做好记录。不符合规定者，要及时调整安装方法。

（3）内模安装

要根据模板结构确定安装方法。当内模为拼装式结构时，可采用吊装方式安装内模；当内模为整体液压结构时，液压内模可自行入模。内模安装完后，严格检查各部位尺寸是否正确。

（4）端模安装

将胶管或波纹管逐根插入端模各自的孔内后，进行端模安装。安装过程中逐根检查胶管或波纹管是否处于设计位置。

模板安装要做到位置准确，连接紧密，模板间接缝密贴且不漏浆。模板安装尺寸允许偏差见表 3-12。

表 3-12　模板安装尺寸允许偏差

序号	项目	允许偏差
1	模板总长	±10 mm
2	底模板宽	+5 mm，0
3	底模板中心线与设计位置偏差	≤2 mm
4	桥面板中心线与设计位置偏差	≤10 mm
5	腹板中心线与设计位置偏差	≤10 mm
6	横隔板中心位置偏差	≤5 mm
7	模板倾斜度偏差	≤3‰
8	底模不平整度	≤2 mm/m
9	桥面板宽	±10 mm
10	腹板厚度	+10 mm，0
11	底板厚度	+10 mm，0
12	顶板厚度	+10 mm，0
13	横隔板厚度	+10 mm −5 mm

对于支架法来说，模板安拆吊装设备的选型至关重要。需仔细规划吊装设备的站位位置，了解吊装最不利工况及最大吊重，吊装设备活动范围净空情况以及对混凝土运输、灌

注是否产生影响，道路条件是否满足要求等。一般来说，吊装设备优选 25 t 汽车吊，在条件许可情况下，采用跨梁龙门吊，其他还有浮吊、塔吊、履带吊等多种形式。

3. 拆模及卸落支架

为防止混凝土裂缝及边棱破损，并满足局部强度要求，混凝土强度达到设计强度标准值的 60%后，方可拆除内外模板。混凝土强度达到设计初张拉强度要求后进行初张拉，一般初张拉完成后可拆除底模及支架。对于支墩式的支架，要有简便可行的卸落装置，落架时要对称、均匀，防止主梁产生附加应力。高铁桥梁常用卸落设备为砂筒，也有少数采用楔块落梁。

支架卸落应注意以下事项：

①支架的卸落顺序必须严格按照设计要求进行。当设计无要求时，应从梁体挠度最大处的支架节点开始，按横桥向同步卸落，然后逐步向两端对称、均匀地卸落相邻节点。当达到一定卸落量后，支架方可脱落梁体。

②支架卸落过程中应观察支架变形情况，发现异常则立即停止落架，并采取加固措施确保梁体安全。

③在每次使用砂筒前要按设计载荷进行预压，以减少砂筒压缩变形量对支架高程的影响。在搬动和安装过程中不得扰动砂箱中的砂子。

3.4 高铁连续梁(刚构)桥施工

3.4.1 悬臂浇筑施工

悬臂浇筑法是在桥墩两侧设置工作平台，平衡地逐段向跨中悬臂浇筑混凝土梁体，并逐段施加预应力的施工方法。其优点在于施工设备较少，不影响桥下通航、通车，施工不受季节、河道水位的限制。因此，悬臂浇筑施工法适用于跨越江河、深谷、交通道路的高墩、大跨度混凝土连续梁(刚构)桥施工。

①墩顶梁段与桥墩实施临时固结(连续刚构墩顶梁段与桥墩整体浇筑)形成 T 形刚构施工单元。

②采用挂篮在 T 形刚构两侧按设计梁段长度对称浇筑混凝土。

③在梁段混凝土达到设计要求的强度、弹性模量及养护龄期后施加预应力。

④将挂篮前移进行下一梁段施工，直到 T 形刚构两侧全部对称梁段浇筑完成。

⑤边跨非对称梁段一般采用支架法现浇施工。

⑥按设计合龙顺序进行合龙梁段现浇施工。

⑦实现梁体结构体系转换，使全桥成为连续结构(刚构)。

1. 0 号梁段施工

0 号梁段是悬灌施工的关键梁段，应采用在托(支)架上立模现浇施工。

(1)墩旁托(支)架

在墩身不高情况下，可采用落地支架法施工；在墩较高情况下，可在墩上预留支腿，在支腿上搭钢架形成 0 号梁段混凝土浇筑的支撑体系。施工托架还可支承在承台、墩顶或地面上。

（2）临时固结支座及梁墩固结

对于预应力混凝土连续梁，由于桥墩与连续箱梁是通过支座连接，接触面小，为非刚性连接，在梁段悬臂施工过程中形成的 T 形刚构为瞬变体系。当悬臂两端荷载不相等时，T 形刚构就会倾覆，这种情况在桥墩纵向长度较短或 0 号梁段的悬臂梁段较长时更明显。因此必须采取梁墩临时固结措施，形成刚性体系。临时固结措施要求既能在永久支座不承受压力情况下承受梁体压力和施工过程中的不平衡弯矩，又要在承受荷载情况下容易拆除。

临时固结通过设置临时支座（临时支墩）和锁定支座的方式来实现。

①一般情况下，采用在桥墩顶面永久支座两侧对称设置临时支座支撑悬臂浇筑梁体。0 号梁段浇筑前，在墩顶靠两侧先浇筑混凝土（一般为 C40），待 0 号梁段达到设计强度 70% 以上时，在桥墩两侧各用预应力钢筋从梁段顶部张拉固定。临时支座内设有夹有电阻丝的硫黄砂浆夹层，在临时支墩顶底设塑料薄膜隔离层，并预埋精扎螺纹钢或型钢以抵抗不平衡弯矩。解除临时支墩时，在电阻丝内通电融化硫黄砂浆，截断预埋构件即可。

②当遇到桥墩纵向长度较短或 0 号梁段的悬臂梁段较长时，可采用在桥墩纵向两侧设置临时支墩支撑悬臂浇筑梁体。

a. 临时支墩：当桥不高，水又不深而易于搭设临时支架时，可在桥墩的一侧或两侧加临时支承或支墩。

b. 临时立柱与预应力筋锚固：可以利用临时立柱和预应力筋来锚固上下结构。预应力筋的下端锚固在基础承台内，上端在箱梁底板上张拉并锚固，借此使立柱在施工过程中始终受压，以维持稳定。

c. 砂筒固结：在桥高、水深时，可采用围建在墩身上部的三角形撑架来布设梁段的临时支承，并使用砂筒、夹有电阻丝的硫黄砂浆或混凝土块等卸落设备以使体系转换时较方便地解除临时支承。

2. 悬臂浇筑梁段施工

悬臂浇筑法是以移动式挂篮作为主要的施工设备，以桥墩为中心，从墩顶开始，对称向两岸逐段浇筑混凝土，待混凝土达到要求的强度后，张拉预应力筋，再向前移动挂篮，进行下一个阶段的施工，利用已浇梁段将梁体自重和施工荷载传递到桥墩、基础上。

（1）挂篮及模板安装

①挂篮的构造。挂篮是利用已施工梁段作挂靠、能承担施工梁段模板及梁体重量等施工荷载和能沿梁顶滑道移动的悬臂式空中施工设备。利用挂篮可以进行节段的模板、钢筋、管道的安设，混凝土浇筑和预应力筋的张拉、灌筑等作业。当一个节段施工完成后，解除挂篮的锚定，前移到下一个梁段施工。挂篮既是梁段的承重结构，又是空间的施工设备。尽管挂篮的结构形式差别很大，但是就各部分构成的功能而言，各类挂篮基本相同。挂篮的主要结构一般包括承重系统、平衡系统、模板系统、走行系统、操作平台等。

a. 承重系统。包括主桁梁和悬吊系统。主桁梁是挂篮的主要受力结构，可用型钢、万能杆件、贝雷桁架等拼制成形。悬吊系统的作用是将底模和侧模吊架、操作平台的自重及其上的荷载传递到主桁架上，一般是用钻有锁孔的 16 Mn 钢带或精轧螺纹钢筋等组成。

b. 平衡系统。位于主桁梁后部，分为压重式、全锚式和半压重半锚固式，主要作用是平衡挂篮前移和浇筑梁体混凝土时产生的倾覆力矩，保证施工安全。

c. 模板系统。包括底模及侧模吊架和梁段模板等，是直接承受悬浇梁体重量及施工荷载的结构，也是用于钢筋及预应力管道安装、混凝土浇筑等施工的作业平台。

d. 走行系统。包括移动装置和动力设施，是支承主桁梁通过滚、滑移设施使挂篮沿桥梁纵向移动的设备。

e. 操作平台。主要用于张拉梁体纵向和横向预应力筋、压浆、封锚等作业。

②挂篮的种类。常用挂篮按承重主梁的结构形式划分主要有：平衡桁架式挂篮、平弦无平衡重式挂篮、弓弦桁架式挂篮、菱形桁架式挂篮、三角形组合梁式挂篮、滑动斜拉式挂篮等。

a. 平衡桁架式挂篮。平衡桁架式挂篮的上部结构一般为一等高桁架，其受力特点是：底模平台及侧模支架所承受荷载均由前后吊杆垂直传至桁架节点和箱梁底板上，故又称为吊篮式结构。桁架在梁顶用压重、锚固或二者兼之来解决倾覆稳定问题，桁架本身为受弯结构。

b. 平弦无平衡重式挂篮。平弦无平衡重式挂篮是在平行桁架式挂篮的基础上，取消压重，在主桁架上增设前、后上横梁，其可沿主桁纵向滑移，并在主桁横移时吊住底模平台及侧模支架。由于挂篮底部荷载作用在主桁架上的力臂减小，大大减小了倾覆力矩，故不需平衡压重，主桁后端则通过梁体竖向预应力筋锚固于主梁顶板上。

c. 弓弦桁架式挂篮。弓弦桁架(又称曲弦桁架)式挂篮的主桁外形似弓形，故可认为是从平衡桁架式挂篮演变而来。除具有桁高随弯矩大小变化，受力合理的特点外，安装时还可在结构内部预施应力以消除非弹性变形，故也可取消平衡重。

d. 菱形桁架式挂篮。菱形桁架式挂篮是在平衡桁架式挂篮的基础上简化而来，其上部结构为菱形，前部伸出两伸臂小梁，作为挂篮底模平台及侧模前移的滑道，其菱形结构后端锚固于主梁顶板上，无平衡压重，且结构简单，故大大减轻了自身荷载。

e. 三角形组合梁式挂篮。三角形组合梁式挂篮是在平衡桁架式挂篮的基础上，将受弯桁架改为三角形组合梁结构。由于斜拉杆的拉力作用，大大降低了主梁的弯矩，从而使主梁能采用单构件实体型钢，挂篮上部结构轻盈。其底模平台及侧模支架等的承重传力与平衡桁架式挂篮基本相同。

f. 滑动斜拉式挂篮(也称为轻型挂篮)。该挂篮自重轻、结构简单、刚度大、非弹性变形小，故加工、运输、安装、拆卸等均较方便，且因质量轻，工作量小，可节省大量施工费用。

（2）挂篮设计

挂篮结构必须经过设计计算，具有足够的强度、刚度和稳定性。因0号梁段设计较短，在采用联体挂篮进行首批悬臂梁段施工时，除应对挂篮联体结构强度及刚度进行设计计算外，还应检算联体挂篮解联加长等施工工况的稳定性，并须编制施工工艺和安全操作细则。

①挂篮形式选择：选择的挂篮形式应满足结构简单、自重轻、受力明确、变形小、安全、装拆方便的要求。

②悬臂浇筑分段长度确定：若每一节段梁体较长，整座桥的节段数就少，施工进度快，每次灌筑的混凝土量就多，挂篮的尺寸和相应的设备就需增加；若每一节段梁体尺寸小，挂篮的承重要求小，尺寸和设备也不大，但节段数多，周转次数多，总的施工进度就

慢。悬臂长度应根据施工条件权衡利弊综合考虑确定，分段长度一般为 3～5 m。

③挂篮横断面布置：挂篮横断面布置一般取决于桥梁宽度和箱梁横断面形式。桥梁横断面为单箱时，全断面用 1 个挂篮；桥梁横断面为双箱时，一般采用 2 个挂篮。在一般情况下，桥宽 10 m 以内可用 1 个挂篮，桥宽 10 m 以上可用 2 个或 3 个挂篮。

④荷载：设计荷载主要有最大现浇节段梁段重量、挂篮自重、最大梁段模板重量（包括侧模、内模、底模和端模等）、施工机具重量及振捣器振动力、施工人群荷载、平衡重重量、冬季施工防寒设施重量等。

⑤用挂篮浇筑墩侧最初几对梁段时，由于墩顶位置受限，往往需要将两侧挂篮的承重结构连在一起，待浇筑到一定长度，再将两侧承重结构分开而成为两个独立的挂篮。

⑥挂篮应设有纵向走行设备和抗倾覆稳定设施。走行及浇筑梁段混凝土等各种工况的抗倾覆安全系数不得小于 2，挂篮锚固系统、限位系统等结构安全系数均不得小于 2。

（3）挂篮拼装

挂篮结构构件运达施工现场后，利用起重设备吊至已浇梁段顶面，在已浇好的 0 号梁段顶面拼装。

（4）挂篮静载试验

挂篮使用前，应对制作及安装质量进行全面检查，应进行走行性能试验，并按设计要求进行静载试验。目的是：测定挂篮承载能力；测量挂篮的弹性变形值，以便合理设置悬臂浇筑梁段的立模高程；消除挂篮在加载状态的非弹性变形。

挂篮施压加载的方法主要有 3 种：在底平台上堆放重物压重；在底平台下挂重物压重；通过千斤顶和锚固于承台内的锚锭对拉反压加载。

3. 悬臂浇筑段施工

当挂篮安装就位后，即可在其上进行梁段悬臂浇筑的各项作业。

（1）钢筋及预应力管道安装

①钢筋骨架安装。钢筋骨架应具有足够的刚度，能承受混凝土灌筑过程中的各种施工荷载而保证钢筋不变形或错位，这个结构称之为钢筋骨架。悬灌梁段及现浇段钢筋绑扎流程：先进行底板普通钢筋绑扎及竖向预应力钢筋梁底锚固端（包括垫板、锚固螺母及锚下螺旋筋）的安装，再进行腹板钢筋的绑扎、竖向波纹管及预应力钢筋的接长、腹板内纵向波纹管的安装，最后进行顶板普通钢筋的绑扎、顶板内纵向波纹管的安装、横向钢绞线及波纹管的安装。

②预应力管道安装。悬臂浇筑梁段的预应力施工为后张法，故须在梁体混凝土浇筑前，在预应力筋的设计位置预先安放制孔器，以便在梁体制成后在梁内形成孔道。在进行预应力施工时即可将预应力筋穿入孔道，然后进行张拉和锚固。放置预应力管道时要注意和前一节段的管道连接严密、线形和顺，并设置足够的定位钢筋，以保证浇筑混凝土过程中位置准确。

孔道成型工艺包括制孔器的选择、安装、抽拔以及孔道检查等 4 个工序。

（2）混凝土浇筑

悬臂混凝土浇筑中，主要需注意以下问题：

①一个墩上的两端悬臂梁块应同时灌筑混凝土，以保持两端梁段的平衡，允许不平衡偏差应按设计规定控制。

②梁段混凝土宜使用混凝土泵一次浇筑。采用一次浇筑法时，可在顶部中间留一洞口以供浇筑底板混凝土，待浇好底板后立即补焊钢筋封洞，并同时浇筑肋板混凝土，最后浇筑顶部混凝土。浇筑肋板混凝土时，两肋板应同时分层进行，要采取防止混凝土离析的措施。浇筑顶板及翼板混凝土时，应从外侧向内侧一次完成，以防止产生裂纹。新旧混凝土接触面要按规定进行处理。

③混凝土浇筑时挂篮变形消除措施。

a. 混凝土一次浇筑法：箱梁混凝土采用一次浇筑，并在底板混凝土初凝前全部浇筑完毕。即要求挂篮的变形全部发生在混凝土塑性状态之前，避免裂缝产生，但需在浇筑混凝土前预留准确的下沉量，这是最常用的施工方法。

b. 水箱法：浇筑混凝土前，在水箱中注入相当于混凝土质量的水，在混凝土浇筑过程中，逐步放水使挂篮的负荷和挠度基本不变。

（3）预应力施工及压浆

张拉完成后，应在 2 d 内进行管道压浆。压浆前，应清理管道内的杂物及积水，压入管道的水泥浆应饱满密实。

（4）挂篮的移动及拆除

在每一梁段混凝土浇筑及预应力张拉完毕后，将挂篮移至下一梁段位置进行施工，直到悬灌梁段施工完毕。挂篮桁架行走前要测定已完成节段梁端高程，并定出箱梁的中轴线。当解除挂篮的后锚后，挂篮沿箱梁中轴线对称向两端推进，每前进 50 cm 做一次同步观测，防止挂篮转角、偏位造成挂篮受扭。

箱梁悬灌梁段施工完毕后，拆除挂篮结构。拆除顺序为：箱内拱顶支架→侧模系统→底模系统→承重系统，悬吊系统及走行系统在其过程中交叉操作。

（5）悬臂浇筑梁段施工

悬臂浇筑梁段施工主要包括挂篮前移、调整，钢筋与孔道安装、检查、调整，混凝土浇筑，养护、穿束，张拉、拆模五个工序循环进行。悬浇梁段施工周期为 6～10 d，各个工序的施工周期如图 3-2 所示。

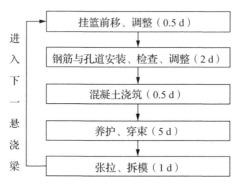

图 3-2　悬浇梁段施工周期

4. 边跨非对称梁段施工

（1）施工工艺

边跨现浇段在墩身不高情况下，可采用落地支架法施工。边跨非对称梁段采用支架现浇的施工工艺流程如图 3-3 所示。

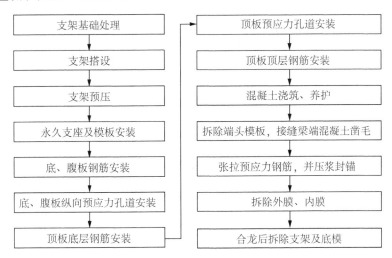

图 3-3 边跨非对称梁段合龙施工流程图

（2）施工注意事项

边跨合龙临时束张拉时应确保梁体能够滑动，但在边跨合龙锁定前，采取临时措施限制底模的纵向移动。

对边跨现浇段与挂篮悬臂施工段的合龙温度进行预测，并根据合龙施工时温度与设计合龙温度之差对支座进行预偏设置。

5. 合龙梁段施工及结构体系的转换

（1）施工流程

合龙段施工过程中，昼夜温差变化，新浇筑混凝土的早期收缩、水化热影响，已完成结构混凝土的收缩、徐变，结构体系的变化，以及施工荷载等因素直接影响合龙段的施工质量。在满足施工要求的前提下，应尽量缩短合龙段的长度，一般取 1.5～2.0 m。通常多跨连续梁合龙段施工的顺序为先各边跨，再各次边跨，最后为中跨。

（2）合龙段施工平台

合龙段施工可采用支架、悬臂挂篮或者另设施工吊架作施工作业平台。合龙吊架和模板可采用施工挂篮的底篮及模板系统。安装步骤为：

①将挂篮的底篮整体前移至合龙段另一悬臂端。

②在悬臂端预留孔内穿入钢丝绳，用几组滑车吊起底篮前横梁及内外滑梁的前横梁。

③拆除挂篮前吊杆。

④用卷扬机调整所有钢丝绳，使底篮及内外滑梁移到相应位置，安装锚杆、吊杆和连接器，将吊架及模板系统锚固稳定。

⑤将主桁系统退至 0 号梁段后拆除。

（3）合龙口临时锁定

合龙口锁定采用又拉又撑的方法，即用劲性骨架承受压力，用临时预应力束承受拉力。合龙锁定温度选择在设计要求的合龙最佳温度范围内。先将劲性骨架顶紧，然后进行张拉，临时束张拉锚固后不压浆，合龙完毕后将其拆除。

合龙前使悬臂端尽可能保持相对固定,以防止合龙段混凝土在浇筑及早期硬化过程中发生明显的体积改变。合龙口临时锁定后,应立即将合龙口一侧的墩梁固结及支座临时约束解除,使梁的一侧能在合龙临时锁定装置连接下沿支座自由伸缩。合龙口临时锁定设施应在合龙梁段纵向预应力孔道压浆前拆除。

(4)混凝土施工

合龙段混凝土采用微膨胀混凝土。合龙段混凝土选择在一天中气温较低时进行浇筑,可保证合龙段新浇筑混凝土处于气温上升的环境中,在受压的状态下达到终凝,以防混凝土开裂。合龙段混凝土浇筑过程中,采用在悬臂端的水箱中加水的方法设平衡重,保证平衡施工。平衡配重在合龙锁定之前加到相应悬臂端,可使合龙锁定之后骨架处于"不动"的状态,避免薄弱处受剪破坏。

(5)预应力施工及结构体系的转换

①合龙段预应力永久束张拉前,采取覆盖箱梁悬臂并洒水降温以减小箱梁悬臂的日照温差。底板预应力束孔道安装时要采取措施保证孔道畅通,待合龙段混凝土达到设计规定强度和相应龄期后,先张拉边跨顶板预应力束,再张拉底板第一批预应力束,按照设计要求的张拉吨位及顺序双向对称进行张拉。横向、竖向及顶板纵向预应力施工同箱梁悬浇梁段施工。合龙段施工完毕后,拆除临时预应力束并对其孔道压浆。

②结构体系的转换。连续梁悬浇施工的过程就是其应力体系转换的过程,也就是悬浇时实行支座临时固结、各T形刚构的合龙、固结的适时解除、预应力分配以及分批依次张拉的过程。为保证施工阶段的稳定,一般边跨先合龙,释放梁墩锚固,结构由双悬臂状态变成单悬臂状态,最后跨中合龙,形成连续梁受力状态。施工时应注意以下几点:

a.结构由双悬臂状态转换成单悬臂受力状态时,梁体某些部位的弯矩方向发生转换。所以在拆除梁墩锚固前,应按设计要求,张拉一部分或全部布置在梁体下部的正弯矩预应力束。对活动支座还需保证解除临时固结后的结构稳定,如控制和采取措施限制单悬臂梁发生过大纵向水平位移。

b.梁墩临时锚固的放松,应均衡对称进行,确保逐渐均匀地释放。在放松前应测量各梁段高程。在放松过程中,注意各梁段的高程变化,如有异常情况,应立即停止作业,找出原因,以确保施工安全。

c.在结构体系转换中,临时固结解除后,将梁落于正式支座上,并按标高调整支座高度及反力。支座反力的调整应以高程控制为主,反力作为校核。

3.4.2 悬臂拼装施工

悬臂拼装法是利用移动式悬拼吊机将预制梁段起吊至桥位,然后采用环氧树脂胶及钢丝束预施应力连接成整体。采取逐段拼装,一个节段张拉锚固后,再拼装下一节段。悬臂拼装的分段,主要决定于悬拼吊机的起重能力,一般节段长2~5 m。节段过长则自重大,悬拼吊机起重能力就要大;节段过短则拼装接缝多,工期也相应延长。

悬臂拼装法一般适用于对工期要求紧的工程,其施工速度比悬臂浇筑快,但施工线形控制技术难度较大。

1. 梁段预制

应提前预制悬臂拼装梁段,提前的时间应符合设计要求,保证预制梁段获得足够的养护时间，其强度及弹性模量达到设计要求，混凝土干缩、徐变较小。制梁台座必须坚固、稳定、无不均匀下沉，必要时应按预制梁段重量的 1.5 倍逐段做静压试验。台座顶面或底模顶面应与桥梁梁底设计线形相一致，并在每次制作梁段前进行全面检查，发现变化及时调整。梁段预制方法有立式预制法与卧式预制法，对于箱梁常采用立式预制法。立式预制法又分为长线预制和短线预制。

(1)立式预制法

①长线预制。长线预制是在预制厂或施工现场按桥梁底缘曲线制作固定的底座，在底座上安装底模，进行梁段预制工作。形成梁底缘的底座有多种方法，可以利用预制场的地形堆筑土胎，经加固夯实后铺砂石层，并在其上做混凝土底板；在山区有石料的地区，可用石砌圬工筑成所需的梁底缘的形状；在地质条件较差的预制场地，需采用打短桩基础，再搭设排架形成梁底曲线，排架可用木材或型钢组成。节段的预制在底板上进行。模板采用钢模，每段一块，以便于装拆使用。为了加快进度，保证节段之间密贴，常采用先灌注奇数节段，然后利用奇数节段混凝土的端面弥合灌注偶数节段；也可以采用分阶段的预制方法，当节段混凝土强度达到设计强度的 70% 以上后，可以吊出预制场地。

②短线预制。短线预制是由可调整外部及内部模板的台车与端模架来完成。第一节段混凝土灌注完成后，在其相对位置上安装下一层模板，并利用第一节段的端面作为第二节段的端模，完成混凝土的灌注工作。

(2)卧式预制法

卧式预制需要有一个较大的场地。场地要有足够的强度，不致产生不均匀沉降。对相同的节段还可以在已预制完成的节段上安装模板进行平卧叠层预制。两层构件之间常用塑料布或涂油分隔。对于桁架梁，因桁架高较大，节段较长，桁杆截面尺寸较小，同时很多桁杆规格相同，因此常采用卧式预制。

关于悬臂拼装梁段预制，还应符合下列规定：

①悬臂拼装梁段应采用长线或短线浇筑混凝土方法进行预制，相邻梁段接缝面混凝土应密接浇筑，接缝面应刷涂容易清理的隔离剂。梁段间预应力孔道衔接时，既要位置准确、孔道通透，又要保证后浇梁段混凝土时水泥浆不流入前一梁段的孔道内和不影响梁段顶升吊移。

②梁段接缝面设有定位销或剪力齿时，其位置、尺寸、平整度和预埋件的规格、数量、位置必须符合设计要求。

③预制梁段吊运前，应将设计要求张拉的预应筋张拉完毕，并标明梁段编号及拼接方向，标明梁段中心线及两侧平行线、梁段中心线的横向垂直线等拼装施工控制标线，在梁段顶面四角设立高程测控点并测定其相对高差。

④预制梁段的吊点位置必须符合设计要求，当设计无要求时，应根据计算决定吊点位置。吊点预埋件的安全系数应不小于 5。

2. 梁段的移存

(1)移运前准备工作

①在梁段顶面标定纵轴线和测控点，便于悬臂拼装时监控。

②测定梁段施工中顶板上测控点的高程，以作为悬臂拼装时分析梁高、转角及扭转的依据。

③拆模后应及时注明梁段编号、预制梁段位置、悬拼方向及混凝土浇筑日期等信息，确保悬臂拼装施工时位置准确。

④准备存放场地，检查吊运的机具设备。

⑤测试试件强度并进行强度判定，强度符合要求后方可进行梁段吊运。

（2）梁段的移运

待梁段的混凝土强度达到设计要求的起吊强度后，进行梁段移运存放。当设计无要求时，应达到设计强度的75％以上，方可吊出预制场地。

起吊前，根据梁段重量在底板四角处分别设置合适的千斤顶，将梁段顶起脱离底模。检查吊架、吊具及起升系统等是否处于最佳状态，待检查无误后，缓缓启动卷扬机，吊起梁体。必须保证梁底与台座或底模及相邻梁段相脱离方可进行起吊作业。起吊时，吊钩和吊绳应保持垂直，不得斜吊，吊具与吊点的连接应保证4个点均匀受力，防止梁体受扭。

（3）梁段的存放

梁段存放场地应平整、坚实、设有排水设施。场地内设置垫木支垫梁体，支垫位置应与吊点位置一致。梁段应平稳牢固地放置在垫木上，并按悬拼安装次序存放。雨期和融冻期应注意防止因地面软化发生不均匀沉降而造成梁体损坏。

预制梁段存放期间应做好梁段整修工作：

①悬臂拼装时的湿接缝处必须凿毛，并修补预制缺陷。

②清洗胶接面隔离剂后，将突出端面的混凝土凿除平整，切忌沾染油污而影响树脂黏结。

③在胶接面涂上一层黏合剂，黏合剂可根据设计在施工现场制作。

④检查各锚头垫板是否与预应力孔道垂直，否则应加焊楔形板予以纠正，保证预应力钢筋与孔道垂直。

⑤检查相邻段孔道接头是否正位，错位超过允许偏差的要对两侧孔道分别凿除1/2偏差，直至满足穿束要求。

⑥压水检查孔道有无串孔，若有串孔时应对串孔进行有效补救：

a. 串孔较为严重时应压浆处理。首先对串孔附近孔道进行清理，选择1～2个孔道穿入钢管作为压浆管使用，其余串孔附近管道均穿入比孔道小2～3 mm的胶管；然后，按照设计压力和顺序对串孔附近孔道进行压浆，直至各孔道沿胶管壁均有水泥浆溢出为止；最后，达到一定时间后抽拔胶管。需要注意的是：待水泥浆凝固后须再进行压水检查，如仍有串孔，应再补压浆直至没有串孔为止。

b. 串孔不严重时，可利用补孔工具将环氧树脂液补涂抹在孔壁上，封闭孔壁裂缝。

c. 对于面积较大的串孔，可先凿开串孔处，用高强度混凝土、高强度水泥砂浆或环氧树脂砂浆浇筑串孔处，补浇时可用抽拔管或铁皮管作模成孔。

3. 梁段运输

梁段的场内运输一般采用龙门吊机，路途运输采用平板车，在河流中可采用浮运船等。

在运输拼装前，应保证梁段的编号、外形尺寸，接缝面的平整度，预埋件、预留孔及隔离层的清理情况均符合设计要求，同时，还应保证梁段拼装控制中线高程的标线、标点设置情况符合施工工艺设计要求。

梁段运输过程中，必须采取可靠措施固定支垫，以保证梁段安放平稳。场内运输时，运输轨道纵坡一般应为平坡。当地形条件受限制时，最大纵坡应不大于1%。当采用无转向架的运梁平车运输时，运输轨道不宜设平曲线。梁段装船应在专用码头上进行。栈桥的长度应保证在最低施工水位时驳船能进港起运。栈桥的高度应确保在最高水位时，栈桥的主梁不被水淹。栈桥起重机的起重能力和主要尺寸(净高和跨度)应与预制场的吊机相同。梁段浮运时，为保证浮运安全，应设法降低浮运重心。

4. 梁段吊拼

(1)梁段起吊

梁段吊装设备类型应根据桥位施工条件和现有吊装设备或常备定型材料等情况，遵循自重轻、结构强度高、稳定性好的原则进行选择，可采用悬臂吊机、缆索吊及浮吊等设备。吊装设备必须按最重梁段和最长梁段的施工荷载分别进行强度、刚度和稳定性计算。

使用梁上悬臂吊机施工时，吊机重量应符合设计要求，悬臂吊机走行及悬拼施工时的抗倾覆稳定系数不得小于1.5。

吊装设备使用前，应做性能试验和吊装试验。经过调试、检测、试运转检查和按设计荷载的60%、100%及125%分别进行吊重试验，符合设计要求方可进行吊装施工。

悬臂拼装预制梁段前应按设计要求和相关规定，全面检查核实墩顶或安装吊机前梁段的施作完成情况和连续梁墩顶梁段与桥墩临时固结或支撑情况，符合设计要求才能进行悬拼施工。

悬臂吊装施工应符合下列规定：

①必须在桥墩两侧对称、平衡吊装施工，桥墩两侧施工荷载的实际不平衡偏差不得大于设计允许数值。

②每次起吊梁段时，都应在吊起约20 cm后暂停，检查吊具、吊点、吊机情况正常后方可继续起吊。

③涂刷接缝材料前应进行节段试拼。悬拼全过程均应进行线形监控。

梁上悬臂吊装设备，必须在拼装梁段的永久预应力筋张拉完毕后方可向桥墩两侧对称移动，每次移动都应注意吊机定位准确和锚固的稳定。悬拼过程中应采取有效测量方法减小平面位移误差的叠加和传递。

(2)梁段接缝施工

拼装梁段的接缝面处理方式、接缝宽度、接缝方法和接缝材料种类、性能、质量必须符合设计要求。梁段的接缝施工有湿接缝施工和胶接缝(干接缝)施工两种。

①湿接缝施工。1号块和调整块用湿接缝拼装。墩柱上的0号块浇完后，1号梁段与0号块以湿接缝相接，接缝宽度一般为0.1～0.2 m。拼接程序为：梁段定位并测量中线及高程→接头钢筋焊接及安放制孔器→安放湿接缝模板→灌注湿接缝混凝土→湿接缝混凝土养护脱模→穿1号梁段预应力束筋并张拉锚固。

梁段接缝面应提前进行凿毛、清理，并应在混凝土浇筑前充分浸湿。梁段吊升到设计位置初步定位后，宜将梁段重量由钢丝绳悬吊转换为型钢定位架悬吊，精确定位。定位时应符合下列规定：接缝面两侧梁段纵向中心线重合、横向垂直线平行；梁段前端高程符合施工线形设计要求。

梁段接缝定位检查合格后，立即在接缝段安装模板、钢筋、管道、撑块和按设计要求穿束张拉临时预应力筋，将湿接缝进行临时固定。接缝模板必须与两侧梁段搭接密贴，不得出现错台和漏浆现象。预应力孔道连接铁皮管伸入梁段长度应不小于 10 cm，并外缠防水胶布进行密封处理，以防止漏浆。接驳的管道要平顺，不能出现折线等情况。管道布置完成后即可按施工图绑扎湿接缝钢筋，在此过程中应避免弄破波纹管。接缝钢筋连接方法应符合设计要求。

②胶接缝施工。其他梁段用胶接缝或干接缝拼装。拼接程序为：利用悬拼吊机将梁段提升、内移就位并进行试拼→移开梁段并与已拼装梁段保持约 0.4 m 的间距→穿束预应力筋→双面涂胶(环氧树脂等)→梁段合龙定位并测量中线与高程→张拉预应力筋并锚固。

涂胶前先试拼定位，检查梁段纵、横位置及四角高程；通过试验确定胶黏剂配合比和胶浆强度，保证胶浆稠度和固化时间满足施工操作要求。

梁段起吊并基本定位后，开始将预应力钢束穿入孔道。全部钢束穿入后，进行断面涂胶及合龙。涂胶作业应符合工艺设计要求，使用过程中应继续搅拌以保证均匀，涂胶人员佩戴好防护用品。断面涂胶时应保证两端断面清洁、干燥，温度应不低于 10 ℃。涂胶自上而下、快速均匀地薄涂。涂胶后应进行覆盖，防止雨淋、日晒和保持温度稳定。

梁段正式定位后，按设计张拉顺序及压力(设计无要求时取 0.2～0.3 MPa)对称张拉临时预应力筋进行挤胶，在 3 h 以内完成，并及时清理接缝面周围和预应力孔道中挤出的胶浆。

5. 预应力筋施工

(1)预应力钢束的安装

采用悬臂拼装法安装悬臂梁段，主要时间花在预应力钢束的安装上。首先在波纹管中预留 ϕ12 mm 钢筋。用钢筋将卷扬机的钢丝绳从波纹管中穿过，钢丝绳一端连接整束钢绞线(多股钢绞线前端焊接为一体并焊接连接弯钩)，然后用卷扬机拉其前端，即可顺利地把这些整束钢绞线带过去，最后把焊接影响区的钢绞线头用砂轮机切断。

(2)预应力系统的张拉

①张拉时间及顺序。在胶接缝断面涂胶并合龙完毕或湿接缝断面混凝土龄期和强度达到要求后，即可进行定位筋张拉，此后进行预应力钢束张拉。

临时定位筋的张拉顺序为先张拉底板上的定位筋，再张拉顶板上的定位筋。在定位筋张拉完成后，即可张拉顶板永久预应力钢束，张拉顺序为先张拉外边钢束，再张拉里面钢束，两边同时张拉。

②张拉过程。安装锚具、千斤顶→拉至初应力(控制应力的 10%)→做量测伸长量起始记号→分级张拉→量测伸长量→张拉至控制应力的 105%→量测伸长量→持荷 5 min→将油压回至控制应力时对应油压→量测伸长量→回油锚固→量测实际伸长量并求出回缩值→检查是否有滑丝、断丝情况发生。

③张拉要求。

a. 湿接缝梁段必须在接缝现浇混凝土强度达到设计要求强度后才能进行预应力施工，当设计对混凝土强度无要求时，应待混凝土达到设计强度等级的 75% 以上时方可张拉。

b. 胶接缝梁段拼装完毕，应按设计要求间隔时间或胶浆强度进行预应力筋张拉，当设计无要求时，需在挤胶张拉 30 h 后进行张拉。

c. 预应力筋张拉顺序应符合设计要求，设计无要求时，应按先长后短、先边后中、先上后下交错进行施作。

　　d. 预应力筋张拉应注意气温和气象的变化，当气温在 0 ℃以下、风力在 5 级以上时，不宜进行预应力筋张拉。

　　④预应力压浆。压浆前，用压浆机向管道内注压力水，充分冲洗、润湿管道，至全部管道冲洗完后，正式拌浆和开始压浆。压浆应从低处压入，从高处排气。开始后需等另一端的排水、排气孔亦喷出纯浆并稳定后，才可封闭排气孔，其后对管道加压至 0.6 MPa 并持荷 5 min 后将其封闭。

　　在压浆过程中，应使用压力水冲洗与压浆管道相邻的其他管道以及管道的中间段。在两块箱梁的胶接缝处，涂胶不太可能密贴得天衣无缝，致使在某一个预应力管道压力灌浆的时候，可能会有一些水泥浆流动到其他管道中，发生串浆现象，这样会影响压浆质量，极可能因漏浆而无法压满压密，还会造成水泥浆堵塞其他管道等事故。在冲洗过程中，注意观察排出的水中是否混有水泥浆，如混有水泥浆，则说明管道串浆，需持续冲洗以确保管道不发生堵塞。

　　6. 合龙节段的施工

　　以墩柱为中心，采用对称平衡悬臂拼装，当两节段组合后，张拉顶板预应力束连接，待完成全跨径节段拼装作业后，于跨径中央处以吊模灌注混凝土，以使左右两 T 构合龙，最后，在底板处张拉预应力束，连接跨径内各节段，完成整个系统化施工作业。

　　为了增强合龙段的刚度，采用加强普通钢筋的配置或配有一定数量的劲性型钢措施，目的是在合龙段混凝土施工过程中可以传递内力，并保持合龙段两侧梁体的连续性。合龙段施工和体系转换具体要求与悬浇相同，具体见 3.4.1 节合龙梁段施工及结构体系的转换部分内容。

3.4.3　转体法施工

　　桥梁转体施工是指将桥梁结构在非设计轴线位置制作(浇筑或拼接)成形后，通过转体就位的一种施工方法。可根据现场实际情况，上部构造在路堤上或河岸上预制，旋转角度也可根据地形随意选择。根据桥梁结构的转动方向，可分为竖向转体施工法(简称"竖转法")、水平转体施工法(简称"平转法")以及平转与竖转相结合的方法，其中以平转法应用最多。本节主要介绍平转法。

　　平转法施工程序：基础施工→转动体系施工→支座安装→梁体施工→转体→梁体合龙→体系转换→封闭间隙。

　　1. 转动体系

　　(1)转动体系构造

　　转动体系主要由转动支承系统、转动牵引系统和平衡系统组成。

　　①转动支承系统。转动支承系统是平转法施工的关键设备，由上转盘和下转盘构成。上转盘支承转动结构，下转盘与基础相连。通过上转盘相对下转盘转动，达到转体的目的。转动支承系统必须兼顾转体、承重及平衡等多种功能。

　　②转动牵引系统。转动牵引系统由牵引反力座及预埋在转盘内的牵引索组成，它是转体施工成败的关键。牵引体系由牵引动力系统、牵引索、反力架、锚固构件组成。转体施

工设备采用全液压、自动、连续运行系统。具有同步、牵引力平衡等特点，能使整个转体过程平衡，无冲击颤动。

③平衡系统。平衡问题也是平转过程中的一个关键问题。对于斜拉桥、T构桥以及带悬臂的中承式拱桥等上部恒载在墩轴线方向基本对称的结构，一般以桥墩轴心为转动中心，为使重心降低，通常将转盘设于墩底。对于单跨拱桥、斜腿刚构等，平转施工分为有平衡重转体和无平衡重转体两种。有平衡重转体时，上部结构与桥台一起作为转体结构，上部结构悬臂长，质量轻，桥台则相反。在设置转轴中心时，尽可能远离上部结构方向，以求得平衡，如果还不平衡，则需在台后加平衡重；无平衡重转体，只转动上部结构部分，利用背索平衡，使结构转体过程中被转体部分始终为索和转铰处两点支承的简支结构。

（2）转动体系施工（以钢面球铰为例）

①主墩桩基施工完成后，下承台根据滑道骨架及下球铰骨架尺寸分两次浇筑施工。首先进行第一阶段部分混凝土浇筑及滑道安装，然后安装大吨位钢球铰。安装时，将下球铰放置于已架好的底座骨架上。先粗调，再用骨架上的微调螺丝调整下球铰中心位置及球面，使球铰中心销轴套管竖直，球铰周圈在同一水平面上（需借助高精度仪器控制其顶口任意两点高差不超过1 mm）。采用钢球铰转体施工，最为关键的一点是球铰安装精度及滑道精度的控制，它将直接影响到转体是否稳定及成功，因此，需特别重视。

②调整到位后固定好螺丝，盖好中心套管。浇筑第二阶段微膨胀混凝土。浇筑前，先将下球铰的振捣孔旋出，振捣至球铰上的出气孔有混凝土往外冒，再从外侧继续浇混凝土，注意复振，务必确保混凝土振捣密实。

③清理下球铰的凹面及中心销轴套管，同时做好混凝土养护，待混凝土固化后，施工人员需备好吸尘器等工具，再次清理下球铰。

④将黄油与四氟粉按比例配置混合好，并搅拌均匀。然后，在中心套管内放入黄油四氟粉，再将中心销轴轻轻放到套管中，按图纸对应的编号由内至外将聚四氟乙烯垫片一一对应安装完毕后，将黄油四氟粉填至下球铰面上。

⑤将上球铰吊起除锈后，涂抹黄油四氟粉，然后将其对准中心销轴轻落至下球铰上。球铰平转体系基本形成，进行试转体，人工轻轻将上转盘转动3～5圈，将上、下球铰间的黄油挤压密贴，直至球铰间周边有黄油挤出为止。去除多余黄油，并将上、下球铰外圈空隙涂满，最后用水泥砂浆将外圈空隙处密封处理以备用。

⑥进行上转盘、撑脚、挡块施工。上转盘内的牵引索是整个转体施工的关键，需将牵引索圆顺地缠绕转盘3/4周后牵引反力座。牵引索的安装应注意如下几个问题：锚固长度足够；出口处不留死弯；预留的长度要足够并考虑4 m的工作长度。从牵引索安装完成到使用期间应注意保护，避免电焊、高温等影响，并用黄油将外露的牵引索涂抹均匀，用彩条布包裹好，防潮防淋，避免锈蚀，转体前再拆开使用。

支撑钢管撑脚底部与下承台滑道顶部间隙的设置尤为关键。因为间隙过大，支撑稳定作用小；间隙过小，则又可能造成转体过程中撑脚与滑道钢板接触而使摩阻力过大，导致转体转不动。理论上，撑脚与钢板之间为"若即若离"是最理想的状态，但实际施工中，由于不平衡重及施工误差等因素影响很难达到。因此，综合考虑后认为，该间隙设置可适当大一些，在10～20 mm较为适宜。如果间隙设置较大，也可在撑脚与滑道间加垫钢滑板，随着转体转动也相应移动即可。

（3）转动体系安装质量标准

转动体系安装的允许偏差和检验方法应符合表 3-13 的规定。

表 3-13　转动体系安装的允许偏差和检验方法

序号	项目		允许偏差/mm	检验方法
1	球铰中心轴线	相对设计位置偏差	5	测量检查
		竖向垂直度	1/1 000	
2	球铰或支座	顶面各角相对高差	≤1	
3	撑脚高度		±2	
4	滑道平整度	3 m 长度内平整度	≤1	
		径向对称点高差	不大于滑道直径的 1/5 000	

2. 梁体施工

箱梁施工与支架法箱梁施工相同。先平行于线路搭设支架，分节段两端对称浇筑，需特别注意对箱梁高程及不平衡重的控制。每次对箱梁的尺寸、浇筑数量均进行专门检查和控制，将施工中的不平衡重控制到最小。同时，节段施工过程中应提前考虑好支架拆除后梁体高程的变化，避免转体就位后箱梁高程与设计高程产生较大差异。

3. 转体施工

（1）转体前的施工准备

①设备调试。在使用前对使用的设备进行标定，标定之后对系统进行空载联试，以确认全部设备正常并满足要求。

②现场清理。包括环道清理，解除临时支座，清除结构平转范围内的障碍物。

③旋转系统安装（包括主牵引系统和助推系统安装）。主牵引系统的千斤顶安设前，在下转盘基础预埋反力架后方可搭设承托架，设置承托架的高度以保证千斤顶牵引钢绞线时其轴心处高度与上转盘预埋钢绞线处固定受力点高度一致为原则。千斤顶准确就位后，将预埋钢绞线按照预埋次序穿入连续顶推千斤顶。安装时注意控制各定位钢筋的水平尺寸和竖向尺寸，确保牵引钢束的定位准确无误。主牵引系统的千斤顶安设位置必须经过全站仪严格放样、检测，力求使每座转体系统在纯力偶状态下工作。安装卡具并卡紧，然后用小型千斤顶逐根张拉钢绞线，使钢绞线处于绷紧状态。千斤顶安装位置（或反力架位置）应以转动球铰轴心成对称分布。

为了避免水平转体施工过程中各牵引索互相干扰，各牵引索必须有单独的轨道，运行过程中，各牵引索各行其道。

由于初始静摩擦力大于滑动摩擦力，为保证安全，防止单独使用柔性钢束造成 T 构突然转动，在下盘的内环支承柱和上盘平衡脚之间安装 3 台小型助推千斤顶，作为初始起动牵引的动力储备。助推千斤顶与油泵进行连接后，运行直至与平衡脚密贴顶紧。使用过程中，助推千斤顶头始终用楔形垫铁与支撑柱紧贴，以使千斤顶的顶推方向与平衡脚的切线方向一致。

④防超转机构的准备。基础施工时，应提前在转体就位处设置限位装置。同时配备 2 台千斤顶备用。

⑤制定加载方案。

（2）试转

在上述各项准备工作完成后，正式转动之前，应进行结构转体试运转，全面检查一遍牵引动力系统及转体体系、位控体系、防倾保险体系，并撤除所有支承物、配重。确认正常后，开启牵引动力系统，使其在"手动"状态下试运转。考核水平转体体系状态，同时测试转体点动运行速度与角速度、启动力矩和运行力矩等参数，以供转体及定位时参考。检测整个系统的安全性、可靠性，同时由测量和监控人员对转体系统进行各项初始资料的采集，准备对转体全过程进行跟踪监测，为正式实施转体提供主要技术参数和可靠保证。

试转时应做好以下两项重要数据的测试工作：

①测试每分钟转速，即将转体实际转动的角速度控制在设计要求范围内。

②测量悬臂端所转动的水平弧线距离，即将转体实际转动的线速度控制在设计要求范围内。控制采取点动式操作，测量组测量每点动 1 次悬臂端所转动水平弧线距离的数据，为转体初步到位后进行精确定位提供操作依据。打开主控台以及泵站电源，启动泵站，用主控台控制两台千斤顶同时施力旋转。若不能转动，则施以事先准备好的辅助顶推千斤顶，同时施力，以克服静摩擦阻力，启动桥梁转动。

（3）正式转体

试转结束，分析采集的各项数据，编制详细的转体方案，即可进行正式转体。

转体结构旋转前要做好人员分工，根据各个关键部位、施工环节，对现场人员做好周密部署，各司其职，分工协作，由现场总指挥统一安排。

转体时，先让辅助顶推千斤顶达到预定吨位，启动动力系统设备，并使其在自动状态下运行。转体使用的两对称千斤顶的作用力始终保持大小相等、方向相反，以保证上转盘仅承受与摩擦力矩相平衡的动力偶，无倾覆力矩产生。

设备运行过程中，各岗位人员注意力必须高度集中，时刻注意观察和监控动力系统设备和转体各部位的运行情况。如果出现异常情况，必须立即停机处理，待彻底排除隐患后，方可重新启动设备继续运行。

在内环平衡脚与承台顶预埋钢板行走环道间的预留间隙内铺垫四氟板作为转体旋转时的平衡行走轨道（镶嵌于平衡脚下底面）。在外环支撑柱顶和上转盘之间的水平间隙内安装槽形钢板，钢板内铺垫同样大小、厚 8 mm 的四氟板走板。走板顶面与上环道间隙为 5 mm。在转体旋转过程中，内环平衡脚与行走轨道间间距因受力或荷载不平衡而发生变化时，在偏心对应处垫入四氟板以纠正偏心问题。

转体结构到达设计位置（主梁悬臂段中心点距离设计桥轴线 100 cm）时，系统暂停。为防止结构超转，动力系统改为手动状态下的点动操作。每点动操作一次，测量人员测量轴线走行数据一次，反复循环，直至结构轴线精确就位。为保证转体就位准确，在反力架前预埋有限位型钢加橡胶缓冲垫，即使发生转体过位，也可以利用反力架做支撑，用千斤顶反推就位。

整个转体施工过程中，用全站仪加强对 T 构两端高程的监测和转盘环道四氟走板的观察。

（4）锁定转盘，调整高程

转体就位后，应立即焊接部分预埋在上、下承台间的竖向钢筋锁定转盘。根据需要可采用压重等方式适当调整转体后箱梁高程。

（5）封固转盘

待高程调整完成后，及时将剩余预埋在上、下承台间的竖向钢筋焊接，浇筑封固混凝土，完成转体。

4. 施工监控量测

转体施工中，必须对转体全过程进行监测和监控，以减少施工对道路的干扰，确保大桥的工程质量和施工安全。根据监测的实际情况指导和配合现场施工。

（1）监控量测目的

①监测各施工工序关键部位的应力应变，保障转体施工的安全。

②控制和评估大桥施工各阶段受力状态。

③协助和指导施工人员，使结构达到设计目标；有必要时针对施工控制工序向业主、设计和施工单位提出有关建议。

④收集资料并归档，为各方决策及竣工评估提供依据。

⑤优化施工工艺设计，提供更为经济、合理、省时、省力的施工方案。

（2）监控量测内容及位置

①转盘应力监测。在下转盘内部混凝土中埋设弦式应变计，两侧转体体系的下转盘均布置测点。本项监测主要目的是了解在转体荷载作用下，下转盘内部混凝土的应力及应力变化状况，从中反映出转动体系的偏心状况，为偏心结构重心调整、转动期间重心控制提供理论依据。

②转体桥墩应力监测。转体桥墩应力监测采用在墩柱混凝土内埋入振弦应变传感器测定。根据应力变化值可计算转体体系全部重量的变化和转体体系重心位置的变化，以保证转体体系的平衡，保证施工体系安全。应力监测时段：转体桥墩混凝土浇筑完毕、梁体各施工段混凝土浇筑完毕、支架脱离前后、转体施工前后以及合龙段混凝土浇筑前后。

主梁施工悬臂根部截面混凝土纵向应力随着施工段增加、预应力张拉以及体系转换等各个施工阶段的不同随时都在发生变化，由于该截面受力十分复杂，因此内应力的变化较大，是主梁混凝土内施工应力的关键控制截面。为控制其应力和变形，施工过程中随时监测其混凝土的内应力是十分必要的。另外，观测主墩两侧的悬臂根部截面的纵向应力分布变化也可以推算 T 构两悬臂重量不平衡状况，为整个体系在施工过程中以及转体旋转前两端平衡控制与调整起到指导作用。该部位的应力应变观测截面应选在两幅主梁的悬臂端与主墩交界的根部位置上。

③结构高程和主梁线形监控监测。每道关键工序施工前后分别进行一次高程变化监测，以便随时掌握结构变形影响，提供箱梁现浇施工中支架及模板的预拱度。

④预应力的监控量测。在全桥预应力施工中，通过对预留孔道、预应力钢束的顺直度、张拉伸长量、管道摩阻力损失、锚下应力损失、孔道（尤其是长大孔道）压浆密实度等项目进行监控量测，掌握和指导结构预应力施工全过程，从而确保预应力结构施工质量。

⑤转动过程中转动速度及同步转动就位监测。在下转盘上分度标示转体角度，专人观察转体角度并及时计算转体速度，作为结构平稳、顺利、安全完成转体控制的依据。顺利

就位后，通过监测各结构轴线、高程以及结构应力应变情况，为成桥检验积累基础数据。

通过以上全方位、全过程质量监控量测，指导和控制 T 构箱梁转体结构的施工。转体就位后梁体的允许偏差见表 3-14。

表 3-14　转体就位后梁体的允许偏差和检验方法

序号	项目	允许偏差	检验方法
1	梁体轴线偏差	$\leqslant 10$ mm	
2	合龙前两悬臂端相对高差	合龙段长度的 1/100，且$\leqslant 15$ mm	测量检查
3	顶面高程	± 20 mm	

5. 合龙段施工

(1)边跨合龙段施工

箱梁边跨合龙段采用满堂支架进行施工。转体完毕后对合龙段相邻两个梁段间高差进行测量，如果高差 $\Delta \leqslant 20$ mm，则进行下步施工；如果 $\Delta \geqslant 20$ mm，则联系设计单位确定转体段箱梁在悬臂状态下配重所需重量及布置位置，根据设计提供计算结果对箱梁进行压重，直到高差符合要求后，再进行边跨合龙段施工。

合龙段张拉完毕后，即完成边跨从悬臂梁到连续梁的体系转换。边跨体系转换完毕后，解除墩身临时锚固和永久支座的锁定，开始进行中跨合龙段施工。

(2)中跨合龙段施工

中跨合龙段采用吊架进行施工，吊架采用精轧螺纹钢筋，通过箱梁预留孔来对中跨底模进行支撑。

6. 转体上、下承台间空隙浇筑

主桥合龙后，对上、下承台间空隙用微膨胀混凝土进行浇筑填充。空隙浇筑完毕后，即完成整个转体桥梁的施工。

第4章 隧道工程施工

4.1 隧道洞口工程施工

4.1.1 边(仰)坡开挖及防护

1. 边(仰)坡开挖

根据地形、地质条件，土方和强风化岩一般采用挖掘机开挖及装渣，自卸汽车运渣，人工配合清理边(仰)坡开挖面。不得掏底开挖或上、下重叠开挖。对于较硬的土层采用人工手持风镐进行凿除。对于石方一般采取松动爆破，机械和人工配合清理。石质地层仰坡开挖需要爆破时，应以浅眼松动爆破为主，且预留光爆层。开挖时，应随时检查边坡和仰坡，如有滑动、开裂等现象，应适当减缓坡度或采取适当的加固措施。

隧道洞口边(仰)坡开挖前，应清除边(仰)坡上的植被、浮土、危石，做好边(仰)坡的临时截水天沟，截水天沟距边(仰)坡开挖边线不小于 5 m。将地表水和边(仰)坡积水引离洞口，以防地表水冲刷而造成边(仰)坡失稳。

洞口边(仰)坡开挖按设计控制坡度，自上而下，分层开挖，随挖随支护，随时监测、检查山坡稳定情况。开挖过程中边(仰)坡上的浮石、危石要及时清除，对坡面凹凸不平处予以修整平顺。挖掘机开挖后预留 20～30 cm 进行人工修坡，清除虚土。对于边(仰)坡土层较硬的围岩，采用人工手持风镐进行凿除，减少对边(仰)坡原状土的扰动，确保边(仰)坡稳定，防止洞口边(仰)坡坍塌。

开挖过程中，不得破坏边(仰)坡以外的植被，尽可能确保土体植被的完整。

2. 边(仰)坡防护

边(仰)坡开挖后及时进行打锚杆、挂钢筋网、喷混凝土临时防护，以防围岩风化，雨水渗透而滑塌。当边(仰)坡较高时，应分层开挖，分层防护。

(1)砂浆锚杆施工

砂浆锚杆施工工艺流程为：钻孔→清孔→注浆→插入杆体。钻孔可采用 YT—28 凿岩机，锚杆预先在洞外按设计要求加工制作。施工时锚杆钻孔位置及孔深必须精确，锚杆要除去油污、铁锈和杂质。先用 YT—28 凿岩机按设计要求钻凿锚杆孔眼，达到标准后，用高压风清除孔内岩屑，用注浆泵将水泥砂浆注入孔内，然后将加工好的杆体插入孔内，并将锚杆与钢筋网焊为整体。待终凝后，按规范要求抽样进行锚杆抗拔试验，抗拔值不小于设计值的 90%。

（2）钢筋网安设

钢筋网在锚杆施作后安设，钢筋类型及网格间距按设计要求施作。钢筋网在初喷混凝土后根据被支护坡面的实际起伏状铺设，与被支护坡面间隙小于 3 cm，钢筋网与钢筋网连接处、钢筋网与锚杆连接处点焊在一起，使钢筋网在喷射混凝土时不易晃动。钢筋网在加工厂加工成片。

（3）喷射混凝土施工

喷射混凝土骨料用强制式拌和机分次投料拌和，为减少回弹量，降低粉尘，提高一次喷层厚度，可采用混凝土喷射机湿式喷射作业。

喷射混凝土一般分初喷和复喷两次进行。初喷在开挖完成后立即进行，以尽早封闭暴露坡面，防止雨水渗透而滑塌。复喷混凝土在锚杆和挂网安装后进行。

喷射混凝土分段、分片由下而上顺序进行，每段长度不超过 6 m，一次喷射厚度控制在 4～6 cm，喷射时插入长度比设计厚度大 5 cm 的铁丝，每 1～2 m 设一根，作为控制施工喷层厚度用。后一层喷射在前层混凝土初凝后进行，新喷射的混凝土按规定洒水养护。最少养护时间不少于 7 d(终凝 2 h 以后)。

4.1.2 洞门施工

1. 洞门施工工艺

（1）端墙式洞门施工

①端墙应在土石方开挖后及时完成，基础超挖部分应用与基础同级的混凝土和基础同步浇筑，端墙及挡墙、翼墙的开挖轮廓面应符合设计要求。

②端墙混凝土施工前，根据施工范围搭设脚手架至端墙顶，以便固定侧向模板和墙面装饰施工，搭设中应预留出隧道进出洞运输通道位置。

③端墙混凝土一般以拱顶、帽石底为界，分三次立模浇筑成型。模板及支(拱)架应根据洞门结构形式、荷载大小、地基土类别、施工设备、施工工艺等条件设计。浇筑混凝土应在洞门两侧对称进行，不得对衬砌产生偏压。

④端墙与洞口衬砌连接方式应符合设计要求。为加强端墙与衬砌的整体性，一般明洞衬砌与端墙连接处设置连接钢筋，连接钢筋(端墙锚筋)与衬砌中的纵筋要绑扎牢固。

⑤端墙的泄水孔应与洞外排水系统及时连通。

⑥隧道洞门端墙和挡墙、翼墙、挡土墙在墙体施工的同时，按设计图纸要求设置反滤层、泄水孔、施工缝，其设置应满足设计要求和防排水施工要求。

⑦隧道洞门的截、排水设施应与洞门工程同步施工。当端墙顶部水沟置于填土上时，填土必须夯填密实，必要时应加以铺砌，端墙背后回填应在明洞两侧分层对称进行。

⑧隧道洞门检查梯、隧道铭牌、号标的结构样式和设置位置应符合设计要求。

（2）斜切式洞门施工

斜切式衬砌结构内轮廓线与正洞内轮廓线相同，一般可利用洞身衬砌台车配合洞口斜切段定型钢模进行混凝土施工，洞门前檐及洞门端模可采用厚 5 cm 的木模，以便根据其特殊构造一次性完成混凝土施工。斜切段衬砌为扩大断面结构时，可利用洞身衬砌台车改装或制作可供循环利用、符合扩大断面结构要求的衬砌台车组织施工。

在拌和站集中拌制混凝土，运输车运输至浇筑点，然后泵送混凝土浇筑，采用插入式振捣棒振捣。外侧模板按混凝土浇筑分层厚度分层支立，在每层混凝土浇至该层外模口 10 cm 时安装下一层外模，如此循环直至拱顶。每层外模（可采用木模或组合钢模）在安装前应加工制作成整体，使其能在短时间内安装就位，防止混凝土浇筑间断时间过长形成人为施工缝。

施工时应注意以下几点：

①斜切式洞门坡面较平缓时，应尽量与自然地形坡度相一致，为避免开挖边（仰）坡时局部坍塌破坏原地貌，宜采用非爆破方法开挖。

②洞门混凝土达到设计强度后，及时回填边、仰坡超挖部分，恢复自然地形坡面。

③浇筑混凝土洞门的模板及拆模要求如下：

a. 斜切式洞门的斜坡面内外模板和挡头板应专门设计和制作，配套使用。

b. 模板及支（拱）架应具有足够的强度、刚度和稳定性，能承受所浇筑混凝土的重力、侧压力及施工荷载。

c. 模板及支架安装必须稳固牢靠，模板及支架与脚手架之间不得相互连接。模板接缝必须严密、不漏浆。

d. 模板与混凝土的接触面必须清理干净并涂刷脱模剂。

e. 混凝土浇筑前，应清理干净模板内的积水和杂物。

f. 拆除模板及支（拱）架的条件：当洞门结构跨度大于 8 m 时，混凝土强度必须达到其设计强度标准值的 100%；当洞门结构跨度小于等于 8 m 时，混凝土强度必须达到其设计强度标准值的 70%。

2. 洞门基础施工

洞门施工前，必须完成仰坡外的截、排水沟，拦截大气降雨形成的地表径流，防止洞门基坑开挖后，在降雨期洞口周围大量雨水汇集，冲刷浸泡基坑，降低基底承载力。

在确保洞门施工前一切准备工作就绪（包括人员、物资机具等准备到位）后，对挡墙、翼墙、端墙或明洞外侧大边墙的基坑进行准确测量放样，复核基坑轴线、高程，确保位置符合设计要求。

当基坑边坡岩质较好、地层稳定时，采取垂直开挖的方式，并对边坡进行临时喷锚防护；当基坑较深，垂直开挖不具备条件或难以保证边坡稳定时，根据现场地形情况和基坑边缘与已施作结构物的距离大小，适当采取放坡开挖的方式，并加强对开挖边坡的有效加固，防止边坡失稳。基坑开挖过程中，除做好地表防排水工作外，应在坑内设置水泵抽排地下水，水泵抽水能力选择渗水量的 1.5～2.0 倍，为防止排出的水回流、回渗，用胶管或水槽将水引至远处。

基坑采用挖掘机开挖，人工配合，遇坚石时采用浅眼松动爆破开挖。机械开挖至设计基底高程以上 20 cm 时，由人工采用风镐挖至设计高程，确保基底不超挖。当岩面倾斜时，将岩面凿平，使承重面与重力线垂直，以防滑移，并清除基底面松动碎石块和杂物，使基底高程符合设计要求。

端墙及挡墙、翼墙基础、缓冲结构的基底承载力必须满足设计要求，承载力可采用静力触探试验或标准贯入试验检测。当设计对基础有特殊处理要求时，基坑开挖后及时进行基础处理加固。施工中，应仔细核对基础地质资料，遇黄土地层时，还应对黄土湿陷性进行现场试验，以准确确定湿陷范围和厚度，并根据试验结果及时调整处理措施。对于有湿陷性的黄土地基，一般采取灰土换填的方式处理，即先挖出基底相应厚度的湿陷性黄土，然后分层夯填灰土，换填完毕后，按设计要求对换填层进行现场原位试验。

端墙及挡墙、翼墙基础位于软硬不均的地基上时，除按设计要求处理外，还应在软弱地基分界处设沉降缝。基础沉降缝与明洞沉降缝上下应处于同一截面上，并保持贯通，沉降缝缝宽和沉降缝填塞应符合有关规范或设计要求。

辅助坑道口洞门基础施工完成后，应及时按设计要求对洞外地表采用 M10 浆砌片石铺砌，防止雨水下渗，将汇水引排至洞口排水系统中。

正洞口洞门基础完成后，适时做好洞口排水与明洞或暗洞侧沟排水系统的衔接。

3. 洞门防排水及回填

斜切式洞门结构明挖施工段的拱部和边墙外露部分，均应先涂刷聚合物水泥基防水涂料。填土部分的拱墙先施作厚 3 cm 的 M10 水泥砂浆保护层，再铺设防水板，在防水板外施作 3 cm 厚的 M10 水泥砂浆保护层后再回填。

端墙背后排水管网可采用外包土工布的打孔波纹管，排水管在路基面高度处采用 PVC 管排入侧沟。端墙后横向排水管要求以不小于 3％的坡度设置。

挡墙身在路基面处及以上部分应设置泄水孔，并上下左右交错布置。为防止泄水孔堵塞，应在泄水孔进口处设置反滤层，并在最低排泄水孔下部设置黏土隔水层。反滤层材料除了用填石外，也可考虑使用无纺布。

为便于隧道中心水沟排水，需在隧道洞口设置检查井。当采用墙式洞门时，检查井设在距洞口里程 3 m 处；当采用斜切洞门时，检查井设在隧线分界里程外路基范围内；当桥隧相连，洞口外无法设置检查井时，应根据具体设计图进行施工。

当洞口边(仰)坡设置骨架护坡防护时，斜切洞门应在平台上坡脚处设置水沟，将水引排至线路两侧或自然沟；端墙式洞门在挡墙上部或挡墙侧的平台上设置挡水板，并将水引至吊沟，翼墙侧引至墙顶沟槽。

应根据实际情况，及时采用土石或改良土等回填洞门端墙及挡墙、翼墙后的空隙，使之密实，以确保边(仰)坡稳定。回填的土石不得含有石块、碎砖、灰渣及有机杂物，也不得有冻土。回填施工应均匀对称进行，并分层夯实，其两侧回填土面高差不得大于 50 cm，人工夯实每层厚度不得大于 25 cm，机械夯实每层厚度不得大于 30 cm。洞门端墙及挡墙、翼墙墙背超挖较少时，采用墙体同级材料回填，超挖较多时采用的回填材料应符合相关规定。隧道边坡超挖部分采用 M10 浆砌片石嵌补至坡面齐平，勿使墙后水流堵塞或造成积水现象。

4.1.3 明洞及缓冲结构

1. 基底处理

土质挖方到基底高程后清理浮土，进行地基承载力试验，与设计图纸核对，地基承载力达到设计要求后，准备进行下道工序；如地基承载力不够，报业主、监理、设计单位变更设计，可采取浆片、混凝土换填等处理措施。

石质挖方到设计高程后清理浮渣，对进入仰拱范围内的孤石进行小炮处理，经验收合格后进入下道工序。

2. 仰拱及填充混凝土施工

（1）中心排水管施工

按照设计开挖中心排水管沟槽，浇筑管座混凝土，安装中心排水管，回填沟槽。施工过程中注意排水管安装要平顺，与管座间填充密实；按照设计回填沟槽，要求密实平整；按照设计预留检查井和引水管。

（2）钢筋制作、安装

在钢筋加工场定制的模具上制作仰拱钢筋，注意按照规范要求错开钢筋搭接位置，保证搭接长度，钢筋存放在钢筋棚内或用防水布包严，防止锈蚀。

仰拱钢筋加工后运至现场绑扎，绑扎前对钢筋的位置进行放样；绑扎过程中严格控制钢筋位置、间距、保护层厚度、搭接焊缝长度和质量、钢筋绑扎点数量。

（3）模板制作、安装

模板可采用大块木模或钢模进行现场的拼制，模板的刚度及平整度应符合要求，支撑可采用钢管，确保支撑牢固稳定。对拼缝不严密的局部采用膨胀胶进行填塞封堵，防止混凝土浇筑时漏浆，造成混凝土出现麻面。

（4）混凝土浇筑

混凝土采用拌和站集中拌和，运输车运至施工地点直接入模进行浇筑。混凝土拌和及运输过程应确保混凝土质量，避免混凝土出现离析及混凝土坍落度损失过大，影响混凝土质量。混凝土振捣应确保混凝土满足内实外光的质量要求。仰拱回填的片石强度及大小必须符合要求。

3. 明洞衬砌施工

（1）台车拼装、定位

明洞衬砌施工采用整体式模板台车一次浇筑。模板台车按照隧道净空周边加大 5 cm设计，预留出变形量和施工误差，预防衬砌侵入隧道净空。模板台车加工后运到现场进行拼装，拼装过程中及时修整模板的平整度和模板间的错台。模板台车设上、下扶梯和工作平台，并在工作平台四周设扶手，确保施工人员安全。

模板台车拼装完成后应检查验收，仔细检查模板的弧度、平整度、模板错台、构件间连接的牢固性。

模板台车验收合格后行进至明洞位置，根据测设的中心线就位，主要控制模板平面位置、拱顶高程以及支撑的牢固性。台车定位借助测量仪器，用全站仪测出隧道衬砌中心线，并用钢钉钉点做好标记，找出衬砌台车的中心，用吊垂找出台车中心线与衬砌中心线的偏差后进行调整，直至两中心线重合。再用水准仪测出衬砌台车中心顶面的高程，算出与衬砌中心顶面高程的差值后调整高度。分别测出左右两个脚点的方位，与设计方位对比，找出差值后进行调整。至此，完成台车的位置定位。将台车的支撑螺旋杆全部撑开并扭紧，每根螺旋杆必须由专人负责检验，以防松动（混凝土浇筑过程中也要不定时进行检验）。绑扎钢筋完毕后，用钢模板封闭台车端头，封闭后的端头要密合，不能出现较大的缺口，要保证混凝土施工过程中外模及堵头模板不漏浆。

（2）钢筋绑扎

在钢筋加工场加工拱圈钢筋，加工时注意按照规范要求错开钢筋搭接位置，保证搭接长度。加工后运至现场绑扎，绑扎前对钢筋的位置进行放样；绑扎过程中严格控制钢筋位置、间距、保护层厚度、搭接焊缝长度和质量、钢筋绑扎点数量。

钢筋绑扎中注意安装预埋件，要求预埋件固定牢固，防止混凝土浇筑过程中移动。

（3）外模安装

外模要有一定的刚度，拼接密实、支撑牢固。检查重点为模板缝隙和支撑牢固程度，避免跑浆和跑模。

两头端模同样要求拼接密实、支撑牢固。洞门处的端模尤为重点，要保证浇筑后位置正确、光滑平整。端模安装过程中按照设计要求安装环向止水带。

（4）混凝土浇筑

打开台车上所有的工作和检查窗口，从衬砌台车的一侧接入混凝土输送泵的输送管道，调试混凝土搅拌设备后开始浇筑。在浇筑混凝土过程中，要保证左右两侧同步浇筑，以平衡混凝土自重所带来的偏压力，防止将台车挤压偏位，造成胀模。混凝土入模后要及时振捣，振捣时间要适当，以免造成混凝土离析或不密实。在振捣过程中，要注意对预埋件的保护，以免将其损坏，失去作用。在弧顶部位的混凝土可采用附着式振捣器振捣。在施工过程中要保证混凝土的坍落度和流动性良好，以填充拱部的剩余空间。

混凝土施工完成后，在规定的时间内进行拆模，以防止时间过长，混凝土附着于模板表面，不易拆除，最终导致粘连，影响混凝土表面的美观性。泵送混凝土的拆模待混凝土强度达到 8 MPa 后进行。

混凝土拆模后，及时进行养护，以保证混凝土的强度按期增长。在实际施工中，可采用洒水养护。待混凝土强度达到要求后，方可取消对混凝土的养护。

4.2　隧道开挖施工

4.2.1　全断面法

全断面法是指按照隧道设计轮廓线将隧道一次爆破开挖成形，再进行下道工序施工的方法。

1. 工艺特点

全断面法开挖断面大，作业净空大，施工干扰小，能充分发挥机械设备的使用效率，是隧道开挖施工的发展方向。通过配备高效率的开挖、装运机械和支护与衬砌设备，实现机械化配套作业。各道工序可平行交叉作业，提高隧道施工进度，保证施工安全质量，创造施工最佳效益。

2. 适用范围

全断面法开挖施工适用于Ⅰ、Ⅱ、Ⅲ级围岩，Ⅳ、Ⅴ级围岩在采取有效措施稳定开挖掌子面后，也可采用全断面法开挖。必须根据隧道断面大小、围岩地质条件、机械设备能力、爆破振动限制、循环作业时间等情况合理确定全断面开挖循环进尺。

3. 开挖施工工艺

（1）超前地质预报

超前地质预报是合理确定开挖方法、预防地质灾害、保障隧道施工安全的重要手段，被要求纳入工序管理。

（2）爆破设计

①根据工程地质、开挖断面、开挖方法、循环进尺、钻孔机具和爆破材料等，在隧道开挖前进行钻爆设计。

②钻爆设计的内容包括钻孔（掏槽眼、辅助眼、周边眼）的布置、数目、深度和角度，爆破器材、装药量和装药结构，起爆方法和爆破顺序，钻孔要求等。

③钻孔布置规定：

a. 掏槽眼采用直眼掏槽或斜眼掏槽。

b. 沿隧道开挖轮廓线布置周边眼，保证开挖断面符合施工图要求。

c. 在内圈眼与掏槽眼之间均匀交错布置掘进眼，力求爆破出的石渣块度适合装渣的需求。

d. 周边眼、内圈眼与辅助眼的孔底保持在同一垂直面上，掏槽钻孔应加深 10 cm。

（3）施工测量

测量技术人员利用洞内中线控制桩和水平控制点，画出工作面开挖轮廓线，并标记出主要钻孔位置。每一循环爆破作业开始时，检查上一循环断面，并对下一循环进行施测。

（4）凿岩台车（多功能台架）就位

根据工作面的开挖轮廓线，把凿岩台车（多功能台架）移动到指定位置，固定台车，调整台车的高度，准备钻孔作业的各项工作内容。

（5）钻孔、装药、起爆

根据爆破设计要求和工作面的钻孔位置，开始人工操作凿岩台车机械手（或人工利用风钻）钻孔。在钻进过程中，要根据钻进速度、围岩软弱程度等，及时调整供风量和供水量。钻孔位置和角度要准确，钻孔结束后，吹孔并开始装药。应采用低密度、低爆速、低猛度的炸药。严格控制周边眼装药量，间隔装药，沿钻孔全长适当分布药量。采用毫秒微差雷管有序起爆，周边眼采用导爆索起爆，以减小起爆时差。

（6）施工通风与空气净化

工作面起爆后，进行施工通风，净化洞内空气，形成洞内安全健康的作业环境。根据现场实际情况，隧道施工通风方式可采用压入式、压出式、混合式或巷道式。

长大隧道施工通风方案的确定是一个动态过程，应随着隧道掘进长度和平行导洞的跟进（或超前）情况、空间关系、断面大小，以及洞内的施工组织情况动态地调整和优化。工程实践证明，充分利用平行辅助隧道，采用巷道式通风技术，可以大幅度地提高通风效率和效果，降低通风能耗，减少通风设备（风机、风管等）投入，实现安全、高效、经济、合理的施工通风。

针对长大隧道长距离通风能耗大、成本高、通风效果不佳、洞内空气质量差等突出问题，提倡引入施工隧道空气净化技术，对隧道内造成人体损害最大的首要污染源即粉尘进行集中过滤和净化处理，既可减小施工通风的工作量，降低能源消耗，减少通风成本，又可提高仰拱、防水系统、二衬等工序施工作业集中区的空气质量。

在设计有平行导坑或双洞单线并行隧道工程中组合应用压入式通风、巷道式通风与洞内空气干式净化技术，不仅可改善掌子面的工作环境，而且可降低普通巷道式通风中出风道内的粉尘浓度，避免污风污染整个隧道正洞，改善隧道施工主要工作面的空气质量，可进一步减少通风需求量，提高通风输送距离，降低通风能耗和成本。

（7）初次喷射混凝土

爆破后应及时清除爆破面危石，进行初次喷射混凝土作业，保护裸露围岩。隧道内喷射混凝土的主要类型有普通混凝土、纤维混凝土、耐腐蚀混凝土等。

（8）出碴

全断面开挖隧道作业空间大，可使用大功率装载机装碴，大型自卸汽车运输。出碴过程要保证工作面的照明，便于司机操作，出碴机械状态良好，装运能力应大于开挖能力并有备用。

运输道路平整通畅，安全警示和标志要齐全，在关键地段设车辆调度，协调保障洞内外运输安全与畅通。

4.2.2　台阶法

台阶法是先开挖隧道上部断面（上台阶），待开挖至一定长度后再开挖下部断面（下台阶），上、下台阶同时并进的施工方法。

根据台阶长度，可分为短台阶、长台阶、超短台阶（微台阶）法等。

①长台阶：上台阶长度在 50 m 以上或大于 5 倍洞跨。

②短台阶：上台阶长度小于 5 倍但大于等于 1.5 倍洞跨。

③超短台阶：上台阶长度仅为 3～5 m，断面闭合较快。

根据台阶数量，可分为二台阶法、三台阶法、三台阶预留核心土法等。

1. 工艺特点

台阶法是隧道施工中采用最多的开挖方法，它不仅适用于地质条件较好的Ⅱ、Ⅲ级围岩，也适用于地质条件较差的Ⅳ、Ⅴ级围岩。通常情况下，Ⅴ级围岩通过采取有效的辅助施工措施（管棚、超前预注浆等）后，采取台阶法开挖是较为安全的。台阶法还被运用于各类主体施工方法中的分部开挖中，台阶法开挖时的爆破效果没有全断面法开挖容易控制。

2. 适用范围

台阶法一般适用于Ⅲ、Ⅳ级围岩，Ⅴ级围岩应在必要的超前支护措施稳定开挖面后采用台阶法开挖，单线隧道及围岩地质条件较好的双线隧道可采用二台阶法；隧道断面较高、单层台阶断面尺寸较大时可采用三台阶法；当地质条件较差时，为增加掌子面自稳能力，可采用三台阶预留核心土法开挖。

必须根据隧道断面跨度、围岩地质条件、初期支护形成闭合断面的时间要求、上台阶施工所需空间大小等因素来确定台阶长度。地质条件较好时，往往采用长台阶法开挖，通过普通凿岩机上、下台阶同时钻孔和起爆，达到隧道同时开挖掘进的目的，效率比全断面开挖略低，但设备投入也相对较低。地质条件较差时，为利于支护，及时封闭成环，应缩短台阶长度，宜为 5 m 左右，如采用三级台阶法，第一个台阶高度宜控制在 2.5 m 以下。三级台阶法所采取的辅助施工措施使得上、下台阶相互干扰较大，施工效率降低，需要解决好上、下台阶施工干扰问题。

3．开挖施工

(1)爆破设计

采用台阶法开挖前，必须根据工程地质、开挖断面、开挖方法、循环进尺、钻孔机具和爆破材料等进行钻爆设计。

(2)施工测量

上一循环结束后，测量人员利用洞内中线、水平控制桩点，测量确定上、下台阶工作面开挖轮廓线，标记出上、下台阶钻孔位置。

(3)凿岩台车、钻机就位

根据开挖台阶设计高度的不同，设计制造上台阶凿岩台车或下台阶凿岩台车。当采用人工手风钻、上台阶开挖高度较小时，上台阶可采用简易平台，开挖高度较大的下台阶采用专用凿岩台架定位钻孔机械。在围岩条件较好时，一般加大上台阶开挖高度，以提高施工机械在上台阶作业时的工作效率，即上台阶采用专用凿岩台架，下台阶不用或采用简易平台定位钻孔机械。采用凿岩台车成孔时，加大上台阶开挖高度更利于提高施工机械作业效率。

(4)钻孔、装药及爆破

为达到上、下台阶同时起爆的目的，可通过调整上、下台阶的高度，平衡其工作量，使上、下台阶同时完成钻孔作业。

(5)施工通风

开挖工作面爆破后，开始施工通风，通风时间 30 min 以上方可进洞进行后续工序作业。

(6)初次喷射混凝土及初期支护

初次喷射(初喷)混凝土一般在找顶完成后进行，初喷厚度一般在 4 cm 以上。围岩稳定性较差时，需先进行支护作业，掌子面的其他工序均在初期支护的保护下进行。围岩稳定性较好时，支护作业可在出碴后进行，便于增加作业空间，提高作业效率。上台阶使用钢架时，可采用扩大拱脚和施作锁脚锚杆等措施，防止拱部下沉变形。

(7)出渣运输

采用的上台阶开挖高度较小时，大型装运碴设备作业空间受限或不能上台阶作业，上台阶的爆破石碴先用挖掘机或人工翻至下台阶，然后使用挖装机(也可用挖掘机或装载机)装碴，自卸汽车运输。采用的上台阶开挖高度较大时，大型装运碴设备可以上台阶作业，出碴类同全断面法施工。

4.2.3　中隔壁法

中隔壁法(center diaphragm)也称"CD 法"，是将隧道分成左右两大部分进行开挖，先在隧道一侧采用台阶法自上而下分层开挖，待该侧初期支护完成，且喷射混凝土达到设计强度等级的 70% 后，再分层开挖隧道的另一侧，其分部次数和支护形式与先开挖的一侧相同。

交叉中隔壁法(cross diaphragm)也称"CRD 法"，是在中隔壁法基础上利用临时仰拱将隧道分侧分层分部封闭成环的施工方法。

1. 工艺特点

中隔壁法采用自上而下分 2～3 部开挖隧道的一侧，完成初期支护和中隔壁；待喷射混凝土达到设计强度等级的 70% 后，进行另一侧的开挖及支护，形成带有中隔壁支护的左右洞室；最后拆除支护，施作仰拱、拱墙衬砌、铺底及填充。施工中坚持弱爆破、短进尺、强支护、早封闭、勤量测的原则。分部开挖和中隔壁的及时支护作用大大减小了围岩的变形量，提高了施工的安全性。

交叉中隔壁法采用自上而下分 1～2 部开挖隧道一侧的上、中部，完成初期支护，施作中隔壁和横隔板(临时仰拱)；先挖侧喷射混凝土达到设计强度等级的 70% 后，进行另一侧的上、中部开挖及支护，施作横隔板(临时仰拱)；最后依次开挖第一侧、第二侧的底部，完成初期支护和中隔壁、临时仰拱，形成带有中隔壁和 1～2 层水平支撑的网格状支护系统；最后，拆除支护，施作仰拱、拱墙衬砌、铺底及填充。交叉中隔壁法的每部开挖均形成格栅钢支撑和喷射混凝土结构的环形封闭支护体系。

2. 适用范围

中隔壁法适用于深埋双线隧道Ⅳ级围岩以及老黄土隧道Ⅳ级围岩；交叉中隔壁法适用于浅埋双线或三线隧道Ⅵ～Ⅳ级围岩和不良地质及洞口工程的施工。

3. 开挖施工工艺

(1)超前支护

根据施工图施作超前支护，一般多采用小导管超前注浆加固。

①对杂填土层，采用钢筋斜插锚固棚架作超前支护，效果较好。

②对粉细砂层，采用小导管酸性水玻璃注浆，按一榀一排一注进行加固。

③对圆砾土层，宜采用短管注水泥浆加固。

(2)开挖作业要点

①根据地质情况及隧道断面大小，先采用台阶法自上而下分二台阶或三台阶开挖隧道的一侧，台阶长度 3～5 m，上台阶高度宜为 2.5 m，开挖循环进尺不宜大于初期支护钢架设计间距，每开挖一部均应及时施作锚喷支护、安设钢架、施作中隔壁。

②围岩较差时，每个台阶底部可设临时仰拱，临时仰拱宜设为弧形，中隔壁依次分部联结而成，各部施工应步步成环，周边轮廓尽量圆顺，减小应力集中。临时仰拱设置的时间将直接影响各部结构的沉降和两侧土体水平位移的大小，应尽早设置临时仰拱，使支护封闭成环。

③钢架基础原则上应支撑于原状土上，如造成超挖，应回填密实，并垫钢板或木板，确保钢拱架不产生垂直位移，并施作锁脚锚管，避免早期沉降量过大。

④先开挖侧初期支护结构基本稳定，且喷射混凝土达到设计强度 70% 以上时，方可开挖隧道的另一侧，其分部次数及支护形式应与先开挖的一侧相同。

⑤另一侧开挖形成全断面后，及时完成全断面初期支护闭合。

⑥左、右两侧洞体施工纵向间距不小于 15 m。

⑦在喷射混凝土完成 1 d 后，对滞后工作面 3 m 左右的拱部支护与围岩之间的空隙应进行注浆回填。

（3）出碴

工作面使用小型挖掘机或人工装碴，小型运输车辆运输。

（4）临时支护拆除

临时支护拆除过早对控制施工过程中结构变形极为不利，对中隔壁结构稳定也有影响，因此可在全部开挖和初期支护完成，并形成全断面封闭环形后进行临时支护。临时支护结构每次纵向拆除长度应不大于 6 m，并逐段拆除。拆除后立即进行仰拱施作，两工序交错进行。仰拱施作长度达到衬砌台车长度后，及时进行拱墙二次衬砌。

4.2.4　双侧壁导坑法

双侧壁导坑法是先开挖隧道两侧导坑，及时施作导坑四周初期支护及临时支护，必要时施作边墙衬砌，然后根据地质条件、断面大小，对剩余部分采用二台阶或三台阶开挖的施工方法。

1. 工艺特点

采用双侧壁导坑法必须遵守弱爆破、短进尺、强支护、早封闭、勤量测的施工原则。侧壁导坑采用台阶法开挖，台阶长度可取开挖面宽度的 1～1.5 倍。采用风钻钻孔，上下台阶可同时爆破，周边全部采取光面爆破控制成形，开挖循环进尺 0.5～1.0 m。开挖后先进行初喷，及时施作初期支护及临时支护，加强监控量测，指导安全施工。

2. 适用范围

双侧壁导坑法适用于浅埋双线或三线隧道Ⅴ、Ⅵ级围岩以及断面较大的不良地质洞口工程的施工。

3. 开挖施工工艺要点

①先开挖隧道两侧壁导坑，及时施作初期支护及边墙衬砌，再根据地质条件、断面大小，采用台阶法开挖隧道拱部及下台阶和仰拱。

②侧壁导坑形状应近似椭圆形，导坑断面的宽度控制为整个断面的 1/3。

③侧壁导坑、中央部上部、中央部下部开挖错开一定距离平行作业，左、右导坑前后距离不小于 5 m，侧壁导坑超前中央部 10～15 m。

④侧壁导坑开挖后及时进行初期支护及临时支护，并尽快封闭成环。

⑤侧壁导坑采用短台阶法开挖，左、右侧壁导坑施工可同步进行。

⑥断面初期支护封闭成环，且监控量测显示初期支护稳定时，方可拆除临时支护。临时支护拆除期间要加强监控量测，一次拆除长度控制在 15 m 以内。

⑦临时支护拆除后应及时施作仰拱并进行二次衬砌。

4.3 隧道支护结构施工

4.3.1 大管棚施工

1. 大管棚施工工艺

（1）管棚的加工制作

管棚钢管直径宜为 $\phi 70 \sim \phi 127$ mm，一般采用外径 $\phi 108$ mm，壁厚 6 mm 的热轧无缝钢管。管棚钢管单节长度通常为 $4 \sim 6$ m，接头采用 $15 \sim 20$ cm 长螺纹连接（套管采用内螺纹，钢管端采用外螺纹），以保证连接强度和顺直；钢管接头位置应错开，避免设置在同一横断面上。钢管壁加工注浆花孔，孔径一般为 $\phi 6 \sim \phi 8$ mm，间距 $10 \sim 15$ cm，一周 4 排左右，呈梅花形排列，前端为尖形，尾端 50 cm 范围内不钻孔作为止浆段。

（2）测量定位

根据设计的大管棚和导向墙位置，分别用全站仪和精密水准仪进行管棚位置和导向墙位置放样，特别要控制大管棚位置与隧道开挖线之间的距离，以免出现大管棚位置侵入隧道初期支护空间范围的现象。

（3）开挖工作室、施作导向墙

为在洞内提供管棚钻孔施工空间，应开挖工作室，工作室的开挖尺寸应根据钻机和钢管推进机的规格确定，一般应超出隧道外轮廓线 $0.5 \sim 1.0$ m，并设钢支架。

一般情况下，为便于施钻和提高钻孔精度，常在明挖和暗挖交界处（或隧道坍塌位置）施作混凝土导向墙。

①导向墙在隧道外廓线以外施作，内埋设 $3 \sim 4$ 榀工字型钢支撑，钢支撑与管棚孔口管焊成整体。孔口套管沿拱圈环向布设，孔径比管棚钢管大 $20 \sim 30$ mm。

②孔口套管间距、位置及方向应准确。用经纬仪以坐标法在工字钢架上定出其平面位置；用激光导向仪设定孔口管的倾角；用前后差距法设定孔口管的外插角。孔口管应牢固焊接在工字钢上，防止浇筑混凝土时产生位移。

（4）钻机配置

钻机选型由一次钻孔深度和孔径决定。例如：日本 RPD－180 系列钻机，该设备采用后顶锤式旋转冲击作业，克服了潜孔锤污染大、遇高压水难钻进等缺点，具有钻进速度快、操作简便、劳动强度低等优点。钻进速度可达 $10 \sim 20$ m/h，且通过转动旋臂，在钻机定位一次的情况下，即可完成较大范围的单管、套管和跟管钻孔作业。

（5）钻孔

①钻机就位。采用自行式钻机，在钻机就位后，需对其进行必要的加固，锁定位置，防止在钻进过程中钻机位置发生偏移，影响管棚钻孔精度。

钻机如需施工作业平台，一般采用钢管脚手架搭设。平台搭设长度为钻机钻孔长度（单根管棚长度）加 50 cm。平台支撑连接要牢固、稳定，防止在施钻时钻机产生不均匀下沉、摆动、位移等，影响钻孔质量。平台上可准备若干短方木，以备调节钻机高度时使用。

　　钻机要求与已设定好的孔口管方向平行，必须精确核定钻机位置，采用经纬仪、挂线、激光导向仪导向相结合的方法反复调整，确保钻机钻进时的倾角、仰角符合要求。

　　②导向系统选择及控制。导向成功与否直接关系到导向孔成孔精度高低。导向系统可根据现场实际灵活选择，一般采用激光导向仪。选用 Eclipse 地下定位系统，管棚埋深 8 m 以内的配备普通探棒；管棚埋深在 8～10 m 范围内配备加强型探棒；管棚埋深超过 10 m 后采用地磁定位导航。

　　随着导向孔的钻进，导向技术人员必须时刻注意观察探头角度变化情况。角度偏差大于 0.3°时，应及时纠偏。当纠偏无效或偏差大于 0.6°时，应停止钻进，及时报告，研究对策后再施工。须及时详细记录导向数据和钻具前端长度、每次加管长度。根据不同的导向系统，进行导向孔水平偏差和导向孔高程偏差调整。

　　(6)安装管棚钢管

　　钻孔完成后及时安设管棚钢管，避免出现塌孔。棚管顶进采用大孔引导和机器钻进相结合的工艺，即先钻大于棚管直径的引导孔，然后用 10 t 以上卷扬机配合滑轮组反压顶进，也可利用钻机的冲击力和推力低速顶进钢管。钢管在专用的管床上加工好螺纹，棚管四周钻 $\phi 6～\phi 8$ mm 出浆孔。钢管逐节顶入，采用螺纹连接，螺纹长 15～20 cm。为保证管棚钢管的焊接相连处不集中在同一断面，相邻两孔的管棚钢管接头应前后错开，确保受力情况良好。同一横断面内的接头数不大于 50%，相邻钢管接头至少错开 1 m，为加强长大管棚的刚度，可在钢管内加钢筋笼，然后注浆。及时将钢管与钻孔壁间缝隙填塞密实，在钢管外露端焊上法兰盘、止浆阀，并检查焊接强度和密实度。

　　(7)管棚注浆

　　①浆液配置。根据试验现场确定注浆材料和配合比，一般情况下，注浆浆液多采用水泥砂浆或水泥－水玻璃双液浆。对于空洞较多的坍方体，可先注水泥砂浆，等注入压力达到预计压力时，再注入水泥－水玻璃双液浆。水泥可采用标号 42.5R 以上的普通硅酸盐水泥。水泥砂浆浆液水胶比宜为(0.5：51)～(1：1)；双液浆配比(体积比)为水泥浆：水玻璃＝1：1。

　　单根钢管理论注浆量 Q 计算公式见式(4.1)(不同的地层，计算数值有所不同)。

$$Q = \pi R^2 L \eta \alpha \beta \qquad (4.1)$$

　　式中：R 为浆液扩散半径，m；L 为钢管总长度，m；η 为地层孔隙率；α 为浆液有效充填率；β 为浆液损耗系数。

　　②注浆管的设置。采用分段后退式注浆，利用自制的注浆套管，与管棚用套丝连接，注浆套管上准备出气管与进浆管，由阀门来控制开关。然后安装塑料管作为排气管，连接注浆管等各种管路，利用锚固剂封闭掌子面与管棚间的孔隙，防止漏浆。关闭孔口阀门，开启注浆泵进行管路压水试验，如有泄漏及时检修，试验压力等于注浆终压。

　　③注浆控制。管棚施工完成后开始注浆，注浆前，对所有孔眼安装止浆塞，同时对管口与孔口外侧进行密封处理。水泥砂浆浆液采用拌和机制浆，采用液压注浆机将浆液注入管棚钢管内，注浆前，检查管路和机械状况，确认正常后做压浆试验，确定合理的注浆参数。注浆分两步完成，当第一次注浆的浆液充分收缩后，进行第二次注浆，以使孔隙填充密实。注浆采取注浆终压和注浆量双控措施，拱脚的注浆终压高于拱腰至拱顶。初压以

0.5～1.0 MPa为宜，终压宜控制在2 MPa，持压3～5 min后停止注浆。注浆量一般为钻孔圆柱体的1.5倍。若注浆量超限，未达到压力要求，应调整浆液浓度，继续注浆，直至符合注浆质量标准。确保钻孔周围岩体与钢管周围孔隙均为浆液充填，方可终止注浆。注浆过程中如压力突然升高，可能发生堵管，应停机检查。

注浆结束后及时清理管内浆液，并用等级不低于M30的水泥砂浆充填，增强管棚的刚度和强度。应派专人负责填写注浆记录表，记录注浆时间、浆液消耗量及注浆压力等数据，观察压力表值，监控连通装置，避免因压力猛增而发生异常情况。为防止注浆浆液到处扩散，可根据隧道的实际情况，设置浆砌片石、混凝土或挂网喷射混凝土等形式的止浆墙。

④注浆效果判断。对注浆加固区进行钻孔取芯，观察注浆充填情况。管棚注浆后，再打无孔管作为检查管，检查注浆质量。有水地层可观察无孔管孔内涌水颜色及涌水量，如水颜色较澄清或夹带水泥渣块，则注浆效果较好；如涌水为泥浆颜色或涌水量较大，应补注或重注。

2. 施工技术要点

(1)钻孔施工技术要点

①必须经常检查支架的稳固性，发现问题及时进行加固处理；测量人员应在支架顶面设置测量观测点，用经纬仪和精密水准仪对观测点进行测量，检查支架是否发生偏移或下沉。

②每钻进2 m，用经纬仪进行一次钻杆轴线检查，如误差超限应及时纠偏。

③根据钻机钻进的现象及时判断成孔质量，要分析钻进速度变化较大的原因。

④钻孔前，精确测定孔的平面位置、倾角、外插角，并对每个孔进行编号。

⑤应视钻孔深度及钻杆强度确定钻孔仰角，一般控制在1°～15°。钻机最大下沉量及左右偏移量为钢管长度的1%左右，并控制在20～30 cm。

⑥严格控制钻孔平面位置，管棚不得侵入隧道开挖线内，相邻的钢管不得相撞和立体交叉。

⑦经常量测孔的斜度，如发现误差超限应及时纠正。至终孔仍超限者，应封孔，进行原位重钻。

(2)注浆施工技术要点

①浆液配置必须按设计配合比进行。根据不同的岩层，选用不同的浆液配合比(如水泥砂浆、水泥－水玻璃双液浆等)，掺加不同的外加剂；浆液配置所需的水泥、水玻璃、水及其他外加剂(如速凝剂等)均要经过试验检测，并满足质量要求；浆液必须使用机械拌和，严格控制拌和的时间；要加强对浆液质量的检查。

②注浆过程中，随时检查孔口、邻孔、覆盖层较薄部位有无串浆现象。如发生串浆，应立即停止注浆或采用间歇式注浆封堵串浆口，也可采用麻纱、木楔、快硬水泥砂浆或锚固剂封堵，直至不再串浆时，方可继续注浆。

③注浆时，相邻孔眼需间隔开，不能连续注浆，以确保固结效果，同时达到控制注浆量的目的。

④注浆时，注浆机压力应与规定压力配套，不宜升压过快；注浆压力达到规定值时，应持压3～5 min，以利浆液进一步渗入缝隙；要经常检查注浆压力表的准确度；根据注浆

终压和注浆量双控注浆质量；根据单根钢管注浆量并结合岩体的松散程度综合考虑注浆量。

⑤采取抽芯等措施检查注浆效果。如注浆效果不好，应分析原因。如未设置止浆墙可能导致浆液外流，由于注浆压力不够或注浆量没有达到计算值造成注浆效果差。

4.3.2　超前小导管施工

1. 参数选择和加工

超前小导管一般选用$\phi 42\sim\phi 50$ mm 热轧无缝钢管加工制成，长度为 3～6 m。根据围岩地质条件通过试验以确定间距，视地质条件按 20～50 cm 选用。可以采用均匀间距布置，也可采取由拱顶至拱脚，由密至疏不均匀间距布置。外插角大多为 5°～10°，但用于坍方处理，以注浆固结塌体形成人工护顶，其倾角宜选为 30°。超前小导管可根据围岩的地质情况设置一排或数排。对于超前小导管注浆加固范围较长的地段，前后排之间搭接长度一般在 1.0～1.5 m。小导管前部应钻注浆孔，孔径一般为 6～8 mm，孔间距为 10～20 cm，呈梅花形布置。小导管前端加工成锥形，尾部不钻注浆孔的范围长度不小于 30 cm，作为预留止浆段。

2. 测量布孔

小导管管孔一般布置在开挖轮廓线以外 5～10 cm。用全站仪进行小导管位置的测量放样工作，并用红油漆在作业掌子面上做好小导管位置的标记。

3. 钻孔

钻孔时一般采用风钻(台车)开孔，以设计的外插角向外钻孔。为保证超前小导管的有效搭接长度，施工过程中应严格控制隧道开挖的进尺，以使下一循环的施工顺利进行。

钻孔直径应大于设计导管直径 3～5 mm，孔深大于设计长度 10 cm。对于砂类土，也可采用直径比小导管稍大的钢管制作吹风管，将吹风管缓缓插入土中，用高压风射孔，成孔后插入小导管。

4. 布管

钻孔完毕后，通常要对钻孔进行冲洗并检查钻孔孔深、孔径和倾斜度是否符合设计要求，合格后方能安装小导管，工程中多采用气水联合法对钻孔进行冲洗。

钻孔检查合格后，用带冲击的风钻将小导管顶入孔中，或直接通过锤击插入钢管，再用塑胶泥封堵导管孔口周围及工作面上的裂缝，以利于后续注浆工作。

布管顺序：从拱顶分别向左右方向进行，采取隔孔间隔布置；小导管的外露长度一般为 30～50 cm。

5. 注浆

注浆是小导管施工工艺中最重要的一道工序，注浆质量的好坏直接影响小导管施工的效果。

(1)浆液的选择

注浆有单液和双液注浆两种。在砾砂层、中粗砂层、圆砾层中，宜选用单液注浆(一般分纯水泥浆和改性水玻璃浆液)，砾质黏性土及砂质黏性土中宜选用双液注浆(一般为水

高铁建设工程施工与管理

泥水玻璃浆液）；断层破碎带和砂卵石地层，宜选用水泥浆液和水泥水玻璃浆液；中、细粉砂层及细小裂缝岩层、断层泥堵水注浆，宜选用渗透性好、低毒及遇水膨胀的改性水玻璃浆液。

①单液注浆法是将注浆材料全部混合搅拌均匀后，用一台注浆泵注浆。这种方法适用于凝胶时间大于 30 min 的注浆。

②双液注浆法是用两台注浆泵或一台双缸注浆泵，按一定比例分别压送甲、乙两种浆液，在孔口混合器混合后，再注入岩层中。采用这种方法，浆液凝胶时间一般为几十秒到几分钟。

（2）浆液的配制

一般根据现场试验确定，通常情况下按如下原则配置：

①纯水泥浆液：浆液的水胶比宜为（0.5∶1）～（1∶1）。如需要缩短注浆的凝结时间，则可以加入食盐、三乙醇胺水泥速凝剂等外加剂。

②改性水玻璃浆液：由硫酸与水玻璃配制而成。首先将 98% 的工业浓硫酸稀释成 18%～20% 的稀硫酸，将 40 °Bé（波美度，是表示溶液浓度的一种方法）的水玻璃稀释成 20 °Bé；在快速搅拌的情况下，将水玻璃缓慢地倒入稀硫酸中，并用试纸测量 pH 值，以 3～4 为宜。

③水泥水玻璃浆液：浆液水胶比宜为（1.5∶4）～（0.8∶1），水泥浆与水玻璃的体积比一般为（1∶1）～（1∶0.3）。

（3）注浆参数的选择

根据试验确定注浆参数。一般情况下，扩散半径 R 可按公式（4.2）计算。

$$R = (0.6 \sim 0.7)L \tag{4.2}$$

式中：L 为注浆导管之间的中心距离，m。

单管理论注浆量 Q 可按公式（4.3）计算。

$$Q = \pi R^2 L \eta \tag{4.3}$$

式中：η 为岩体孔隙率。

注浆压力应根据地层致密程度和选用的浆液类型决定，一般为 0.3～1.0 MPa。纯水泥浆的注浆压力可稍微大一些，一般为 0.6～1.0 MPa；其余浆液的注浆压力一般为 0.3～0.6 MPa。

注浆压力一般可按式（4.4）计算。

$$P = (0.4 \sim 0.6)\gamma h \tag{4.4}$$

式中：P 为注浆压力，kPa；γ 为砂、围岩的重量，kN/m³；h 为被注浆岩体的厚度，m。

根据实际情况确定注浆过程，可以通过加入少量的缓凝剂（如磷酸氢钠）来控制初凝时间，初凝时间一般控制在 8～10 min，但加缓凝剂的浆液对结石体的强度有不良影响，因此掺量不能超过水泥质量的 2%。

（4）注浆工艺

选用合适的注浆泵注浆，采用浆液搅拌桶制浆。为防止浆液从其他孔眼溢出，注浆前，对所有孔眼安装止浆塞，注浆顺序宜从两侧拱脚向拱顶。由于岩体孔隙不均匀，考虑开挖的方便，同时达到固结破碎松散岩体的目的，保证开挖轮廓线外环状岩体的稳定，形

· 128 ·

成有一定强度及密实度的壳体，特别是确保两侧拱脚的注浆密实度和承载力，宜采取注浆终压(0.8～1.2 MPa)和注浆量来双控注浆质量，拱脚的注浆终压高于拱腰至拱顶。通过现场试验确定拱脚终压值。注浆时相邻孔眼需间隔开，不能连续注浆，以确保固结效果、同时达到控制注浆量的目的。

4.3.3　锚杆施工

1. 施工准备

（1）锚杆孔定位

锚杆钻孔前根据设计要求定出孔位，做出明显标记。锚杆孔定位通常采用挂中线、尺量的方式；采用自动极坐标测量系统的隧道掘进，系统锚杆可通过自动极坐标测量系统定位。

（2）锚杆及配件的加工或采购

①普通钢筋锚杆及垫板加工。用于加工锚杆及垫板的钢筋和钢板材料经复检合格后，统一在场地加工房内加工；根据隧道不同围岩级别、支护类型将锚杆截取成需要的长度，杆体需调直，表面无缺损、无锈、无杂物。加工后的锚杆尺寸符合设计要求，车丝部分无偏心，焊缝表面不得有裂纹、焊瘤等缺陷；垫板采用设计厚度的钢板加工，按要求规格下料，中间钻孔。

②装配式特种锚杆采购。常用的装配式特种锚杆有中空注浆锚杆和自进式锚杆，配件主要包括分段杆材、接头套筒、特制垫板，自进式锚杆还包括特种钻头。采购前对供应商进行考察，实行货比三家、招标采购的方式；锚杆需经过检查、验收后，才能用于现场施工。

（3）锚杆辅助材料准备

①水泥。普通水泥砂浆选用普通硅酸盐水泥，在自稳时间短的围岩条件下，宜采用早强水泥。

②砂。宜采用清洁、坚硬的中细砂，粒径值宜不大于 3 mm。

③砂浆制备。砂浆严格按设计配合比拌和均匀，随拌随用。一次拌和的砂浆在初凝前用完。

④外加剂。一般采用减水剂、早强剂、膨胀剂等，需提前购买备用。

⑤锚固剂。若采用药卷锚杆，需提前采购好药卷锚固剂，并在使用前一定时间开始浸泡。

（4）设备检查

施工锚杆前，全面检查钻孔机具、风压动力、注浆设备以及其他机械是否正常，确保锚杆施工持续进行。

2. 锚杆成孔

（1）锚杆钻孔设备

锚杆钻孔设备主要有锚杆钻孔台车、凿岩台车、手持凿岩机等，它们各有其优、缺点。

锚杆钻孔台车和凿岩台车主要优点是成孔速度快，工效高，能够有效保证锚杆的施工质量；锚杆台车能够施工任何部位的锚杆，并且确保锚杆的施工角度，施工安全风险相对较低。主要缺点是设备一次性投入较大。

手持凿岩台车主要优点是设备一次性投入少，基本不受作业断面大小的影响。主要缺点是：施工工效相对较低；锚杆施工质量不易得到可靠保证，尤其是隧道拱部锚杆施工角度很难按照设计施工；由于人员紧靠开挖面，锚杆施工的安全风险相对较大。

（2）钻孔作业

①一般在分部开挖台阶上或洞内钻爆支护台架上进行隧道锚杆钻孔。钻设前严格按照设计间距布孔，选择与孔径大小相对应的钻头。钻孔方向尽可能垂直结构面或初喷混凝土表面。

②钻孔过程中随时检查钻孔方向和钻进深度，随时密切观察岩层特性，为合理进行支护提供依据。

③锚杆钻孔完成，立即用高压风、水冲洗孔内碎屑，确保顺利插入锚杆。

④钻孔过程中常会卡钻头，当钻头确实无法取出时，应在孔位旁边补钻孔；当隧道位于软弱围岩或不均匀岩层中，出现卡钻头导致无法成孔，或者钻孔容易，取出钻杆后钻孔产生变形，无法插入锚杆时，可考虑将原设计锚杆更改为自进式锚杆。

3. 锚杆安装

（1）普通水泥砂浆锚杆

①砂浆配合比：水泥与砂之比宜为（1∶1.5）～（1∶1）；水胶比宜为0.45～0.50，砂的粒径宜不大于3 mm；砂浆拌和均匀，随拌随用，一次拌和的砂浆在初凝前用完。

②灌浆前将钻孔吹净。注浆开始或中途停止超过30 min，应采用水润滑灌浆罐及其管路；灌浆孔口压力一般不大于0.4 MPa。

③灌浆时堵塞孔口，灌浆管插至距孔底5～10 cm处，随水泥砂浆的注入缓慢匀速拔出，随即迅速插入杆体，若孔口无水泥砂浆溢出，将杆体拔出重新灌注。

④锚杆杆体宜对中插入，插入后在孔口将杆体固定。锚杆插入孔内的长度不小于设计规定。锚杆安设后，不得随意敲击。

（2）早强水泥砂浆锚杆

早强水泥砂浆锚杆施工方法同普通水泥砂浆锚杆，不同之处在于锚固砂浆一般采用硫酸盐早强水泥并掺早强剂。灌浆过程中，在开始或中途停止作业超过30 min时，需测定砂浆坍落度，当其值小于10 cm时不能注入罐内使用。

（3）早强药卷锚杆

①选择好药卷直径和药卷长度，使用药卷前，检查有无结块和受潮。药卷要求浸透，安装前需浸泡在清水中。

②采用专用装药卷工具，缓慢地把药卷推入孔底，推入过程中保证药卷不破裂。

③锚杆杆体插入后注意旋转，使药卷充分搅拌。

（4）缝管式摩擦锚杆

①采用一般风动凿岩机安装缝管式摩擦锚杆时，需配备专用冲击器；宜随钻随安设锚杆，也可集中钻孔、集中安设，一般不隔班、隔日安设。

②安装缝管式摩擦锚杆前检查风压，要求不小于0.4 MPa。安设前再次清孔，并核对孔深是否符合要求。

③缝管式摩擦锚杆推进过程中，保持凿岩机、锚杆、钻孔的中心线在同一轴线上。凿

岩机推进过程中可适当放水冷却冲击器；推到末端降低推进力，当垫板抵紧岩石时立即停机，以免损坏垫板和挡环。

（5）楔缝式锚杆

安装楔缝式锚杆前，将楔子与锚杆杆体连接安装好，送入孔内时不偏斜。打紧楔块过程中注意不破坏螺纹，安设后立即安装好托板，拧紧螺帽。

（6）树脂锚杆

①根据设计锚杆直径和胶凝时间选择树脂锚固剂的规格和型号。

②根据设计锚固长度，用杆体将选用的锚固剂送入孔底，启动搅拌器带动杆体旋转（30±5）s，匀速推进到孔底。卸下搅拌器后，及时在孔口将杆体楔住，固化前使杆体不移位或晃动。

③对于采用快速树脂锚固剂的锚杆，应在锚杆安装完成 7 min 后安装托板，并在 15 min 后测试锚固力；对于采用中速树脂锚固剂的锚杆，应在锚杆安装完成 15 min 后安装托板，并在 40 min 后测试锚固力。

④搅拌安装工具根据现场动力条件，可采用 TJ－9 风动锚杆搅拌机或电煤钻加连接头，紧螺母可采用 QB－16 风动扳手或手动扳手；若采用锚杆钻机作业，钻孔和安装锚杆同机操作更为方便。

4.3.4 湿喷混凝土施工

1. 湿喷混凝土施工工艺

（1）现场准备

平整场地，将喷射机移至喷射地点，将高压风管与喷射机连接，用电缆线将喷射机与配电箱连接，喷射管与喷射机、速凝剂管与喷头连接，喷头与喷射管也应进行相应连接。全部连接完成后，先开风调试喷射管路是否通畅，再启动速凝剂泵并设置速凝剂掺量，最后启动喷射机电源调试喷射机。

（2）混合料或混凝土加工运输

湿喷混凝土采用大型拌和站拌制，用配料机严格按确定配合比，将 0～15 mm 的碎石、中粗砂进行配料，通过拌和机将骨料、水泥、水均匀拌和，形成混凝土，用混凝土运输车运至喷射地点。

（3）外加剂的添加

湿喷混凝土的外加剂采用机械添加，掺量控制比较准确，尤其是机器人喷射手，可根据所设置的每小时喷射量及外加剂掺量精确控制外加剂用量。

（4）混凝土喷射作业

①喷射时，喷嘴垂直于受喷岩面，并与岩面保持 1 m 左右距离，分区域做螺旋往复运动，直至到达规定厚度，并控制好喷射混凝土表面的平整度。

②对渗漏水比较小的地方，喷射从无水处向有水处进行；对于渗漏水较大的地方，应采取先引流后喷混凝土的措施。

③喷射时先开风，后开喷射机；停喷时先停喷射机，后停风。喷射作业时，喷射手应佩戴好防护面罩和手套，避免速凝剂灼伤和腐蚀以及吸入粉尘。喷射前，检查喷射机和喷射管连接、喷射管之间连接、喷射管和喷头之间连接是否牢固，避免喷射中连接处脱落发

生事故。遇堵管时，应先固定出料端，避免喷射管摆动伤及施工人员。

2. 施工技术要点

（1）原材料质量控制

①水泥质量控制。水泥一般选用硅酸盐水泥或普通硅酸盐水泥，也可选用矿渣硅酸盐水泥或火山灰质硅酸盐水泥。水泥是喷射混凝土最重要的原材料，严格把好水泥进库检查关及使用前检验关。对水泥强度、安定性、凝结时间进行抽样检查，合格后方可用于施工。

②粗骨料质量控制。采用坚硬耐久的卵石或碎石，粒径宜不大于 15 mm。

③细骨料质量控制。砂子宜选择优质中粗河砂，细度模数为 2.5～3.3，含泥量、泥块含量等指标满足相关技术要求。

④外加剂质量控制。使用速凝剂前，需进行与水泥的相容性试验和水泥净浆凝结效果试验。应保证初凝时间不大于 5 min，终凝时间不大于 10 min。

⑤水的质量控制。喷射混凝土所用水为无杂质的纯净水，不能使用污水及 pH 值小于4 的酸性水，也不能使用硫酸盐含量超标的水［SO_4^{2-}（硫酸根离子）含量超过混合用水量的 1%］。

（2）喷射混凝土强度控制

①配合比控制。喷射施工所用混合料和混凝土的配合比是在保证原材料合格前提下，通过试验试配出来的。配合比确定后，按其设计准确称量进行搅拌。原材料按质量计，称量允许偏差：水泥和速凝剂允许偏差为 ±2%；砂、石料允许偏差为 ±3%。当原材料规格、指标发生变化时，需灵活调整配合比。

②喷射方法控制。喷射作业分段、分片依次进行，严格按先墙后拱、先下后上的顺序，以减少混凝土因重力作用而引起的滑脱现象。喷射作业要掌握好喷嘴与受喷岩面的距离和角度。距离最好为 0.8～1.2 m，喷嘴与岩面垂直，并稍微偏向刚喷的部位，凹处先喷并适当多喷，凸处后喷并适当少喷。喷射时采用螺旋形或 S 形往返移动前进，调节好风压和水压，并使水压稍高于风压。

③外加剂掺量控制。外加剂掺量根据产品说明书中提供的掺量范围，通过试验确定其最佳掺量。

4.3.5 隧道注浆施工

1. 全断面帷幕注浆施工技术

（1）地质判断及注浆范围确定

地质判断是为了搜集有关施工帷幕注浆地段的工程地质和水文地质情况，为正确选择注浆参数和采取相应的技术参量提供依据。一般的地质判断手段有超前探水孔钻探、红外线、TSP（tunnel seismic prediction）隧道地质超前预报和地质素描等。通过对地质预报信息的综合分析，可以比较准确地判明相应施工区域的地质情况，从而掌握岩土的渗透性、土颗粒的组成、孔隙率、饱和度及地下水量、水压和水质等物理化学性质，为采取注浆方法和获得理想的注浆效果提供理论依据。

注浆范围与地质情况、开挖断面大小、开挖方法、对周边的影响等因素密切相关，可根据自身工程所处的地质环境、设计图纸和试验效果来确定注浆范围。

(2)注浆材料的选择及配比

注浆材料的选择与地质条件和涌水量有关，通常有以下几个方面：

①断层破碎带和砂卵石地层，当裂隙宽度(或粒径)大于 1 mm 时，加固地层或者堵水注浆，宜优先选用料源广、价格便宜的水泥浆和水泥—水玻璃浆液。采用水泥浆液时，水胶比宜采用(0.8：1)～(2：1)。为缩短胶凝时间，可加入食盐或三乙醇胺水泥速凝剂。采用水泥—水玻璃浆液时，应根据胶凝时间配置。一般水泥浆液的水胶比为(0.8：1)～(1.5：1)；水玻璃浓度为 25～40 °Bé，水泥浆与水玻璃的体积比宜为(1：0.3)～(1：1)。

②当断层破碎带裂隙宽度(或粒径)小于 1 mm 时，加固注浆宜优先采用水玻璃类和木胺类浆液。

③中、细、粉砂层及细小裂隙岩层，断层破碎段，宜采用渗透性好，遇水膨胀的化学类浆液。

根据注浆工程的需要，水泥浆中可掺入下列掺和料。

①砂。应为质地坚硬的天然砂或机制砂，粒径宜不大于 2.5 mm，细度模数宜不大于 2.0，SO_3(三氧化硫)含量宜小于 1%，含泥量宜不大于 3%，有机物含量宜不大于 3%。

②黏性土。塑性指数宜不小于 14，黏粒(粒径小于 0.005 mm)含量宜不低于 25%，含砂量宜不大于 5%，有机物含量宜不大于 3%。

③粉煤灰。应为精选的粉煤灰，烧失量宜小于 8%，SO_3 含量宜小于 3%，细度宜不低于同时使用水泥的细度。

④水玻璃。模数宜为 2.4～3.0，浓度宜为 30～45 °Bé。

另外，帷幕注浆要求的水泥细度为通过 80 μm 方孔筛的筛余量不大于 5%，注浆材料采用质量称量。现场制浆时，要求加料准确并注意加放顺序，即先往搅拌机中放入规定量的水，然后加入水泥搅拌均匀，最后加入外加剂。

总之，注浆材料的选择应根据工程的具体要求、地质条件、浆液性能、注浆工艺及成本等综合考虑。

(3)止浆墙的设置

为了便于钻孔布置注浆管和防止注浆时浆液从前方掌子面渗出，注浆时必须设置止浆墙对前方临空掌子面进行封闭。止浆墙不但可以防止注浆时浆液漏失，而且可以起到稳定和加固掌子面的作用。同时，在注浆过程中，通过观察止浆墙的表层变化，可以直观地判断前方土体的受力状况，对控制注浆压力和注浆间歇时间也具有很大的指导意义。止浆墙可以采用模筑混凝土，也可在围岩稳定性差的部位打设锚杆，充分利用加固的围岩作止浆墙。

根据相关资料，止浆墙厚度 B 一般可按式(4.5)和式(4.6)计算。

$$B = K_0 \sqrt{Wb/2h[\sigma]} \tag{4.5}$$

$$W = PF \tag{4.6}$$

式中：K_0 为安全系数，取 1.5；W 为作用在止浆墙上的荷载，N/m^2；b 为隧道跨度；h 为隧道高度，m；$[\sigma]$ 为混凝土允许抗压强度，MPa；P 为注浆终压，Pa；F 为混凝土止浆墙面积，m^2。

为了确保注浆、堵水顺利进行，保证注浆质量和注浆效果，在施作止浆墙的同时，应在止浆墙内预设注浆孔口管。注浆孔口管宜呈伞状布置，并按设计好的位置和角度钻孔预埋，同时在孔口管上安设高压闸阀。注浆孔口管一般采用 150 mm 无缝钢管，根据止浆墙厚度确定管长，确保浆液能到达预期部位。孔口管一定要固定牢固，防止在施工中偏位。为了防止孔口管在钻进过程出现松动，要求在管外壁包裹麻巾(沾水泥浆)以增加管与混凝土的摩阻力。

(4)注浆量的计算

注浆量的大小与很多因素有关，且存在着诸多不确定性，要精确计算注浆量存在较大困难。理想情况下，可以根据浆液的扩散半径、注浆管的密度来计算注浆量。考虑注浆范围的互相重叠，扩散半径 R 可按式(4.7)计算。

$$R = (0.6 \sim 0.7)L \tag{4.7}$$

式中：L 为注浆孔之间的中心距离，m。

单孔注浆导管的注浆量 Q 采用式(4.8)计算。

$$Q = \pi R^2 H \eta \alpha \beta \tag{4.8}$$

式中：R 为注浆加固半径，m；H 为注浆段长度，m；η 岩体孔隙率；α 为浆液有效充填系数，一般取 0.8~0.9；β 为浆液损耗系数，取 1.15。

注浆作业时，可参照理论量来估算注浆量的大小。但实际操作时，以注浆压力和现场实际情况来灵活控制进浆量，以免发生安全事故。

(5)钻孔

待止浆墙强度达到设计强度的 70%，孔口管与止浆墙连接牢固，并且止浆墙及周边范围无渗漏水时方可进行钻孔。

严格按照设计图纸进行布孔，注浆孔由工作面向开挖方向呈伞形辐射状布置，内外圈按梅花形排列，并采用长短孔相结合的方式，以达到注浆充分、不留死角的目的。

施工时，将钻孔位置直接定位标志在掌子面上，孔位偏差不得大于 5 cm，钻孔偏斜率最大允许偏差为 0.5%，同时应满足设计要求。在进行钻孔定位时，孔口采用全站仪按三维坐标进行标准控制，钻孔偏角采用地质罗盘定向，水平角采用在钻孔平台上放设标准点的方式控制，并用全站仪按三维坐标进行抽检，控制精度要满足允许偏差的要求。

根据孔位将钻机定位，钻头对准孔口管，按照注浆孔角度的设计要求调整钻杆角度。孔位对准后，钻机不得随意移位。

在进行第一个钻孔施工时，钻机要慢速运转，掌握钻机对地层的适应情况，确定在该地层条件下的钻进参数；密切观察钻屑和溢水情况，出现大量溢水时应立即停钻，分析原因后再进行施工。钻孔过程中应及时对岩层、岩性以及孔内各种情况进行记录，特别是要对钻孔穿越破碎带和溶蚀空腔进行详细记录，以便为注浆浆液及方案的确定提供依据。当出水量较大，无法继续钻进时，应停止钻孔、安装闸阀关水，测量涌水量和水压力后再进行注浆。

(6)注浆参数的确定及浆液配制

注浆参数的确定主要取决于注浆目的、围岩特性及注浆方式。注浆前，应在施工现场做单孔或群孔压注试验，根据试验结果确定注浆压力、注浆速度、注浆量及注浆间歇时间等施工参数。注浆过程中应根据地层实际情况做适当调整。

岩石地层注浆压力宜比静水压力大 0.5~1.5 MPa；当静水压力较大时，宜为静水压力的 2～3 倍；注浆泵的压力应达到设计压力的 1.3～1.5 倍。

（7）注浆及注浆异常现象的处理

每次注浆前均应对钻孔的水压、水量进行测定，以便确定浆液类型和注浆终止压力。通常采用桶装法测定出水量，水压采用关闭高压闸阀并在止回阀位置安装高压水表进行测定。注浆顺序为从注浆段两边到中间间隔跳孔进行注浆，以达到挤密加固地层的目的。开始注浆后，随时控制好注浆压力（在测量水压的基础上增大 0.5～1.5 MPa）。注浆压力表安装在注浆泵靠近出浆管上，记录压力波动的平均值，压力波动范围宜不大于灌浆压力的 20%。当压力迅速增加时应立即停机，以防破管，发生安全事故；监测浆液性能（比重、含灰量等）并适时调整参数，使浆液性能保持在最佳状态。

为防止注入浆液过早导致浆液渗透通道堵塞及浆液过多向要求注浆的范围以外扩散，浆液浓度遵循由稀到浓逐级改变的原则，并在注浆量达到预期数量后，注入浓浆，对外渗通道予以封堵。

对于注浆孔周围有裂隙水渗流的部位，采取由浓到稀或先双液浆后单液浆的方式进行注浆。使先注入的浆液在地下水流动通道中凝固，堵塞地下水外排通道，然后换注浓度较低的浆液或单液浆，使浆液沿注浆孔内出水通道压入。浆液转换必须精确掌握转换时间，过早会导致对出水通道封堵无效，过迟则会阻碍后续浆液压入通道。

当预注浆各孔段均达到设计终压并稳定 10 min，且注浆量不小于设计注浆量的 80%，进浆速度为开始进浆速度的 1/4 时，可结束单孔注浆。注浆过程应派专人进行控制，负责填写注浆记录表，记录注浆时间、注浆压力、浆液消耗量等数据。注浆结束后，必须在分析上述数据的基础上检查注浆效果。可采取钻孔取芯法检查；或进行压（抽）水试验，当检查孔的吸水量大于 1.0 L/(min·m) 时，必须进行补充注浆；或采取连续测流量的方法，当所测流量小于设计涌水量时，表明注浆效果满足要求。

注浆过程中，随时检查孔口、邻孔、覆盖层较薄部位有无串浆、跑浆现象，如发生串浆、跑浆现象，应立即停止注浆，采用间隔一孔或几孔压注浆液的方法来控制，亦可采用间歇式注浆封堵，或采用麻纱、木楔、快硬水泥砂浆或锚固剂封堵串浆孔，直至不再跑浆时，再继续注浆。

注浆过程中严格控制注浆压力，同时密切留意注浆量，当压力突然升高时，可能是由以下原因造成：若浆液是单液注水泥浆，此时可能发生了堵管，应立即停机进行检查；若浆液是水泥与水玻璃双液浆，此时应关闭注浆泵，进行单液注浆或注清水，待泵压正常时再进行双液注浆。

注浆过程中，若浆液进浆量很大且注浆压力长时间不升高时，应调整浆液浓度和配合比，缩短胶凝时间，进行小量低压力注浆或间歇式注浆，使浆液在裂隙中有相对滞留时间以便凝结，但滞留时间不能超过混合浆液的凝结时间。

2. 地表注浆加固

（1）注浆材料的选择及浆液配比

①原材料质量。水泥一般选择标号 42.5 级以上普通硅酸盐水泥，水玻璃选择工业水玻璃，水玻璃模数为 2.4～2.8，波美度 35～40 °Bé。

②采用比重计测定浆液相对密度。

③浆液流变参数。采用 1006 型漏斗黏度计测试水泥浆液黏度，容积 700 mL，测试流

出 500 mL 浆液所需的时间。流变参数的测定采用六速旋转黏度计，通过以不同的剪切速率测量获得相应的剪切应力，求出塑性黏度和屈服强度。

④浆液流动性。将拌制好的浆液装满圆锥内，然后迅速上提，测定浆液在玻璃板上的扩散直径，用以表征其流动性。

⑤浆液的凝结时间。凝结时间包括初凝和终凝时间，测试仪器为锥形维卡仪。

⑥浆液结石的强度、渗透性等。将浆液装入 20 mm×20 mm×20 mm 试模中，试件终凝成型后拆模，置于快速养护箱内养护至 3 d、7 d、28 d，分别在压力机上测试其 3 d、7 d、28 d 抗压强度。

（2）钻孔方法

①不跟管钻进。当地质条件较好，不易塌孔时，可采用不跟管钻进。通常当钻孔深度达到 2.5 m 后设置孔口管，并外露 20～30 cm 作为钻孔导向管。钢管外壁缠麻丝，用早强速凝锚固剂固定在钻孔中，角度与设计钻孔角度一致。

②跟管钻进。在地质条件较差区域钻孔时，常发生塌孔，可采用边钻孔边下套管的办法进行施工，直至导管下至岩石层为止。若在钻进过程中遇岩石，则更换钻机钻头，采用冲击偏心器。偏心器外安装套管，钻孔时偏心器不断冲击岩石，由于偏心器的作用，钻孔孔径略大于导管直径，致使套管自动下降，直至套管到达不易坍塌的岩石层，再改换潜孔冲击钻头钻至设计高程。

（3）注浆施工工艺与方法

①注浆方式。

a. 后退式注浆。当钻孔能较好成形、孔壁较规则时，为避免重复钻孔工作，可一次性钻至设计孔底，然后由下到上分段式注浆，在分段位置安设止浆塞。该范围注浆完成后，待合适时间提出止浆塞，固定到下一个位置，再实施注浆，直至设计注浆高度。

b. 前进式注浆。当钻孔易坍孔或水量极大，孔壁严重不规则，止浆塞不能安装，坍孔处理也费工、费力时，采用从上到下分段前进式注浆。先钻注第一段，再钻注下一段，如此循环至设计深度。当成孔十分困难时，即使长度不足一段，仍然实施分段注浆后再钻注下一段。

②注浆管连接。通常采用 KZY-80 型双液注浆泵压浆，水泥浆和水玻璃浆在距注浆孔 8～10 m 位置用 Y 形结构混合，水玻璃及水泥浆出浆管上分别安装流量计和控制阀门控制流量，然后进入注浆孔，与止浆塞导管相连。在注浆管上安装自动流量计记录注浆过程中流量、压力等变化情况。为排泄钻孔内空气，在孔口高压注浆上连接三通管，主要目的是安装排泄阀，既能排除孔内空气，使注浆饱满，又能排除多余回流浆液。

③钻孔冲洗及裂隙冲洗。钻孔冲洗是将残存在孔底和黏附在孔壁的岩屑等杂质冲出孔外，以免堵塞裂隙，影响浆液注入。裂隙冲洗常用压力水或风将岩石裂隙或空洞中所充填的松软、风化的泥质充填物冲出孔外，或是将充填物推移到需要注浆处理的范围以外。裂隙冲洗干净后，有利于浆液进入裂隙，并与裂隙面胶结，起到防渗和提高岩体强度的作用。

④止浆塞安装。采用机械式止浆塞控制分段注浆压力和注浆范围。其原理是利用中心管穿一串胶塞，两端用托盘限位，固定上端托盘，下端托盘沿中心管移动，用注浆钻杆下端连接止浆塞下到预定止浆位置，通过钻杆在孔口施加一个机械压力，使胶塞产生纵向压缩、横向膨胀，与孔壁挤紧，达到封堵与止浆的目的。

⑤压水试验。止浆塞压缩 10～12 cm 使胶塞膨胀后，上端在孔口位置固定，然后进行压水试验，试验压力为注浆终压的 80%。当检测到注浆孔无返水现象即可判定为满足止浆要求。否则，要重新安装和固定止浆塞。压水试验段长度与注浆段长度一致，在孔口安装孔口封闭器后，将射水管下至距孔底 10 cm 处，在回水管路上测量压水压力，同时测量流量，据此可粗略了解各灌浆段在灌浆前的岩体渗透性，查看各次序注浆孔透水率变化的规律，指导注浆工作。

⑥注浆操作。打开混合器注浆阀，注水 2～3 min，使围岩孔隙畅通，然后注水泥浆约 3 min 后，迅速将两个吸浆龙头分别放进水泥浆桶和水玻璃桶，实施双液注浆。停止灌注时，先停水玻璃泵，后停水泥浆泵，并用清水清洗管路以预防堵管。注浆完成后，应在适当的时间拔出止浆塞，拔出时打开泄浆阀观察其凝结情况，如不见还浆，即可试拔；时间过长，浆液凝固后则不易拔出。根据现场情况，一般停浆 25 min 后拔管较为合适。

⑦注浆顺序。为防止窜浆，实施隔孔注浆，灌浆孔钻孔分 3 个次序进行，先钻Ⅰ序孔，再钻Ⅱ序孔，最后钻Ⅲ序孔。

⑧注浆终止标准。从理论上讲最终吸浆量是越小越好，最理想的状态是压至完全不吸浆，但在实际施工中难以做到。一般当最后一个孔的末次注浆压力达到设计值，并且该区段注浆总量接近设计值时，即可结束注浆。

4.4　隧道二次衬砌施工

4.4.1　拱墙衬砌施工

1. 施工准备

（1）中线及水准点测设

当初期支护和仰拱混凝土施工完成后，在衬砌混凝土开始之前，应重新测设隧道中线、水准点，以检查初期支护断面，并准备衬砌模板台车就位。

隧道中线控制桩每 10 m 设一个，并引至两侧边墙基础混凝土顶面上，标出衬砌控制点。水准点每 50 m 设一个，布设在边墙基础混凝土台阶上。

（2）隧道断面的检查和修整

①对初期支护断面进行检查。直线段每 20 m、曲线段每 10 m 测一个断面，做好记录，绘制断面图。

②对初期支护侵限部位，在做好防止失稳措施后进行凿除，重新做初期支护并达到设计要求。对超挖部分，如有坍塌范围较大者，应事先做好处理。对于拱部范围及墙脚以上 1 m 范围内的超挖，应用与衬砌同级混凝土回填；对于隧底超挖部分，应用与隧底结构同级的混凝土回填。

③当喷射混凝土表面凹凸较大时，对突出部分进行修凿喷平，凹进部分喷射混凝土补平；应切除外露锚杆头及钢筋头并用砂浆抹平，以满足铺设防水板对初期支护表面平顺度的要求。

（3）边墙基础混凝土的检查和修整

根据水准基点，核对边墙基础混凝土设计高程，必要时应修凿。根据隧道中心线，核对边墙基础混凝土净空尺寸，必要时应修凿。

（4）模板台车轨道铺设

根据隧道断面和结构形式，确定台车轨面高程。台车轨道中线与隧道中线重合，两轨间距允许误差为±5 mm。左右两侧轨面水平允许误差为±5 mm。

（5）模板台车设计、制造

模板台车一般采用定型制作。在设计、制造过程中要考虑以下问题：

①在浇筑模板台车的外轮廓混凝土后，应保证隧道净空。设计制造外轮廓尺寸应比隧道净空断面大，一般半径加大3～5 cm。门架结构的净空应足以保证洞内车辆和人员的通行安全。

②模板台车的门架结构、支撑系统及模板的强度和刚度应满足各种荷载的组合要求。安全系数应为动载荷的1.6倍以上，行走系统具有足够的牵引力和牢固的结构。模板台车设计应考虑的荷载有：自重、混凝土荷载及侧压力、拱部浇筑时泵送压力、振动压力等。高铁隧道模板调整机构的伸缩幅度可适当减小，刚度应适当加大，这样在施工中不易产生变形，以保证净空尺寸的准确。

③模板要有一定的刚度，模板面板厚度一般不小于10 mm。侧模单侧具有较高的整体性，各丝杠支点具有较高的承压强度。一般根据线路平曲线半径、工期要求等确定模板台车长度，直线隧道一般为9～12 m，曲线隧道一般为6～9 m。

④为方便捣固和混凝土灌入，在模板台车侧壁设置工作窗，宜分层布置，层高宜不大于1.5 m，每层的间距一般为2.0 m，工作窗的大小一般小于45 cm×45 cm，两端设检查孔，并设有相应的混凝土输送管支架或吊架。

⑤模板台车上应留有通风管的穿越通道或固定的硬风管以及前后两端能与通风软管相连的接头，以使模板台车移动时不影响隧道施工通风。

⑥模板台车在浇筑混凝土期间，质量达200 t以上，台车除调整液压千斤顶外，应设承重的竖向螺杆和模板径向螺杆。当台车就位后，应用螺杆将台车和模板锁定。

⑦应在模板台车拱顶适当的位置设置混凝土的封堵装置和检查孔。

⑧台车具有在坡道上衬砌时的抗溜坡性能和抗上浮性能。

⑨模板台车上应设有激光（点）接收靶。

⑩模板台车的整体尺寸误差应符合表4-1的要求。

表4-1　模板台车整体尺寸误差要求

序号	项目	标准
1	轮廓半径	±3 mm
2	模板平面度	3 mm/2 m
3	模板错台	≤2 mm
4	模板接缝间隙	≤1.5 mm
5	表面粗糙度	抛光处理

续表

序号	项目	标准
6	模板台车外轮廓表面 纵向直线度误差	≤2 mm
7	工作窗板面与模板面弧度应一致， 错台、间隙误差	≤1.5 mm
8	模板台车前后端轮廓误差 （测各高程弦长）	≤3 mm

(6)模板台车安装

在安装模板台车前，应详细了解台车性能，如强度、刚度、可承受的最大荷载、作用原理，熟悉其操作方法，并按设计图、材料表清点构件，并编号堆放。

模板台车安装程序为：模板台车轨道铺设→安装行走机构→安装门式框架→安装墙部模板→安装框架上部作业平台→安装拱部模板→安装液压动力系统→安装模板台车附件→调试→空载试车。

在安装时，要注意模板的横、纵接缝和铰接缝，工作窗口应严密，铰接轴应灵活，能达到伸缩自如与开启的要求。安装的附着式振动器能单独启动。

安装好后，应对各部件再检查一遍，然后做液压件检验、走行试验。应检查模板调整量范围及台车各部尺寸，其误差达到设计标准要求。

(7)模板台车行走就位

首先，松开轨卡；其次，开动行走装置，将台车移动到衬砌位置；再次，紧固下部中间支撑丝杠千斤顶，并紧固轨卡；最后，清除粘附在模板上的水泥浆等杂物，涂脱模剂。

模板台车撑开就位后，应检查台车各节点连接是否牢固，有无错动移位情况，模板是否翘曲或扭动，位置是否准确。

曲线隧道台车就位应考虑内外弧长差引起的左、右侧搭接长度的变化，以便弧线圆顺，减少接缝错台。

(8)模板台车定位立模

①根据水平定位测量数据，用液压轴颈式千斤顶，将拱部模板上升或下降至隧道拱部设计高程（含预留净空）。

②拱部中线定位立模。根据中线定位测量数据，用横移千斤顶将拱部模板中心的铅垂线对准隧道中心线。

③边墙模板定位。使用液压千斤顶使模板底部与边墙基础混凝土顶面接缝相重合，并要密贴。底模至隧道中心距离及台车拱部模板起拱线至隧道中心距离达到设计净空要求（含预留量）。

④拱墙模板固定成型。紧固上下部中间支撑及边模丝杠千斤顶。模板与混凝土的搭接长度应大于 10 cm。

2. 钢筋加工、安装

(1)钢筋加工

钢筋加工弯制前应调直,并清理干净表面油渍、水泥浆和浮皮铁锈等。加工后的钢筋表面不应有削弱钢筋截面的伤痕。钢筋的加工应符合设计要求,其允许偏差和检验方法符合表4-2规定。

表 4-2 钢筋加工允许偏差和检验方法

序号	名称	允许偏差/mm	检验方法
1	受力钢筋顺长度方向的全长	±10	尺量
2	弯起钢筋的弯折位置	±10	
3	箍筋内净尺寸	±3	

(2)钢筋绑扎

如果设置了全环钢筋,还需要进行钢筋绑扎。仰拱钢筋施工时,预留与拱墙钢筋的接头,并按规范错开接头(长短交错布置,错开值为1 m)。拱墙钢筋绑扎可利用防水板台架,采用全站仪放线,先施作环向定位弧形钢筋圈,以此作钢筋绑扎定位、检查的依据,一环完成并检查合格后,方可进入下一循环。钢筋施工技术标准如下。

①依据钢筋技术交底,绑扎外层定位钢筋时,要留够保护层厚度;禁止打锚杆固定定位钢筋,以防损伤防水板,要利用台架进行固定。

②外层主筋的钢筋间距要均匀,误差应符合规范要求。

③绑扎外层纵筋时,应注意外层与内层环向间距不一样。

④绑扎内层定位钢筋时,注意内层定位钢筋的位置与内、外层主筋间距的关系。

⑤绑扎内层主筋时,要与外层主筋在同一断面上。

⑥绑扎箍筋,注意层间距不要变小。

⑦在钢筋与模板之间垫砂浆垫块,保证钢筋净保护层厚度,保护层厚度不得小于50 mm。

⑧钢筋交叉处用直径0.7~1.0 mm铁丝按"8"字形扎结,可采用间隔扎结的方法。注意纵筋固定时可间隔5个节点绑扎定位,待内、外层绑扎完毕,挂好箍筋,再对每个节点连同箍筋一起绑扎,可节约材料和提高工效。

(3)接头焊接

以直径22 mm钢筋为例说明:

①主筋接头如采用搭接焊,单面焊焊缝不得小于220 mm,双面焊焊缝不得小于110 mm,且接头需弯折加工,确保接头两根钢筋的轴线在同一条直线上。

②主筋接头如采用帮条焊,帮条电弧焊的帮条应采用与被焊钢筋同级别、同直径的钢筋。帮条轴线与被焊钢筋的轴线应在同一平面上,两主筋端头之间留有2~5 mm的空隙。每端每根帮条单面焊焊缝长应不小于110 mm,双面焊焊缝长应不小于50 mm。

③主筋如采用闪光对接焊,外观应符合:接头周缘有适当的墩粗部分,并呈均匀的毛刺外形;钢筋表面没有明显的烧伤和裂纹;接头弯折角不得大于4°;接头轴线偏移不得大

于 2 mm。

④当所有电弧焊焊接采用单面搭接焊时，其搭接长度不得小于 $10d$（d 为钢筋直径），当采用双面搭接焊时，其搭接长度不得小于 $5d$。焊缝宽度不小于 $0.8d$ 且不小于 10 mm，焊缝高度不小于 $0.3d$ 且不小于 4 mm。

（4）钢筋接头设置

钢筋接头应设置在承受应力较小处，并应分散布置。配制在同一区段内受力钢筋接头的截面面积，占受力钢筋总截面面积的百分率应符合设计要求。当设计未提出要求时，应符合下列规定：

①焊（连）接接头在受弯构件的受拉区不得大于 50%，轴心受拉构件不得大于 25%。

②机械连接接头应不大于 50%，轴心受拉构件不大于 25%。

③绑扎接头在构件的受拉区不得大于 25%，在受压区不得大于 50%。

④钢筋接头应避开钢筋的弯曲处，距离弯曲点的距离不得小于 10 倍钢筋直径。

⑤在同一根钢筋上应少设接头。同一连接区段内，同一根钢筋上不得超过一个接头。

⑥同一连接区段长度：焊接接头或机械连接接头为 $35d$（d 为纵向受力钢筋的较大直径）且不小于 500 mm，绑扎接头为 1.3 倍搭接长度且不小于 500 mm。凡接头中点位于该连接区段长度内的接头均属于同一连接区段。

⑦当施工中分不清受拉区还是受压区时，接头设置应符合受拉区规定。

钢筋安装过程中的允许偏差见表 4-3。

表 4-3　钢筋安装及保护层厚度允许偏差和检验方法

序号	名称		允许偏差/mm	检验方法
1	双排钢筋的上排钢筋与下排钢筋间距		±5	尺量，两端、中间各 1 处
2	同一排中受力钢筋水平间距	柱、梁	±10	
		基础、板、墙	±20	
3	分布钢筋间距		±20	尺量，连续 3 处
4	箍筋间距	绑孔骨架	±20	
		焊接骨架	±10	
5	钢筋保护层厚度（≥35 mm）		+10、-5	尺量，两端、中间各 2 处

3. 拱墙衬砌

拱墙二次衬砌混凝土浇筑前，应针对工程特点和施工条件，制订施工全过程和施工环节的质量控制与质量保证措施，以及相应的施工技术条例。委派专人负责记录混凝土运送到工地的时间和出机坍落度、浇筑时间和浇筑时的坍落度、浇筑时气温与混凝土浇筑温度、施工缝的划分、混凝土浇筑高度的控制，以及混凝土的养护方式和养护过程，包括养护开始时间、混凝土养护中的表面温度与降温速率、拆模时间与拆模气温，以及养护后对混凝土强度发展和裂缝的防护措施等。对出现的裂缝，要记录裂缝出现的时间、部位、尺寸和处理等情况。

（1）拱墙混凝土浇筑方法

在开展拱墙混凝土浇筑前，应确认完成以下工作：

①模板台车走行轨道的中线和轨面设计高程误差应不大于±10 mm，台车就位后启动微调机构，用仪器校正模板外轮廓使其与设计净空相吻合，并锁定台车。

②清理模板、钢筋上的杂物和油污，堵塞模板上的裂隙和孔洞。

③防水层表面灰粉已经清理并洒水润湿。

④对于钢筋混凝土二次衬砌地段，必须用与衬砌混凝土相同配合比的细石混凝土或砂浆作垫块。钢筋保护层的厚度：主筋保护层尺寸应不小于 30 mm，迎水面主筋保护层不小于 50 mm。

⑤拌和站、运输车、输送泵、捣固机械等处于正常运转状态，设备能力满足二次衬砌混凝土施工的需要。

⑥二次衬砌作业区段的照明、供电、供水、排水系统应满足衬砌正常施工要求，隧道内通风条件良好。

⑦检查各类预埋件位置是否准确。

在洞外采用拌和站集中拌和拱墙混凝土，混凝土搅拌运输车运至洞内，混凝土输送泵泵送入模。混凝土应连续、对称、分层浇筑，分层捣固。捣固应采用插入式振捣器。浇筑拱顶部位时，将输送管固定在拱顶第一浇筑口上，前段拱顶灌完后，再移动至第二浇筑口，保证混凝土的流动性和输送泵的压力，将拱部灌满。每衬砌段拱顶部位应预留 2 个注浆孔。

（2）施工缝、变形缝施工

①墙体纵向施工缝不宜设在剪力与弯矩最大处或底板与边墙的交接处，应高出底板顶面至少 30 cm，且宜在水沟盖板底面以下的墙体上，并应设连接钢筋。

②施工缝距墙体预留孔洞边缘应至少 30 cm。变形缝处混凝土结构的厚度应不小于 30 cm，嵌缝应密实。

③混凝土浇筑段施工接头宜采用带有气囊的端模（堵头板），以防止漏浆。

④施工缝、变形缝施工时，缝内两侧应平整、顺直、清洁、无渗水。

⑤在浇筑新混凝土前，宜在垂直施工缝已有的混凝土面上铺一层厚度不大于 30 mm 的砂浆或不大于 30 cm 的混凝土。

⑥施工缝处浇筑混凝土时，应凿除混凝土表面的水泥砂浆和松软层。凿毛应以露出新鲜混凝土面积不低于 75％为标准。人工凿毛时混凝土强度应达到 2.5 MPa，风动机凿毛时混凝土强度应达到 102.5 MPa。

（3）衬砌封顶

①宜适当提高封顶混凝土的坍落度。

②拱顶处衬砌混凝土浇筑应沿上坡方向进行，并在上坡挡头板拱顶处设排气孔。

③封顶时应适当减缓泵送速度，减小泵送压力，密切观察挡头板排气孔的排气和浆液泄漏情况。

④混凝土浆液从挡头板排气孔泄流且由稀变浓时，即为完成衬砌混凝土浇筑。

（4）注浆回填

①注浆回填宜采用图 4-1 和图 4-2 的纵向预贴注浆管道法。

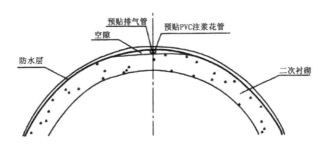

图 4-1　纵向预贴注浆管道法横断面示意图

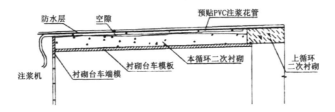

图 4-2　纵向预贴注浆管道法纵断面示意图

②预贴注浆花管宜采用 $\phi 20 \sim \phi 30$ mm 的 PVC 管，并应在管身布设梅花形溢浆孔。排气管不布孔，根据排气需要安设。

③回填注浆应采用微膨胀性水泥砂浆，有特殊要求的地段可采用强度高、流动性好的自流平水泥浆。

④应在孔口封堵材料达到一定强度后进行回填注浆。

⑤注浆压力达到 0.2 MPa 或排气孔出浆时，即可结束注浆。

4. 泵送混凝土施工

(1)原材料选择及其控制

水泥、细骨料、水与普通混凝土要求一致，但粗骨料粒径应控制在 $0.3D \sim 0.4D$（D 为管径），$D = 100$ mm 时，最大粒径不能超过 25 mm；$D = 125$ mm 时，最大粒径不能超过 30 mm；$D = 150$ mm 时，最大粒径不能超过 40 mm，且应采用连续级配。针片状颗粒含量宜不大于 10%。

(2)配合比设计

应根据强度等级、耐久性等设计要求，原材料品质以及施工工艺，可能的环境条件变化等进行多组配合比设计。应提前进行配合比选定试验，留出足够的时间进行配合比调整。

当混凝土所用的原材料、施工工艺及环境条件等发生变化时，必须重新选定配合比。选定配合比时，应对混凝土的抗裂性进行对比试验。

①泵送混凝土配合比，除必须满足混凝土设计强度和耐久性的要求外，尚应使混凝土满足可泵性要求。混凝土的可泵性，可用压力泌水试验结合施工经验控制。一般 10 s 时的相对压力泌水率 S10（表示混凝土加压至 10 s 时的相对泌水率）宜不超过 50%。

②泵送混凝土的水胶比宜为 0.38 ~ 0.50。水胶比过小，和易性差，流动阻力大，容易引发堵塞；水胶比过大，容易产生离析，影响泵送性能。

③泵送混凝土的砂率宜为 38%～45%。砂率过大，混凝土流动性差，泵送性能差，砂率过小，容易影响混凝土黏聚性、保水性，容易脱水，造成堵塞。

④采用高效减水剂时，泵送混凝土的坍落度宜控制在 150～180 mm。

⑤泵送混凝土的最小水泥用量(含掺和料)宜不小于 300 kg/m³。水泥用量过小，会影响管壁润滑膜的形成及质量。

（3）混凝土搅拌

①混凝土各种原材料的质量应符合配合比设计要求，并应根据原材料情况的变化及时调整配合比。一般情况下，每班抽测 2 次，雨天应随时抽测。严格按照经批准的施工配合比准确称量混凝土原材料，其最大允许偏差应符合下列规定(按质量计)：胶凝材料(水泥、矿物掺合料)为±2%；外加剂±1%，粗/细骨料为±3%，拌和用水为±1%。

②混凝土原材料计量后，宜先向搅拌机内投放细骨料、水泥和矿物掺和料，搅拌均匀后加水并将其搅拌成砂浆，再向搅拌机内投入粗骨料，充分搅拌后再投入外加剂，并搅拌均匀。

③水泥、砂、石储备要满足混凝土不间断施工需要。

④泵送混凝土搅拌的最短时间应不小于 3 min。

⑤每种配合比的泵送混凝土拌制完毕后，应将混凝土搅拌装置清洗干净，并排尽积水。

（4）混凝土运输

①混凝土在运输中应保持其匀质性，做到不分层、不离析、不漏浆。运到灌注点时，要满足坍落度的要求。

②混凝土宜在搅拌后 60 min 内泵送完毕，且在 1/2 初凝时间内入泵，并在初凝前完成浇筑。

③混凝土搅拌运输车装料前，必须倒净拌筒内积水。当运至现场的混凝土发生离析现象时，应在浇筑前对混凝土进行二次搅拌，但不得再次加水。

④混凝土搅拌运输车在运输途中，拌筒应保持 2～4 r/min 的慢速转动。当搅拌运输车到达浇筑现场时，应高速旋转 20～30 s 后，再将混凝土拌和物喂入泵车受料斗。

⑤混凝土搅拌运输车给混凝土泵喂料时，应符合下列要求：

a. 喂料前，中、高速旋转拌筒，使混凝土拌和均匀，若大石子夹着水泥浆先流出，说明发生沉淀，应立即停止出料，再顺转搅拌 2～3 min，方可出料。

b. 喂料时，反转卸料应配合泵送均匀进行，且应使混凝土保持在集料斗内高度标志线以上。

c. 中断喂料作业时，应使拌筒低速搅拌混凝土。

⑥严禁将质量不符合泵送要求的混凝土入泵。

⑦混凝土搅拌运输车喂料完毕后，应及时清洗搅拌筒并排尽积水。

（5）混凝土灌注及振捣

混凝土自模板窗口灌入，应由下向上，对称分层，边浇筑边振捣。最大倾落高度不超过 2.0 m，台车前后高差不能超过 0.6 m，左右混凝土高度差不能超过 0.5 m。在混凝土浇筑过程中，观察模板、支架、钢筋、预埋件和预留孔洞的情况，当发现有变形、移位时，应及时采取加固措施。施工中如发现泵送混凝土坍落度不足时，不得擅自加水，应当在技术人员的指导下用追加减水剂的方法解决。

混凝土浇筑应连续进行。当因故间歇时，其间歇时间应小于前层混凝土的初凝时间或能重塑的时间。当超过允许间歇时间时，按接缝处理，衬砌混凝土接缝处必须进行凿毛处理。纵、环向施工缝按照设计要求设置中埋式橡胶止水带。

混凝土浇筑分层厚度(指捣实后厚度)宜为振捣器作用部分长度的 1.25 倍，但最大摊铺厚度宜不大于 600 mm。在新浇筑完成的下层混凝土上浇筑新混凝土时，应在下层混凝土初凝或能重塑前浇筑完成。

浇筑混凝土时，应填写混凝土施工记录。

采用插入式振动棒振捣时，应符合下列规定：

①每一振点的捣固延续时间宜为 20～30 s，以混凝土不再沉落、不出现气泡，表面呈现浮浆为度，防止过振、漏振。

②振动棒的移动间距不大于振动棒作用半径的 1.5 倍，且插入下层混凝土内的深度宜为 50～100 mm，与侧模应保持 50～100 mm 的距离，并避免碰撞钢筋、模板、预埋件等。

③当振捣完毕后，应竖向缓慢拔出，不得在浇筑舱内平拖。泵送下料口应及时移动，不得用插入式振动棒平拖驱赶下料口处堆积的拌和物，将其推向远处。

④对于有预留洞、预埋件和钢筋太密的部位，应预先制订技术措施，确保顺利布料和振捣密实。在浇筑混凝土时，应经常观察，当发现有混凝土不密实等现象时，应立即采取措施予以纠正。

(6)拆模及养护

二次衬砌拆模时间应符合下列规定：

①在初期支护变形稳定后施工的，二次衬砌混凝土强度应达到 8.0 MPa 以上。

②初期支护未稳定，二次衬砌提前施作时，混凝土强度应达到设计强度的 100% 以上。

③特殊情况下，应根据试验及监控量测结果确定拆模时间。

混凝土浇筑完毕 12 h 以内开始对混凝土进行养护，混凝土养护的最低期限应符合表 4-4 的要求，且养护不得中断。混凝土养护期间，混凝土内部温度与表面温度之差、表面温度与环境温度之差宜不大于 20 ℃，养护用水温度与混凝土表面温度之差不得大于 15 ℃。浇水次数以保持混凝土处于湿润状态为限。当环境气温低于 5 ℃时，不应浇水。

表 4-4　混凝土养护的最低期限

水胶比	大气潮湿（$RH \geqslant 50\%$），无风，无阳光直射		大气干燥（$20\% \leqslant RH < 50\%$），有风，或阳光直射		大气极端干燥（$RH < 20\%$），大风，大温差	
	日平均气温 $T/℃$	养护时间 /d	日平均气温 $T/℃$	养护时间 /d	日平均气温 $T/℃$	养护时间 /d
>0.45	$5 \leqslant T < 10$	21	$5 \leqslant T < 10$	28	$5 \leqslant T < 10$	35
	$10 \leqslant T < 20$	14	$10 \leqslant T < 20$	21	$10 \leqslant T < 20$	28
	$T \geqslant 20$	10	$T \geqslant 20$	14	$T \geqslant 20$	21
>0.45	$5 \leqslant T < 10$	14	$5 \leqslant T < 10$	21	$5 \leqslant T < 10$	28
	$10 \leqslant T < 20$	10	$10 \leqslant T < 20$	14	$10 \leqslant T < 20$	21
	$T \geqslant 20$	7	$T \geqslant 20$	10	$T \geqslant 20$	17

注：RH 为相对湿度。

4.4.2　仰拱及仰拱填充施工

1. 施工方法

仰拱应紧跟开挖面，距开挖面不得大于 60 m，人工配合挖掘机检底，要清理干净底部虚渣、杂物、积水。为减少仰拱施工与出渣运输的干扰，采用施工栈桥进行仰拱全幅施工，全幅灌注。仰拱和底板混凝土强度达到 5 MPa 后，行人方可通行；达到设计强度100%后，车辆方可通行。

施工时，首先布设仰拱栈桥，再进行仰拱石方开挖并处理欠挖。欠挖采用风钻钻孔，松动控制爆破，反铲配合清渣，高压风吹底；然后立模板，仰拱和填充层在施工缝处错开50 cm，预埋接茬钢筋，拆模后进行凿毛处理，并浇筑混凝土。混凝土从混凝土运输车直接输入，用插入式振捣棒振捣密实。待混凝土养护到设计强度后，移至下一幅仰拱施工。仰拱填充及铺底应超前拱墙二次衬砌台车，超前距离以 3 倍以上的循环作业长度为宜，可为拱墙衬砌台车提供轨道铺设条件，既有利于文明施工，又保证隧道底部的施工质量，从根本上消除隧底质量隐患，有利于结构稳定。

2. 施工技术措施及要点

①测量放样。根据设计图纸放出高程和中线控制线。

②施工前，应清除干净隧底虚渣、杂物、泥浆、积水等，并用高压风将隧底吹洗干净，超挖应采用同级混凝土回填。

③混凝土运送罐车到达浇筑地点后，利用梭槽或直接泵送进入安装好侧模和端模的仰拱内，人工用插入式振捣器振捣。

④在表层混凝土振捣过程中，应经常拉线检查设计高程，用水平尺检查平整度。必要时，人工扒除高于设计高程的混凝土，填补低于设计高程的低洼处，并振捣，使混凝土表面平整。

⑤接缝。每一循环拆除后应及时对施工缝凿毛，纵向施工缝应设接茬钢筋，使左右幅连为一个整体，增强受力效果。

⑥仰拱施工应超前拱墙衬砌，并尽量紧跟开挖工作面，Ⅳ、Ⅴ级软弱不稳定围岩施工时，仰拱距开挖面宜不超过 40 m。同时为解决运输作业的干扰，应采用仰拱栈桥进行仰拱和底板施工。

⑦仰拱施作应一次成形，保证仰拱整体稳定。仰拱变形缝和施工缝处应做好防水处理。

⑧采用板式无砟轨道的铁路隧道工程，底板应与无砟轨道底座统一施工。

⑨为减少仰拱施工与出渣运输的干扰，采用仰拱栈桥跨过施工地段，以保证隧道底部的施工质量，消除隧道底部结构施工质量隐患。仰拱栈桥的长度和结构形式可根据施工需要来确定。

⑩在围岩变化处、软硬不均处，仰拱施工应按规定设置沉降缝，避免运营阶段出现不均匀沉降而导致结构混凝土开裂。

⑪在软弱围岩中，仰拱开挖要遵循"短进尺、快封闭"的施工原则。施工期间，安排监控量测人员加强观测频率，发现异常情况，立即采取加固措施，并停止仰拱开挖。待隧道稳定后方可进行施工。

4.5 隧道防排水施工

4.5.1 施工防排水

1. 机械排水

(1)水泵自动化装置

①自动化装置的要求。

a. 集水坑水深达到一定高度,水泵自动注水启动;水位降到一定高度,水泵自动停止。

b. 如一个集水坑有 2 台水泵,在第一水位时,两台水泵自动轮换工作。一台工作水泵出故障,则自动切断电源,另一台水泵自动投入工作。当水位上升到第二水位时,两台水泵自动启动,同时工作。

c. 应有短路、过流、过热等保护装置。

d. 应有各种工作状态、水位及各种事故信号。

e. 自动化系统安全可靠。

②自动化系统中各部件的作用。

a. 电磁阀:一般水泵在启动前须注水,用电磁阀把尾水管的存水注入水泵腔内。高水头水泵停车前须注气,电磁阀在水泵腔内注入微量气体,以防止水锤作用损坏水泵。

b. 水位信号装置:作为集水坑到一定水位时的信号反应和水泵注水注满的信号反应。

c. 压力继电器:用以保证尾水管或水箱存有足够的水量,为注水做好准备。

d. 流量继电器:反映水泵工作是否正常起保护作用。

e. 温度继电器:大型水泵及电机轴承温度监视。

f. 电动时间继电器:在自动控制系统中,程序控制各台水泵的轮换工作和水系启动。

2. 水泵及管路的选择

(1)水泵的选择

水泵的排水能力(流量)Q 计算见式(4.9)。

$$Q = \frac{C}{m}q \tag{4.9}$$

式中:C 为涌水不均匀系数,取 1.3~1.5;m 为水泵的时间系数,取 0.8~0.85;q 为涌水量,m^3/h。

水泵的扬程 H 计算见式(4.10)。

$$H = (L_1 + L_2)\sin\alpha(1+K) \tag{4.10}$$

式中:L_1 为排水管长度,m;L_2 为吸水管长度,m;α 为排水管路倾角;K 为管路阻力换算扬程系数。

水泵的轴功率 N 计算见式(4.11)。

$$N = \frac{QH\gamma}{3600 \times 10^2 \times \eta} \qquad (4.11)$$

式中：γ 为水的容重，kg/m³；η 为水泵效率，取 0.65～0.85。

排水管直径 d 计算见式(4.12)。

$$d = 1.88\sqrt{\frac{Q}{v}} \qquad (4.12)$$

式中：v 为水在排水管内的平均速度。

吸水管直径 $d_{吸}$ 计算见式(4.13)。

$$d_{吸} = d + 25 \qquad (4.13)$$

吸水管长度 L_2 计算见式(4.14)。

$$L_2 = \frac{H_2 + 0.5}{\sin\alpha} \qquad (4.14)$$

式中：H_2 为水泵允许吸上真空高度，m。

(2)管路的选择

管路的选择见表 4-5。

表 4-5　管路阻力换算扬程系数 K

实际扬程/m	管路直径/mm		
	200 以下	250～300	35 以上
10	3～50	20～40	10～20
10～30	20～40	15～30	5～15
30 以上	10～30	10～20	3～10

2. 坑道截排水

根据水源方向、位置、流量、流速、含泥量的大小确定截排水坑道的位置、方向、断面形式、大小和坡度，并确保排水通畅，防止淤塞。

(1)截排水坑道的位置

①截排水坑道一般与隧道平行或近似平行，并设于地下水流向隧道的一侧，垂直于水流方向。

②当围岩有多层含水层时，应根据地质条件、含水量大小和对隧道的危害程度等确定截排水坑道的位置。一般可设在最底层或对隧道影响最大的含水层。条件许可时，可钻孔连通各个含水层，以更好地排除上面各层地下水。

③严寒地区隧道的截排水坑道同时作为永久泄水洞时，一般可设在隧道底部之下。其埋置深度不得小于地层的最大冻结深度。

④当隧道设有平行导坑时，可利用平行导坑超前开挖探、截地下水，但应视坑道地质情况进行必要的衬砌。

(2)技术条件和要求

①截排水坑道可在出口接明渠将水排走，或用通道和排水管与隧道水沟连通。如只设局部地段的截排水坑道时，可将通道与开挖面附近水沟连通。严寒地区的主排水沟出口处

应保温防寒，为防止冰塞和冰锥，一般可采取下列措施：

a. 加大出口段坡度。

b. 临近出口段在地面加厚上层保温层。

c. 出口处应高于天然沟谷历史最高冻结面 20～30 cm，并防止天然沟谷含泥水流倒灌淤塞。

②截排水坑道的纵向坡度应小于 3‰；其断面应在满足施工要求和机具条件下，力求缩小净空，减少工程量。

③当截排水坑道用作永久泄水洞时，除必须衬砌外，应留足泄水孔，以引入地下水；隧道衬砌背后的防排水设施应予连通。

3. 超前钻孔探水

采用超前钻孔探明隧道掘进前方的地下水和工程地质情况，并根据隧道排水能力控制探水钻孔的流量。

（1）探明排水

①应根据估计水量、水压情况，对探水钻孔孔口进行加固，设套管安装水阀，以控制探水钻孔流量和预先释放掘进前方的高承压水。

②为防止高承压水突然涌出，钻孔必须在高压滞水层前预留 15～20 m 的不透水层作为防护。

③隧道掘进遇到以下情况时，必须探水前进：

a. 接近可能与河流、湖泊、蓄水池等相通的断层、裂隙发育的破碎岩层时。

b. 接近溶洞、含水断层或地下水丰富的流砂层、冲积层、破碎岩层等含水层时。

c. 钻孔时发现岩层变松或黏土量增多，沿钻杆向外流水超过正常凿岩供水量或出现其他涌水征兆，如空气变冷、发生雾气、有水声、顶板淋水、顶板流水加大等情况，应立即停钻并严禁抽动钻杆，边监视水情边撤离人员再行治理。

（2）钻孔前的准备工作

根据水文和地质构造情况判定地下水流方向，准确确定钻孔位置、方向、数目和每次钻进深度。加强钻孔附近的坑道支护。清理坑道，准备排水设施。

（3）钻孔深度

钻孔深度宜保持 15～20 m 的超前距离，以保证施工安全。

4. 井点降水

井点降水是将一系列井点管埋设于开挖底面以下的地层中，并将这些井点连接到抽水总管，用真空泵或水泵将地下水抽走，以降低地下水位，使开挖面保持干燥状态，以改善施工条件。

（1）井点系统施工

①井点管用钻机钻孔后埋设，钻孔深度须比滤管底深约 0.5 m。一般来说，单排线状井点系统，滤管顶端应设在底面以下 1.0～1.2 m。每组井点的埋设深度必须保持一致。

②井点间距一般为 0.8～1.6 m。

③井点管方向可竖直，亦可根据具体情况向前或向两侧倾斜 50°～55°。

④井壁与井壁之间应及时用粗砂填实。孔口下至少 0.5 m 深度内应用黏土填塞严密，

防止漏气。

⑤遇到黏土层时，应注意防止产生砂滤层脱空现象。如黏土层部分未能形成砂滤层，则不能将黏土层以上含水层中的地下水抽吸出来。

⑥井点管埋设后应进行试验。将水注入管内后，如果水很快下渗，或向井点与孔壁间填砂时，管内水面上升，则可认为埋管合格。之后可装弯联管，并将其和总管连接。

⑦应尽量降低抽水总管与泵的位置，且沿抽水水流方向应有 0.25％～0.5％ 的上仰坡度。井管系统各部件均应安装严密，防止漏气。

⑧如排水管有引起倒流水的可能时，在排水管与水泵接连处装止逆阀。气水分离箱与总管连接的管口宜高于抽水泵的叶轮轴线。

（2）井点系统的使用

①井点系统安装完毕后，对泵站设备各转动部分加注润滑油，接好动力电缆，并详细检查各部的接头、阀门等，然后开始试验性运转。

②首先做真空试验，即关闭所有的弯联管阀门和总管闸阀门，从接近泵站一端开始依次打开阀门，读取真空度仪表的读数，检查总管末端的真空度是否达到预期要求。认定总管合格后，开启各井点的阀门，检查其真空度，对不合格者应立即检修。

③真空试验合格后，即可正式运转。先开动真空泵，随即开动抽水泵，抽水泵的阀门应根据水流多少确定开启大小，不可在开始时就将其开大。

④泵站开动后，抽出的水可能夹带一部分细砂，正常情况下，一段时间后细砂即消失，但若滤网孔眼过大，砂粒会不断抽出。另外，如果排水管上的阀门开启过大，将系统内的水全部抽完后，真空泵将会抽去系统内的空气，将水吸上，这是真空泵发挥全部效能将系统外的水强吸进去的结果，也会带进部分泥砂。这表示泵的抽水量过大，超过地下水流供应量，补救的方法是将排水管阀门关小。

若泵站经过数天抽水后，排水管的水仍然满流，则证明泵站的抽水量太小，可开动备用泵，以使水位迅速降低。

⑤井点系统在工作时，真空计所指示的真空度应和设计相符，或比设计略高，才能达到预计的降低水位的目的。造成真空度不足的因素很多，主要是由于抽吸系统有漏气现象，吸进大量空气，或者是由于泵站设备安装不严密及运行不正常。当发现真空度不足，抽出水量很少时，应首先查明原因。检查时，可先关闭泵站与总管之间的闸阀，此时，真空计读数应上升到 600～650 mm，如仍停留在低度数不动，则可断定真空度不足与泵站有关。泵站检查完毕后，打开闸阀，再检查抽吸系统。抽吸系统漏气部位主要在各接头处和滤管处。

⑥抽水过程中应该经常检查管路有无漏气及"死井"，如有"死井"，可用水冲进疏通或重新埋设。

5. 深井抽水

当浅埋隧道或竖井穿过潜水、承压水层时，在隧道两侧或竖井的四周钻凿深井，依靠水泵抽水降低水位，或利用地质钻孔为井点降低水位。

（1）深井施工

①深井钻孔可用钻探法或水冲法，钻孔直径应至少大于井管直径 50 mm，钻孔深度应达到隧底以下 5 m 左右，并应根据抽水期内沉淀物沉积的高度加深；深井间距一般为 25～30

m。具体数值应根据水流状态与岩层构造确定。

②钻井套管安置可分逐节沉放或整根沉放两种，其安置深度视土质及施工要求而定。

③井管为穿孔的钢管，有网状和缝状两种。网状适用于渗透系数较小的岩层，缝状适用于渗透系数较大的岩层。

④井管滤网应放置在含水层的适当范围内，井管内径一般宜大于水泵外径5 cm。井管与孔壁之间的填充粒粒径须大于滤网孔过滤材料孔径。

⑤水泵安装方式：

a. 采用长轴深井泵，电动机基座应平稳牢固，转向正确，严禁逆转而引起转动轴解体。

b. 采用潜水泵，泵体应放置于深水位以下，动力电缆应绝缘可靠。

c. 压气出水，将水压出地面。

⑥水泵安装前应清洗滤井，冲除沉渣。各管段、轴件的连接必须紧密牢固，使用前应进行检查，不得漏水。

⑦观测地下水位下降情况和流量并做好记录。

4.5.2　结构防排水

1. 基面处理

防水板是隧道防水的重要屏障，其铺设质量直接影响防水效果。从隧道后期出现渗、漏水情况看，多为防水板破损所致。铺设防水板的基面平整光滑，无突出物、异物是保证铺设质量的首要条件。

（1）渗、漏水处理

渗、漏水处宜采用注浆堵水或排水盲管、排水板将水引入侧沟，保持基面无明显渗漏水。当基面出现股状涌水时，可采用局部注浆法、固截注浆法进行封堵，封堵后的剩余水量可用排水盲管或排水板集中将水引入洞内排水沟排出。

（2）基面突出物处理

对于基面外露的锚杆头、注浆管头、钢筋头、螺杆钉头等突出物，应予切除后妥善处理。

①对于钢筋网等凸出部分，应切断后用锤铆平，抹砂浆、素灰。

②有凸出的注浆钢管头时，应先切断，并用锤铆平，后用砂浆填实封平。

③锚杆有凸出部位时，在螺头顶5 mm以上位置切断，用塑料帽遮盖。

2. 排水盲管

排水盲管包括环向盲管、纵向盲管和横向泄水管。纵向盲管与环向盲管、横向泄水管采用变径三通连为一体，形成完整的排水系统。其中，纵向集水盲管在整个隧道排水系统中是一个中间环节，起着承上启下的作用。

（1）环向、纵向盲管施工

环向盲管沿纵向设置的间距应满足设计要求，并根据洞内渗、漏水的实际情况，在地下水较大的地段加密设置。纵向盲管安设的坡度与线路坡度一致。施作步骤与方法如下：

①按规定划线，以使盲管位置准确合理。

②钻定位孔，孔间距在 30～50 cm。

③将膨胀锚栓打入定位孔或用锚固剂将钢筋头预埋在定位孔中。

④将盲管用无纺布包住(防止泥砂、喷混凝土料或杂物进入，堵塞管道)，用铁丝捆好；用卡子卡住盲管，然后固定在膨胀螺栓上。

⑤集中出水点沿水源方向钻孔，然后将单根引水盲管插入其中，并用速凝砂浆将周围封堵，以使地下水从管中集中引出。

⑥采用三通管与其他透水管、连接盲管相连。

(2)横向泄水管施工

横向泄水管(在设中心排水沟的情况下)位于衬砌基础的下部，布设方向与隧道走向垂直，是连接纵向排水管与中央排水管(沟)的水力通道。横向泄水管通常为硬质塑料管。施工中，先在纵向盲管上预留三通管，然后在仰拱及填充混凝土施工前接长至中心排水管(沟)。

施工中，三通管留设位置应准确，接头应牢固，防止松动脱落。

(3)施工注意事项

①定位划线时，尽可能在基面的低凹处和有出水点的地方布设盲管。

②盲管尽量与岩壁密贴，与支护的间距不得大于 5 cm，盲管与支护脱开的最大长度不得大于 10 cm。

③盲管用无纺布等渗水材料包裹，防止泥砂、喷混凝土料或杂物进入堵塞管道。

④用防水卷材半裹纵向盲管，使从上部流下的水在纵向盲管位置尽量流入管内。

3. 防水板

(1)铺设准备

防水板铺设前，一般要做如下准备工作：

①洞外检验防水板及缓冲层材料质量。

②对检验合格的防水板，用特种铅笔画出焊接线及拱顶分中线，并按每循环设计长度截取，对称卷起备用。

③铺设防水板的专用台车移到要铺设的地方就位。将缓冲层(土工布)和防水板吊放在台车的卷盘上。

④铺设前进行精确放样，进行试铺后确定防水板一环的尺寸，尽量减少接头。

⑤在铺设基面标出拱顶线，画出每一环隧道中线及垂直隧道中线的横断面线。

(2)铺设缓冲层

对于分离式防水板，先进行缓冲层铺设。铺设缓冲层时，用射钉或膨胀螺栓将热塑性圆垫圈和缓冲层平整顺直地固定在基层上，其固定点的间距可根据基面平整情况确定，一般拱部为 0.5～0.8 m，边墙为 0.8～1.0 m，隧底为 1.0～1.5 m，呈梅花形布置，并左右上下成行固定。在凹凸较大的基面上，应在凹处加密固定点，使缓冲层与基面密贴。缓冲层搭接宽度应不小于 50 mm，一般仅设环向接缝，当长度不够时，所设轴向接缝应确保上部(靠近拱部的一张)由下部(靠近底部的一张)缓冲层压紧。

(3)铺设防水板

防水板一般采用专用台车铺设，有条件时也可采用防水板自动铺设机铺设。

防水板采用环向铺设法，从拱部向两侧边墙展铺，下部防水板应压住上部防水板，松紧应适度并留有余量，保证防水板全部面积均能与围岩密贴。

防水板纵向搭接与环向搭接处应采用丁字形接头，除按正常方法施作外，应再覆盖一层同类材料的防水板材，用热熔焊接法焊接。

两幅防水板的搭接宽度应不小于 150 mm，分段铺设的防水板边缘部位应预留至少60 cm搭接余量。搭接缝应采用双焊缝、调温、调速热楔式功能的自动爬行式热合机热熔焊接，细部处理或修补采用手持焊枪。当采用单条焊缝时，其有效焊接宽度应不小于15 mm，焊接要严密，不得焊焦焊穿。搭接缝焊接质量应按充气法检查，发现漏气及时修补。防水板搭接缝应与施工缝错开 1.0～2.0 m。

固定分离式防水板一般采用热风焊枪或热合器，使防水板熔化与塑料垫圈粘结牢固；对于复合式的防水板，则按设计要求(一般拱部 0.5～0.8 m，边墙 0.8～1.0 m，底部1.0～1.5 m)在铺设基面打设膨胀锚栓，采用悬吊法牢固固定，膨胀锚栓帽宜采用圆弧形，锚栓顶面离喷射混凝土面距离不大于 3 mm。

洞身与附属洞室连接处的防水板铺设不得形成水囊、积水槽。

明洞与隧道防水板搭接时，隧道防水板应延伸至明洞，并与明洞防水板搭接良好。

正洞与附属结构搭接处易形成阴阳角，防水板必须在阴阳角弯折搭接。防水板弯折前的搭接边 L 大于弯折后的焊贴边 l。为使弯折后搭接平展，可在弯折前将防水板分成 n 段，并于分段处剪出口宽为$(L-l)/n$ 的三角形缺口，弯折后的缺口能平展闭合，达到平顺焊接防水板的目的。

(4)铺设质量检查

对防水板铺设质量一般要进行目测及尺量检查、充气检查、负压检查。

①目测及尺量检查。目测及尺量检查主要用于检查防水板外观质量，检查防水板有无烤焦、焊穿、假焊和漏焊，检查焊缝宽度是否符合设计，检查焊缝是否均匀连续，焊缝表面是否平整光滑，焊缝有无波形断面。

②充气检查。充气检查主要检查防水板的搭接缝密封性能，检查方法是先堵住空气道的一端，然后用空气检测器从另一端打气加压，直到压力达到 0.25 MPa 时停止充气，保持 15 min。如压力下降在 10% 以内，说明焊缝合格；如压力下降过快，说明焊缝不严。将检测液(可用肥皂水)涂在焊缝上，有气泡的地方即为密封不严处，应重新补焊，直到不漏气为止。

③负压检查。防水板补焊处可采用负压检查方法(即真空罩)进行检验，如焊缝密封性不合格，应进行再次修补，直至通过检测。

4. 止水带及止水条

施工缝及变形缝是隧道防排水的薄弱环节，也是隧道工程防水的重点。施工缝通常采用背贴式止水带、遇水膨胀止水条、中埋式止水带的单一或复合防水方式，必要时施工缝还应设置带注浆孔的遇水膨胀止水条并预埋注浆管。变形缝防水通常采用中埋式止水带与背贴式止水带、防水密封材料、遇水膨胀橡胶止水条等组合的形式。特殊情况下，变形缝防水还可设置带接水盒的构造形式。

(1)止水带

①止水带施工。中埋式止水带安装应利用附加钢筋、卡子、铁丝、模板等将止水带固定，宜采用专用钢筋套或扁钢固定。采用扁钢固定时，止水带端部应先用扁钢夹紧，并将

扁钢与结构内钢筋焊牢，固定扁钢用的螺栓间距为 50 cm。

中埋式止水带应固定在挡头模板上。中埋式止水带先施工一侧混凝土时，其端模应支撑牢固，严防漏浆。固定止水带时不能在止水带上穿孔打洞，不得损坏止水带本体部位，应防止止水带偏移，以免单侧缩短，影响止水效果。安装止水带时，沿衬砌环线每隔 0.5～1.0 m，在端头模板钻直径 12 mm 的钢筋孔。将制成的钢筋卡，由待灌混凝土侧向另一侧穿过挡头模板，内侧卡进止水带一半，另一半止水带平靠在挡头板上，待混凝土凝固后拆除挡头板，将止水带拉直，然后弯钢筋卡紧止水带；浇筑另一端混凝土时应用箱形模板保护。

背贴式止水带应采用粘接法与防水板连接，与止水带进行粘结的防水板应擦洗清洁。

止水带的长度应事先向生产厂家订制，尽量避免接头。如确需接头，应选在二次衬砌结构应力较小的部位，可采用搭接、复合连接、对接的形式。止水带接头粘接前，应做好接头表面的清刷与打毛。

②施工控制要点。

a. 止水带埋设位置应准确，其中间空心圆环应与变形缝重合。

b. 止水带定位时，应使其在界面部位保持平展，不得使橡胶止水带翻滚、扭结，如发现有扭结不展现象，应及时进行调正。

c. 止水带的上下压茬应排水畅通，将水引向外侧。

d. 浇筑振捣靠近止水带附近的混凝土时，不得破坏止水带，同时应充分振捣，混凝土应与止水带紧密结合。

e. 衬砌脱模后，若检查发现施工中发生走模现象，致使止水带过分偏离中心时，则应适当凿除或填补部分混凝土，对止水带进行纠偏。

（2）止水条

止水条采用预留槽嵌入法施工。水平施工缝是先浇筑混凝土，在混凝土初凝后、终凝前，根据止水条的规格在混凝土端面中间压磨出一条平直、光滑槽。环向或竖向施工缝是采用在端头模板中间固定木条或金属构件等，在混凝土浇筑后即形成凹槽。槽的深度为止水条厚度的一半，宽度为止水条宽度。在灌注下一循环混凝土之前，要对预留槽进行清理，清除残渣，磨光槽壁，涂抹胶黏剂，将止水条安装在槽内，黏结牢固，并用间距不大于 60 cm 的水泥钉固定。

止水条接头处重叠搭接后再黏接固定，搭接长度应不小于 5 cm。

第5章 轨道工程施工

5.1 无砟轨道施工

5.1.1 CRTS I 型板式无砟轨道施工

CRTS I 型板式无砟轨道(China railway track system)结构包括混凝土底座和凸形挡台、水泥沥青砂浆(Cement Asphalt mortar，CA 砂浆)垫层、轨道板、扣件和钢轨。施工主要设备包括：混凝土搅拌站、混凝土运输车、混凝土泵车、混凝土输送泵、钢筋加工设备、轨道板安装车、移动式水泥乳化沥青砂浆搅拌车、水泥乳化沥青砂浆灌注设备、三角规等。

1. 底座和凸形挡台施工

对梁面进行凿毛，保证梁面粗糙，将梁面预埋的门形钢筋调直复位，如有缺失，应进行植筋处理。

采用全站仪自由设站，后视 3 对 CP III(基桩控制网)点，测出底座四个角点和凸形挡台中心位置，并在基床表面上做好标记。曲线地段放样时，要注意超高引起的底座中心线偏移及外侧模板的高度变化。按照设计图纸要求，绑扎底座和凸形挡台钢筋，在已经标记好的墨线位置安装底座模板，调节模板顶部高程至设计位置，涂刷脱模剂，检查模板接缝是否密贴、安装是否稳定牢靠。按照设计要求预埋底座内的过轨管线、横向排水管等。检查混凝土温度、坍落度及含气量，一般情况下混凝土的入模温度应不低于 5 ℃，不宜超过30 ℃。混凝土浇筑时采用插入式振捣棒振捣，避免漏振、过振，振捣过程中加强对模板支撑和接缝的检查，以防漏浆和跑模。混凝土收面后，采用墨线弹出轨道板宽度范围，对其混凝土表面进行横向拉毛，拉毛深度为 1 mm。底座混凝土终凝后采用土工布覆盖，湿润养生不少于 7 d。在混凝土强度达到 2.5 MPa 以上且能保持棱角完整时，拆除模板。

底座混凝土浇筑 24 h 后，方可施工凸形挡台，在凸形挡台与底座接触面进行凿毛处理。安装凸形挡台模板，调节模板顶面高程至设计位置，模板采用锚固钢筋固定，混凝土浇筑完成后及时养生，养生时间不少于 7 d。

如需安装基准器，则在凸形挡台施工时预留凹槽，其大小应按照基准器尺寸设定。

2. 基准器测设

基准器测设依据 CP III 控制网进行，平面位置采用后方交会法放样，标高采用电子水准仪依据 CPⅢ控制网测量。其工艺流程为：粗测定位→安装基准器→精测、调整→锁定基准器→中线复核、测量→基准器高程测量→砂浆固化基准器→基准器编号、标志。

3. 轨道板铺设

在存板区内用汽车式起重机将轨道板吊装至 15 t 平板卡车上，运送到轨道板提升站，对每块轨道板的外观质量、轨道板平整度、轨道板中心线和钢轨中心线位置进行上线前的最后检测。轨道板采用汽车吊吊装至轨道板安装车组上，推送至铺设工作面。

安装轨道板前，应将底座表面清理干净，保证无残渣、积水等。轨道板采用轨行式随车吊安装，轨道板安装车走行至相应工位后，将轨道板放置在事先摆放好的垫木上。落板时应有专人在凸形挡台附近用木条导入，防止轨道板撞击凸形挡台。

轨道板状态调整采用简易吊架（配置 4 台 2 t 手拉葫芦）配合三角规依据基准器进行。采用调节器具调整轨道板的前后位置，使轨道板与凸形挡台之间的间隙均匀一致；再调节轨道板左右位置，使其中心线与三角规连线（即线路中心线）重叠；最后调整轨道板的高度，使三角规纵横向调节气泡分别居中。重复上述步骤，直至轨道板状态满足要求。

4. 水泥乳化沥青砂浆灌注

采用水泥乳化沥青砂浆搅拌车拌和砂浆，砂浆搅拌时的材料投入顺序、搅拌时间及搅拌机转速等指标应根据配合比及现场放大试验所确定的参数进行设定。

水泥乳化沥青砂浆灌注宜采用灌注袋，在指定位置将灌注袋铺开平整，避免出现褶皱，并采用木楔将灌注袋的四个角固定在轨道板下方。水泥乳化沥青砂浆灌注应在 5～35 ℃进行，采用灌注漏斗与搅拌机连接，将搅拌好的水泥乳化沥青砂浆经过灌注软管流进灌注漏斗内，采用带阀门的软管将灌注漏斗与灌注袋连接，打开阀门，使水泥乳化沥青砂浆依靠重力作用流入灌注袋内，不得从搅拌灌注车上直接通过灌注软管与灌注袋相连。

灌注结束 24 h 并确认水泥乳化沥青砂浆强度达到 0.1 N/mm² 后，拆除支撑螺杆。水泥乳化沥青砂浆在灌注不少于 7 d 或压强达到 0.7 MPa 后，方可进行轨道铺设等作业。

5. 凸形挡台树脂灌注

凸形挡台树脂材料为双组分聚氨酯材料（A 组分和 B 组分），能够满足 5～40 ℃温度条件下施工的要求。

清扫凸形挡台的灌注部位，确保灌注部位清洁、干燥，必要时采用热风机烘干。用搅拌器充分搅拌 A 组分，搅起桶底的全部沉淀，将 A 组分和 B 组分按配合比要求倒入料筒内，充分搅拌，搅拌时间约 5 min。将搅拌好的混合液分装到灌注容器内，由灌注容器进行灌注施工，搅拌后的树脂材料必须在 20 min 内注入完毕。

凸形挡台树脂施工完毕后，如遇到恶劣天气，应对树脂采取防护措施，防止雨水或杂质落入树脂内。树脂硬化后撤除防护布，对凸形挡台周围进行清理。

5.1.2 CRTSⅡ型板式无砟轨道施工

CRTSⅡ型板式无砟轨道道床施工主要设备有：混凝土搅拌站、混凝土运输车、混凝土泵车、混凝土输送泵、滑模摊铺机、钢筋加工设备、轨道板运输车、轨道板铺设门吊、轨道板定位精调装置、移动式水泥沥青砂浆搅拌车、水泥沥青砂浆灌注设备、定位圆锥体等。

1. 施工准备

①检查梁面，核对梁面高程、平整度等，不符合标准的梁面应进行修整，以达到梁面验收标准。相邻梁跨梁端桥面之间、梁端桥面与相邻桥台胸墙顶面之间的相对高差不大于 10 mm。梁桥面高程不得高于设计高程，也不得低于设计高程 20 mm。

②做好复核、复测基准网的准备工作，根据铺板需要对导线点进行加密，并将控制点引至梁面或固定的结构物上。

③便道的平面位置及平整度要满足要求，以便于 CRTSⅡ型板、其他材料及施工机械设备的吊装和运输。

④桥梁面的防水层必须按设计喷涂完毕。

2. 滑动层铺设

滑动层由两层无纺布和一层聚乙烯薄膜构成，两层无纺布之间铺一层聚乙烯薄膜。

铺设第一层无纺布之前，必须认真清洗桥梁上部结构的表面。桥梁上不得残留石子或砂粒之类可能破坏滑动层的颗粒。铺设时，从可移动的桥梁端开始，铺设范围纵向为桥面除铺设硬泡沫板的部分，宽度大于 2.95 m。

在第一层无纺布上铺设聚乙烯薄膜，薄膜不得起皱，在接缝处必须将聚乙烯薄膜熔接。

在聚乙烯薄膜上铺设第二层无纺布，无纺布必须连续整块铺设。铺设第二层无纺布时，用水湿润无纺布，以利于将无纺布吸附在聚乙烯薄膜上。

两布一膜(无纺布、聚乙烯薄膜)任何一层都不能出现破损，一旦出现破损必须更换。不得在铺设后的无纺布和聚乙烯薄膜上行车。

3. 硬泡沫塑料板铺设

接缝板采用硬泡沫塑料板，这是一种由聚苯乙烯泡沫塑料组成的板。硬泡沫塑料板铺设在梁缝处(以活动端开始到固定端连接的锚固螺栓为止)，尺寸为 3.1 m(线路纵向包括 0.1 m 的梁缝)×2.95 m(线路横向)×0.05 m(板厚)。在铺设硬泡沫塑料板时必须注意，黏合硬泡沫塑料板时不能有交叉接头。

为保证固定硬泡沫塑料板，可采用一种合适的胶合剂(由设计决定)将其粘贴在固定支座的桥梁上部结构上(必须保证所用的胶合剂与硬泡沫塑料板之间的相容性)。在滑动的桥梁上，硬泡沫塑料板放置在滑动层上(不用胶合剂粘结)。

在铺设硬泡沫塑料板时必须注意，每个硬泡沫塑料板应搭接拼装放置，不产生裂缝。在一些尺寸受限位置，可量体裁剪硬泡沫塑料板。为避免混凝土的渗入，在硬泡沫塑料板上覆盖一层薄膜。

4. 混凝土底座板施工

桥上底座板采用现浇混凝土，由混凝土运输车运输，泵送入模。混凝土底座板是 CRTSⅡ型轨道板的支承基础和结构元件，浇筑在两布一膜上。通过混凝土底座板可以设置轨道的超高。混凝土底座板和轨道板通过沥青水泥砂浆(BZM 砂浆)连接。混凝土底座板宽为 2.9 m，一般部位厚度为 19 cm，在铺设有硬泡沫塑料板处，由于硬泡沫塑料板厚度为 5 cm，底座板混凝土厚度相应减少到 14 cm，底座板为纵向贯通的无缝混凝土底板。

混凝土底座板和桥梁通过桥梁上的纵向点牢固连接。混凝土底座板与桥梁除固定点连接外，在其他部位通过滑动层和硬泡沫塑料板铺设在桥梁上。滑动层和硬泡沫塑料板能消除梁体伸缩变形而产生的拉、压力。对于采用列车定位系统的线路，混凝土底座板的纵、横向钢筋之间必须采取电气绝缘措施。

5. 圆锥体安装

①轨道板精调前须用铺设机械进行粗放。在轨道板的接头处使用辅助安装工具圆锥体，可使轨道板铺设精度达到 10 mm，减少随后的精调工作量。

②圆锥体用硬塑料制成，高约 120 mm，最大直径约为 135 mm。圆锥体有一中心孔，直径为 20 mm。在一缘设有凹槽或孔，利用它可借助夹具将圆锥体从圆筒形窄缝中取出。

③施工前应对全桥进行贯通测量。施工单位应具有由设计单位提供的基础网和由其测定的每 250 m 加密点所组成的基础网，然后由此在桥梁板上每隔 60 m 测定轨道定线标志点，并加以平差，轨道定线标志点的精度要求为平面±3 mm，高程±1 mm。

④在圆锥体安放位置处用钻机钻孔，孔径 20 mm，钻孔深度在直线上为 15 cm，在曲线上为 20 cm。用合成树脂灰泥或类似的灰泥来胶粘锚杆，锚杆采用精轧螺纹钢。待灰泥强度达到要求后，锚杆就牢固地胶结在底板内，将圆锥体套上锚杆并用翼形螺帽固定。

⑤轨道基准点和圆锥体安装点位于 CRTS Ⅱ 型板横接缝的中央，且接近轴线。圆锥体的轴线与安置点重合。

6. 轨道板粗放

(1)准备作业

对混凝土底座板进行检查验收，其断面尺寸、表面平整度及最大允许偏差应符合要求。

铺设轨道板必须有一个基本网，还要有依其平面高程值测定并加以平差的轨道定位标志点(平面精度为±3 mm，高程精度为±1 mm)。控制点要有足够的密度(点距约为 250 m)且相对邻点以平面精度为±5 mm、高程精度为±1 mm 加密。

从轨道定位标志点引出轨道基准点(平面精度为±1 mm，高程精度为±0.5 mm，点精度均为相对值)，并设置保险点(另行在线路外侧设置的与轨道基准点同精度的检测点)。

在整个施工期间，基本控制网必须依据地质条件情况随时进行检查，必要时加以更新。

(2)轨道板的调用计划

轨道板调用计划可分为初步调用计划和准确调用计划。应至少提前 14 d 提出轨道板初步调用计划，在交货日期前 3 d 提出准确调用计划。

将轨道板从工厂通过临时运输便道运送至施工段的桥下或提前在桥下备板，由履带式吊机吊至梁上直接进行铺设。在跨度较大的连续梁上，由于轨道板运输车辆不能到达，需在桥上配备专用的运输小车进行短距离的调用，运输小车可采用两侧牵引的小型平板车。

在工地交货时，供货方和铺设方要对轨道板进行现场检验，一般采用肉眼检查每块轨道板的状态。轨道板检查项目有：核对轨道板编号；检查轨道板表面边缘是否有损坏，如有混凝土剥落，深度不得超出 5 mm，面积不得大于 50 cm²；检查轨道板底面边缘是否有损坏，如有混凝土剥落，不得侵入板的边缘 15 mm，长度不得大于 100 mm；检查轨道板、承轨台是否有裂纹。

（3）轨道板的粗放

在一般情况下，用履带式吊机将轨道板从运输车辆上卸下并铺装。特殊情况（比如在以后填补缺口时）下，也可用一台轮胎式吊机。

轨道板安装前，要在精调装置的安设部位放上发泡材料制成的模具，并用硅胶固定。该模具在灌浆时作密封用，以防垫层砂浆溢出。

轨道板铺设前，应在底板上放置间隔木条，间隔木条采用厚 2.8 cm 的松木条，木条放置位置为吊机夹爪突出点的旁边。

门架式起重机司机应尽量准确地驶近铺设地点，因为起重机的横梁纵向移动量是有限的。起重机起吊横梁应直接定位在轨道板（在运输车辆上）的正上方并降下。

7. 轨道板精调

轨道板精调时采用的仪器应满足以下要求：

全站仪：测角精度小于 $1''$，测距精度 1 mm＋2 ppm（如徕卡 TCA1800）。

电子数字水准仪：使用铟瓦水准尺时测距精度小于 0.9 mm，使用标准水准尺时测距精度小于 1.5 mm，测距标准差小于 500 ppm，并含精密水准配件（如徕卡 NA3003）。

精调时，还应配套使用以下设备：测量滑架、架设全站仪及棱镜的专用三脚架、与测量滑架配套的标准棱镜。

在已知的轨道基准点上对速测仪进行程控设站，并利用已精调完毕的轨道板上的卡尺进行定向，再使用其他已知轨道基准点进行定向检查。出现较大偏差时（如高程差 0.5 mm 或平面差 1.0 mm），则检查轨道基准网以及前一块已铺好的轨道板的精调精度。粗略定位后，在轨道板的两侧分别放置 3 个两轴的校正架，借助全站仪和安装在轨道板端部的激光感应器对轨道板进行精细调整。

利用特别编制的计算机控制程序，通过激光感应器和视距仪采集轨道板的位置数据，计算出安装在板侧底部的校正架的修正值范围。由人工调整校正架，调整轨道板的前后高低和方向，直至满足规定的精度要求。

定向完毕后，电控装置自动行至待精调的板的 6 个调控点，放置卡尺并量测，由测量软件计算出需调整的精调值，由测量工程师通过精调器发出自动调整位置指令，借助精调器上螺丝调节装置，便可对轨道板进行水平和垂直方向上的精调。重复以上进程，直至平面精度达到 0.5 mm 为止。

8. 水泥沥青砂浆灌注

（1）轨道板边缝密封

精细调整完成并满足精度要求后，在轨道板和底座板之间有平均厚 2～4 cm 的缝隙，要用垫层砂浆对轨道板逐块填充。为防止沥青水泥砂浆在垫层灌浆时不受控制地从轨道板侧面溢出，必须将轨道板和底板之间的缝隙进行密封，侧缝采用一种特殊的、稳固的水泥砂浆。在密封开始前，应将底板的表面包括轨道板以外的部分清扫干净。在气候很干燥时还必须浇湿这一范围。

在进行密封砂浆施工中，不允许触动定位装置以及铺设的轨道板，否则会再次破坏已调好的精确度。在模板安装好后，必须对调节装置四周做封闭处理，以便使这些装置在浇筑垫层砂浆时保持清洁。

轨道板纵向密封砂浆可采用商业上通用的改进型耐久性室外用灰浆，并按照说明书配制成稠度较大的砂浆。密封砂浆采用通用的砂浆搅拌机在施工现场配制，配制后，经过灰浆搅拌机的螺旋输送器和相应的软管输送到施工工场。在软管的末端有一个楔形的带一个拖板的铺设装置，以便在纵向形成一条沿着混凝土底座板和轨道板之间缝隙的楔形密封。喷枪应设计成相应的三角形出口，防止砂浆进到轨道板下面。

在校正装置范围内的轨道板下面放置梯形、不吸水的乙醚泡沫材料模具。以防止垫层灌浆时砂浆溢出和污染校正夹爪。可以保留轨道板下面的模制件。下次修理后再装上校正装置使用。

为使轨道板下能填满垫层砂浆，在密封层中必须有相应的排气孔，排气孔布置在轨道板的边角附近和中间，紧靠轨道板的下面。排气孔的施工方法是在硬化的砂浆中插入一个圆形管。排气孔同时用作灌浆的检查孔，垫层灌浆时，垫层砂浆一旦从各排气孔溢出，则用专用的塑料盖或软木塞封闭排气孔。

（2）轨道板的固定

为保证在垫层砂浆灌浆时轨道板不浮起，要对轨道板加装压紧装置。压紧装置设置在轨道板的中间和安装圆锥体用过的锚杆处。在轨道板中间设置时，也采用精轧螺纹钢锚固杆，在锚固杆上用翼形螺母充分拧紧，以防止轨道板移动。

轨道板中间设置的锚固杆只在曲线上有超高且超高量大于 45 mm 时使用。轨道板垫层灌浆且垫层砂浆充分硬化后可以拆除锚杆。

（3）灌注沥青水泥砂浆

沥青水泥砂浆作为板式轨道混凝土底座板与轨道板间的弹性调整层，是一种兼具混凝土的刚性和沥青的弹性的半刚性体。为保证灌浆前在已调整好的轨道板接缝处不产生过度张力，需用普通的量尺来测量检测，抽样检验测量为 1 块/10 个 · d^{-1}。如果确定有偏差，用特殊的量尺再检测。量尺上装有指针式测量表，可以精确测出误差。误差大于 1 mm 时要重新调整轨道板。

①底座板和轨道板底面预先浇湿。灌浆时，底座板和轨道板底面必须是潮湿的。为此，在灌注垫层砂浆之前要将两者预先浇湿。根据不同的气候条件来确定浇湿的时间，天气越热、越干燥，则预先浇湿时间越晚；天气越冷、越潮湿，则预先浇湿时间越早，或完全放弃预先浇湿。准确的时间取决于表面的吸水性，并由垫层灌浆人员决定。

②沥青水泥砂浆的拌制。沥青水泥砂浆的拌制采用一台装在载重卡车底盘上的移动搅拌设备，搅拌设备的材料储备可制成约 $6\sim7$ m³ 的沥青水泥砂浆。砂浆从搅拌设备注入中间的储存罐（中间储存罐的容积最大为 650 L），每次注入浇筑一块轨道板所需的砂浆量，即 600 L。这样可避免在中间储存罐中剩余量过多，剩余的砂浆可与下一次灌浆的新拌合料混合在一起使用。

③垫层灌浆。灌浆时，已装满料的中间储存罐从搅拌设备下方向后面旋转伸出，并同时被提高。沥青水泥砂浆经过一条软管注入轨道板的灌浆孔。软管的两端各装有截断装置。一般情况下，通过三个灌浆孔的中间孔进行灌浆。灌浆孔中有聚氯乙烯管，沥青水泥砂浆从管中注入。通过其他两个灌浆孔和装在底板和轨道板间的排气孔观察灌浆过程，只要所有的排气孔冒出沥青水泥砂浆，即可用软木塞或塑料盖封闭。灌浆孔内垫层砂浆表面高度至少应达到轨道板的底边，不能回落到底边以下。储存罐可重新转回到搅拌设备下

面，并改换到下一块轨道板。

中间储存罐中装有搅拌器，使砂浆在灌注过程中始终处在搅动状态，要随时观察搅拌器电动机的耗电情况，砂浆的稠度越大，电机耗电也越大。当耗电量大于规定值时，必须倒掉储存罐中的砂浆，重新拌和进行灌浆。

9. 轨道板纵向连接

为实现 CRTSⅡ型板式轨道系统的适用性，将轨道板相互连接起来。连接前，对轨道板间的窄接缝进行填充。灌注窄接缝时需要安装模板，模板固定在轨道板的外侧窄接缝的侧面，并用螺杆张紧，内侧同样用螺杆张紧。窄接缝灌浆高度到轨道板上缘以下约 2 cm 处。窄接缝填充时，应考虑作业温度不高于 25 ℃的上限值。然后用张拉锁件和螺母套在预制轨道板两端露出的螺纹钢筋上对其进行张拉连接，使接缝始终处于压应力状态，以此提高耐久性。

张拉顺序为先张拉中间两根钢筋，剩下的钢筋从内向外张拉，最后一块板只张拉中间的钢筋。螺纹钢筋预张力用 450 N·m 的扭矩张紧。使用扭力扳手可保证要求的预应力，至少每天检查一次可调扭力扳手的扭矩调整值是否正确。张拉完毕后，在每个宽接缝安装 2 个钢筋骨架和 1 条直径 8 mm 的光圆钢筋，使用钢丝固定。附加 1 条直径 8 mm，长 2.45 m 的钢筋，装在横向接缝的上方，配筋需绝缘固定。

最后灌注混凝土，采用最大粒径为 8 mm 的骨料配置，填充时灌注稠度应较大一些，防止出现"自动找平"现象。混凝土用插入式振动器捣实。表面应抹到与轨道板表面找平。同时灌浆孔也一并填充。

10. 轨道板锚固和剪切连接

在桥梁固定端处轨道板上预留四排孔眼，再在混凝土底座板与孔眼对应的位置打孔，对轨道板精调后注入专用胶体，把螺栓与底座板锚固起来，灌注沥青水泥砂浆后，锁紧轨道板上螺栓。

11. 挡块施工

(1)侧向挡块施工

侧向挡块的作用是把来自混凝土底座板的水平力(离心力和偏摆力)传递到桥梁上。侧向挡块的连接钢筋通过在桥面钻孔或预埋钢套筒埋入桥梁，然后在该钢筋上绑扎挡块钢筋，在混凝土底座板侧面粘贴橡胶支垫，支立模型，灌注混凝土。侧向挡块和混凝土底座板之间通过橡胶支垫进行传力，其余缝隙用矿物纤维(即硬泡沫材料)进行填塞。

(2)竖向挡块施工

竖向挡块的施工方法同侧向挡块。它的主要作用在于挡住底座板和轨道板的水平力(离心力和偏摆力)，并把该力传递到桥梁上。竖向挡块与混凝土底座板和轨道板之间均通过橡胶支垫进行传力，其余缝隙用矿物纤维(即硬泡沫材料)进行填塞。在竖向挡块施工之后清理桥面，喷涂防水层(轨道板范围内的桥面位置除外)。

5.1.3　CRTSⅢ型板式无砟轨道施工

CRTSⅢ型板式无砟轨道道床施工主要设备有：混凝土搅拌站、混凝土运输车、混凝土泵车、混凝土输送泵、滑膜摊铺机、钢筋加工设备、轮胎式运板车、铺板龙门吊、轨道板精调用三向千斤顶、移动式水泥沥青砂浆拌和车、水泥沥青砂浆灌注设备等。

CRTSⅢ型板式无砟轨道是在现浇的钢筋混凝土底座(混凝土支承层)上铺装预制轨道板，采用自密实混凝土进行调整，通过底座凹槽(凸台)进行限位的无砟轨道结构形式。其施工步骤如桥上滑动层铺设、硬泡沫塑料板铺设、桥上水泥沥青砂浆灌注等与CRTSⅡ型板式无砟轨道施工相似。因此，这部分主要介绍混凝土底座及限位凹槽施工、隔离层与弹性垫层施工、轨道板铺设与精调、自密实混凝土灌注。

1. 混凝土底座及限位凹槽施工

在混凝土底座施工前，应按技术要求放样底座中心线、底座边线、伸缩缝及凹槽中心线位置。对桥梁基面按照设计要求进行拉毛处理，达到要求后，连接梁面预埋套筒和钢筋螺扣。若底座钢筋与套筒的连接达不到规定深度和扭矩，则需要在桥面上钻孔补植连接钢筋。

在安装底座钢筋时，要按保护层厚度要求安放好钢筋保护层垫板。按照设计图的要求确定与底座对应的钢筋网片规格、数量等，并安放稳固。对于通过补植钢筋连接桥梁结构的底座钢筋，应先放置好底层网片，再将连接钢筋拧入套筒中。底层钢筋网片应与最近的连接钢筋捆绑。

在安装底座模板时，要严格控制底座板高程施工精度。安装模板前，必须对模板表面清理后涂刷脱模剂。安装时，根据CPⅢ控制网测量模板平面位置及高程，并通过螺杆调整顶面高程，纵向模板用螺栓来连接。

安装限位凹槽模板时，每块轨道板对应的底座板范围内应设置2个限位凹槽，将限位凹槽模板放置到底座单元固定位置处，以插销或螺栓与侧模固定。

浇筑底座混凝土时，在拌和站集中生产，底座混凝土采用混凝土输送车运输、泵车泵送、插入式振动棒振捣的施工方法。灌注自密实混凝土时，每个轨道板上应安装3~5个抗上浮横梁。最后进行混凝土的收面、养护及伸缩缝的填缝工作。

2. 隔离层与弹性垫层施工

铺设隔离层时，利用CPⅢ控制网对土工布铺设范围进行测量放样，之后将整张土工布铺在底座板顶面。铺设平展后，在限位凹槽的位置用刀切割出与凹槽上口开口大小一致的孔洞，用于凹槽底面铺设。在自密实混凝土模板安装、固定后，隔离层土工布应平整完好。

铺设弹性垫板时，弹性垫板若为整体进料，应结合凹槽实际深度和尺寸进行修整切割；若以橡胶垫板、泡沫板分别进料，则应按照设计尺寸切割泡沫板并嵌入橡胶板加以固定。在底座混凝土强度达到设计强度的75%后，方可铺设弹性垫板。最后采用丁基胶带对隔离层与弹性垫板接口进行密封。

3. 轨道板铺设与精调

轨道板铺设前，应提前在线路中心设置基桩，根据线路基桩标注每块轨道板四角的大概位置(偏差±10 mm)。应先将自密实混凝土结构层内的防裂钢筋网集中加工成网片，再运输至施工现场备用。钢筋网片就位时，应依据所放样的轨道板边线控制其纵向和横向边沿，安装钢筋网片前，捆绑好底座限位凹槽内的钢筋骨架，同时在已铺好的隔离层上安放混凝土保护层垫块。

铺设轨道板时，应根据设计文件选择对应的轨道板型号铺设就位，轨道板就位后与混凝土底座的间隙应不小于 40 mm，相邻轨道板间的缝隙允许偏差为 ±3 mm。之后对轨道板进行粗铺与粗调、测量与精确调整。为保持精调成果，宜在轨道板精调后 24 h 内完成板下自密实混凝土灌注，最后进行轨道板位置的精度复测。

4. 自密实混凝土灌注

在自密实混凝土灌注前，须进行坍落度试验、扩展度试验、V 漏斗试验（或 T50 试验）和 U 型箱试验等，测定自密实混凝土的流动性、抗离析性和填充性，并填写试验记录，每个台班浇筑混凝土时至少制作 3 组试件。

在自密实混凝土灌注时，轨道板不得出现拱起、上浮现象，严禁踩踏轨道板。当混凝土灌注至 2/3 左右时，应降低灌注速度，以便空气排出，直至完全充满轨道板下空隙，轨道板地面气泡基本排除后，停止灌注。灌注期间适度对流入灌注漏斗的混凝土进行搅拌。自密实混凝土浇筑应一次完成，同时保证自密实混凝土饱满度。在自密实混凝土强度达到 3 MPa 后，方可拆除轨道板精调器。自密实混凝土采用自然养护，在气温高于 30 ℃或低于 5 ℃时，应采取覆盖养护。

5.2 无缝线路铺设

5.2.1 无砟轨道长钢轨铺设

（1）施工准备

根据无砟轨道施工图进行工艺设计和施工组织设计，编制长轨条铺设表。有砟轨道长轨条终端铺设至有砟与无砟轨道过渡段起点，以便履带式钢轨拖拉机的运转（注意单元轨节起止点不应在此处）。履带式钢轨拖卸长钢轨至有砟与无砟轨道过渡段后，视现场情况将其转至第二线（第二线未铺时）或利用过渡段附近便道转至有砟轨道铺设现场，在无便道运输情况下亦可待有砟轨道铺至过渡段后，先将铺轨机拉回前方站，再利用平板车通过已铺轨道拉回前方站或下一个铺轨点。

将 3 m 短轨和 4 套钢轨导向架及增加的轨筒、胶轮小推车等随轨枕运输车或由轨道车送至铺轨现场。

轨道板铺设完毕可承受荷载后，在轨道板预留孔上安装铁垫板。在安装时，应使铁垫板位置正确，然后拧紧螺栓，其螺栓扭力矩应符合设计要求。

（2）预铺 3 m 短轨，设置钢轨导向架机组对位

铺轨机组铺长钢轨至有砟-无砟过渡段停车，将过渡段还未铺设的轨枕由铺轨机轨枕传送装置传送至有砟道床上，将布枕、匀枕等机构向上收起，铺轨机组后退至已铺轨道上，支起作业车前端液压支腿，松开固定在作业车一端的转向架，收起作业车前端的履带式牵引装置，使作业车前端支撑于转向架上；按线路中线及枕间距人工铺设过渡段剩余轨枕，将 3 m 短轨与已铺长轨连接并上扣件（3 m 短轨作用是解决已铺轨与新推长轨间在施工时的搭接问题）；机组自行对位。

（3）散布扣件和滚筒

散布扣件，间隔 5 m 设置钢轨导向架一组，共设 4 组，沿无砟轨道的承轨槽间隔 5 m 预置一个滚筒，并散布好扣件。

（4）利用卷扬机拖拉长钢轨

卸开轨枕运输车上一对钢轨锁紧装置，长钢轨由作业车上的卷扬机从轨枕运输车组上拖出，并通过机组分轨装置向车体两侧分开，进入钢轨推送装置。

（5）机组推送长钢轨

机组上的钢轨推送装置驱动钢轨，通过导向滚轮组将钢轨推送到作业车的前端；此时两钢轨间距约为 2.5 m；继续推送长轨，使其进入机组前方的 4 个钢轨导向架。

（6）机组后退，拆除短轨及导向架

导向架将两钢轨间距由 2.5 m 逐步收至 1.5 m，长钢轨在推送装置驱动下沿滚道前行。

（7）钢轨对齐

当长钢轨推送剩余 30 m 时，用机组上的卷扬机将钢轨拖出，与已铺钢轨段对齐。

（8）摘除滚筒、铺轨机钳送长钢轨落槽就位

机组后退，拆除短轨及导向架，将承轨槽上的滚轮取出，使长钢轨入槽，并上部分扣件(10%)。机组由机车顶进前行，进行下一对 500 m 长轨铺设。

（9）补齐扣件

长钢轨落槽后，采用双头螺栓紧固机上紧扣件，螺栓的扭力矩应符合设计要求。

（10）工地钢轨焊接

工地钢轨焊接宜在整道基本作业完成，线路基本达到稳定后实施。工地钢轨焊接方法一般包括三种，即接触焊、铝热焊和气压焊。宜优先采用接触焊，道岔内及两端与线路连接的钢轨锁定焊可采用铝热焊。采用铝热焊时，需注意实际轨温情况，当轨温低于 0 ℃时，不可进行焊接。

（11）应力放散和线路锁定

经底层道砟摊铺、长轨铺设、分层补砟整道、线路达到初期稳定状态后，进行应力放散和线路锁定。

无缝线路锁定应具备以下条件：无缝线路实际锁定轨温应控制在设计锁定轨温允许范围内；无缝线路锁定时，必须准确确定并记录锁定轨温。相邻单元轨节间的锁定轨温差应不大于 5 ℃，左右股钢轨的锁定轨温差应不大于 3 ℃，同一区间内单元轨节的最高与最低锁定轨温差应不大于 10 ℃；单元轨节长度应满足施工进度和铺设时应力放散最佳效果的要求，以 1 000～2 000 m 为宜，最短不得小于 200 m；胶垫放正无缺损，扣件安装齐全，扣压力符合设计要求。

线路应力放散及锁定应有以下主要设备：钢轨拉伸器、撞轨器、锯轨机、滚筒、轨温计、工地焊接设备等。应力放散及线路锁定应根据施工作业时的轨温采用以下方法：

①滚筒法。当施工作业时的轨温在设计锁定轨温范围内时，采用此种方法。

②拉伸器滚筒法。当施工作业时的轨温低于设计锁定轨温时，采用此种方法。

（12）轨道整理

铺设无缝线路之后至线路开通之前，道床应逐步进入稳定阶段。通过检测，对于不能

满足规定的线路，应用大型养路机械等对轨道及道岔进行轨道整理作业。

轨道整理应做好以下工作：

①在规定的作业轨温范围内，对线路进行精细调整，使之达到验交标准。

②对不符合设计要求的道床断面进行整修，均匀石砟，堆高砟肩，拍拢夯实。

③加强焊缝相邻 6 根轨枕的找平及捣固工作。

④调整轨距、扣配件及轨枕。

⑤测取钢轨的爬行量，复核锁定轨温。

⑥缓和曲线、竖曲线区段应调整圆顺。

5.2.2　有砟轨道换铺法施工

1. 人工铺轨

(1)施工程序

卸料→散布轨枕并摆齐→散布钢轨及配件并摆正位置→安装夹板及螺栓、垫圈→轨枕划印及方正→上扣件→拨道并上砟整道。

(2)施工方法

①提前 30 d 向甲方及运营部门提交下月人工铺轨卸料计划，审批后实施。调度室提前 1 d 向运营部门提报次日施工计划，批准后实施。驻站联络员提前 1 h 在车站登记，给点后立即通知现场指挥人员，指挥人员通知运转车长，运转车长通知机车司机进入车站或区间预定地点，到达预定位置后，要按规定做好防护。

②卸料时动作要快，并及时清道，卸料完毕后，现场指挥人员及时通知驻站联络员进行消点，列车返回车站，同时撤除防护。

③提前将轨道道砟铺到轨枕底，并整平压实，用汽车运输。

④钢筋混凝土枕集中锚固后装车，配件同钢轨同装一车，每车装的配件应与同车轨型、数量相适应。夹板放在底层，其他配件事先按规格配好装包，放在轨面上。

⑤轨料卸完后，先将轨枕散开，摆正位，散布配件，根据轨节表上钢轨。上扣件前先细方轨枕、摆正轨下绝缘垫板，铲除承轨槽面的余渣，然后将各种扣件依次放在承轨槽内。两人一组，用小撬棍(0.8～1.0 m)及梅花扳手将各种扣件上紧。要求扣件位置准确、摆正、螺帽压紧。

螺栓上齐后，将直线拨直，曲线拨圆顺，使轨道平顺。

在轨通后采用 K13 风动卸砟车均匀补砟，使用大型机养设备对线路进行沉落整修。大型机养设备作业严格按大型机养施工细则进行施工，使线路达到无缝线路铺设条件。

2. 铺轨机铺轨

(1)配轨

配轨是组装轨节的主要工序，关系到线路铺设标准和组装轨节计划的安排。因此必须在组装轨节前，根据线路平纵断面、设计标准和有关技术规范进行配轨，编制轨节组装计划表，然后根据轨节计划表生产轨节，并按铺设顺序编组装运。

①依据批准的施工设计文件，进行验轨、长度检测、做标记、分类堆码。

②依据有关设计文件、技术标准和铺轨施工文件，编制轨节组装表。

③依据有关铺轨施工技术规范、铺砟技术规范、铁路建筑安装技术、质量验交标准进行配轨准备。

④依据相关设计要求明确各种扣件的使用规定。

⑤配轨计算。按《铁路轨道设计规范》(TB 10082—2017)有关规定落实计算。并建立复核制度，进行相关的计算复核工作。

⑥轨节组装计划表。轨节组装计划表是组装轨节的主要依据，其主要内容包括：轨节编号及铺设里程，钢轨类型、长度和曲线内股缩短轨缩短量，相对钢轨接头相错量，轨枕种类、数量和间距布置，轨枕扣件号码与每块垫板道钉数、曲线半径、转向和轨距加宽值及其他特殊要求的说明。

⑦配轨注意事项。轨节组装计划表必须经过复核无误后，方可送组装工地组装轨节。随时核对实际铺轨里程和计算上的误差，并及时修正。配轨到达车站时，应根据车站布置图的道岔交点及绝缘节位置，及时核对实际铺轨里程，必要时应用短轨轨节调整，保证将道岔铺在设计位置。

（2）轨节组装

①吊散轨枕。用龙门吊吊放到组装台位上，并立即在台位上将轨枕散开。

②方枕吊上钢轨。用吊车将钢筋混凝土枕运至拼装作业区，并按设计要求间距散放好，通过吊车将 25 m 钢轨从存放区吊至已散铺好的轨枕上。

③散摆扣件。通过人工取送存放区中的扣配件，散放在拼装作业区内的钢筋混凝土轨枕上，精调轨枕间距。

④上扣件。

⑤检查轨节组装质量并记录，修正误差。

⑥轨节装车或储存。通过轨排基地的龙门吊车将组装好的轨节装车或送至成品轨节存放区内存放。轨节在轨排车上堆放不超过 6 层，在存放区堆放不超过 15 层。

（3）轨节组装生产工艺和质量要求

对正在组装和组装好的轨节，应进行全面的质量检查，并要求其与验标要求完全相符，如有不符之处，必须加以改正。

①混凝土轨枕。不合格的轨枕必须经修复后方可使用，不同类型和不同厂家生产的轨枕禁止混合使用，间距偏斜误差不大于 40 mm。

②钢轨。钢轨应无硬弯，同一轨节的两股钢轨应选择公差相同的配对使用，其偏差不大于 3 mm，其偏差值及累计偏差值应在左右股调整抵消。直线上左右股应方正，其相错量不得大于 40 mm，曲线上按计算的相错量方正。

③配件。各种配件应按轨型和设计施工规定位置顺序铺设，不得缺少。

（4）轨节运输

铺架工作中，采用轨道平板车运输轨节，以提高运输速度，节省人力和费用。运送轨节时，每 6 个轨节为一组，装在 2 个平板车上，6 组编 1 列进行，轨节吊上平板车后应锁定、加固，由安全员检查确认并签字，方能通知运转车长起运。

（5）铺设轨节

①喂送轨节。轨节列车进入工地后，当前面的轨节垛喂进铺轨机后，需要将后面的轨节垛依次移到最前面的滚筒车上。为保证铺轨作业的连续性，采用拖拉方式向前倒移轨节

垛。在铺轨机的后方选择一段较为平直的线路进行大拖拉作业，将滚筒列车最前面一组的轨节垛用拖拉钩钩住第二层的钢轨后端，用大小支架将 $\phi 28$ mm 钢丝绳支离平板车，将底板钩等专用机具固定于线路上，然后机车向后缓慢地拉动列车。由于最前面一组的轨节垛被固定在线路上不动，所以在滑鞋的引导下，这组轨节便依次移动到前面的滚筒车上。到位后，撤去固定轨节垛的机具，再由机车推动整列车向前送到铺轨机的尾部。

②铺设轨节。轨节供应到铺轨机的后端时，主要按以下工序进行：

a. 用铺轨机自身的卷扬机将轨节垛拖入主机内。

b. 铺轨机行走到已铺轨节前端适当的位置停下、对位。

c. 吊运轨节，开动可以从铺轨机机臂后端走行到最前端的吊轨小车，在主机框架内对好轨节的吊点位置，落下吊钩，然后吊高距下面轨节 $0.05 \sim 0.20$ m，再前进到机臂最前方。

d. 轨节对位，吊轨小车吊轨节走行到位时，应立即停止，并开始下落，轨节距地面约 0.3 m 时，稍稍停住，然后缓缓落下后端，与已铺轨节前端对位插入轨缝卡片后，即可通过摆头设施使前端对正中线。如有不顺直之处，再由人工拨正，方可落到路基上。

e. 铺好一节轨节后立即摘去挂钩，将扁担升到机内轨排之上，吊轨小车退回主机，准备吊下一节。主机再次前进对位，并重复以上工序。待一组轨节全部铺完，即可翻倒托船轨，拖入下一组，轨节再按上述工序进行铺设。当一列轨节车铺完后，将拖船轨拖拉回空平板车上，由机车将空车拉回基地。

3. 宽枕板铺轨及换铺长轨条

改建线路、站线宽轨枕地段采用换铺法进行轨道铺设，宽轨枕经多次重车压道，采用架轨法进行轨枕调整后，换铺长轨条。

①施工准备。站线道岔铺设就位，正线与站线道岔连通，能够满足轨排铺架机组进入站线施工，进行测量放线，基桩测设。

②道砟铺设。道砟尽可能采用摊铺机铺设，安全线等较短线路可采用平地机分层摊铺碾压。

③轨排预制、预铺。

④钢筋混凝土地段上砟整道和压道。铺排铺设就位后，采用机械进行整道，整道标准满足设计要求。

⑤宽轨枕地段整道。宽轨枕地段要加强重车压道；线路稳定后，采用架轨法进行整道，具体方法如下所述：沿线路每 5 m 布置一道支撑托架，将轨排抬起，按照设计标高调整轨道高低、水平、方向、扭曲等线路要素；采用专用小型铲具将面砟填入枕底应填位置。每次调整按 100 m 左右进行，卸除接头夹板，采用千斤顶配合作业。经多次调整、压道，线路稳定后，方可终止作业。

⑥换铺长轨条。使用大型机养设备对线路进行沉落整修，使道床达到初期稳定状态，拆除工具轨，长轨放送车放送 500 m 长钢轨后，经现场单元焊接、无缝线路应力放散与锁定后，形成无缝线路。在全线完成无缝线路施工后，再对其进行钢轨全长预打磨及轨道整理，使线路达到验收状态。

5.3 无砟轨道道岔施工

5.3.1 埋入式道岔施工

1.CPⅢ点交接及复测

组织测量人员对 CPⅢ 点进行复核。当 CPⅢ 点复核测量结果与从线下接收的 CPⅢ 测量成果满足技术条件的限差要求时，直接采用线下交接的测量成果；如不满足限差要求，则对 CPⅢ 点进行复测。

2.道岔控制桩测设

利用 CPⅢ 点测量结果，在每组道岔的岔头、岔心、岔尾位置及道岔前后 50～100 m 范围内设置控制桩。根据车站平面图定出道岔中心桩；按道岔图测量基本股道起点的位置，并量取从道岔中心到尖轨尖端的长度，定出岔头位置桩；再测量辙叉跟端的位置，定出岔尾桩。在岔头、岔心、岔尾控制桩位置，在道岔两侧垂直于直股线路分别设置外移桩。道岔控制桩在支承层上施测。

3.道床板纵向钢筋布设

在设置道岔组装平台前，预先按照设计数量将纵向钢筋放置在支承层顶面上，纵向钢筋要避开组装平台位置。

4.道岔散轨件及小件吊卸

根据道岔控制桩位置，将导曲线段岔枕、转辙机、下拉装置等卸放在铺设位置一侧的水沟处，导曲线钢轨也卸放在铺设位置线路一侧。

5.转辙器段及辙叉段轨排平台安装

在转辙器段和辙叉段轨排位置的支承层顶面设置工字钢或槽钢，利用汽车吊将轨排直接放置在工字钢或槽钢顶面。轨排吊卸时，在转辙器及辙叉位置设置导向装置，将轨排准确放置在铺设位置，精度控制在±5 mm。

6.导曲线段轨排组装

在导曲线位置的支承层顶面设置轨排组装平台，将岔枕吊装到组装平台上，然后将线路一侧的导曲线钢轨吊装到岔枕上，组装导曲线段轨排。

7.螺杆支撑架安装及道岔轨排下平台拆除

安装螺杆支撑架，将道岔轨排顶起，拆除道岔轨排下平台。

8.道岔标高调整

利用精密水准仪测设道岔轨顶高程，将高程调整至设计高程以下 5～8 mm 位置。

9.道床板钢筋绑扎、接地处理及绝缘测试

按照设计要求绑扎道床板钢筋，并根据设计要求设置绝缘卡。根据设计要求焊接接地钢筋，设置接地端子。

钢筋绑扎及接地处理完成后，进行绝缘性能测试，确保绝缘效果(2 MΩ以上)。

10. 模板安装及固定

安装侧向模板。模板采用槽钢加工制造，并设置加固装置。

11. 侧向固定架安装

在支承层上钻眼，设置膨胀螺钉，将侧向三脚架固定在支承层上，通过在支承层两侧级配碎石顶面设置钢钎固定侧向三脚架后部，以提高侧向固定架的稳定性。

在钢轨上设置卡轨块，卡轨块和三脚架间通过可调拉杆连接。调整可调拉杆长度，可实现轨排位置横向调整。

12. 道岔一次精调

道岔一次精调测量工作采用高精度水准仪、全站仪完成。根据道岔区测量控制基桩进行逐点测量调整。道岔水平调整用高精度水准仪对道岔轨面逐点测量，确定道岔高程调整数值。调整支撑螺杆丝杆高度、精调起平道岔。道岔方向调整：先从线路中线控制桩引出，调整侧向支撑螺杆丝杆，使道岔横移对中并固定，再从道岔两侧加密测量基标拉钢弦线复核轨道中线。轨距及支距调整：以直股基本轨一侧为基准，按照先调支距再调轨距的步骤进行，使尖轨检测点支距和导曲线支距允许偏差符合设计要求。调整尖轨、心轨密贴性和顶铁间隙，确保密贴良好。调整直线尖轨的直线度是否满足组装要求；保证曲线尖轨圆顺、平滑、无硬弯。

13. 转换设备安装与调试

①安装道岔转辙机前，对电气、机械性能进行测试，满足设备设计性能指标后才进行安装。按照如下次序进行转辙机安装：

a. 以垂直于道岔直股基本轨定位，在各牵引点分别安装转换装置和锁闭装置。

b. 以各牵引点动程来控制连接杆件定位。

c. 各部螺栓紧固，开口销齐全；各部绝缘安装正确，不遗漏、不破损。

d. 检测各牵引点动程和牵引力，检查转换机构工作状态，检查锁闭装置锁闭到位和表示状态，分别调试到位。

②转换设备安装调试完成后，由工务和电务技术人员相互配合，按如下次序进行调试：

a. 配合转换设备调试，进行道岔调整。局部细调轨距、支距及轨向，重点对尖轨和可动心轨密贴段检查调整，使允许偏差符合设计要求。

b. 密贴调整与转换设备调整同步进行，确保尖轨在切削范围内与基本轨密贴，可动心轨在轨头切削范围内分别与翼轨密贴，开通侧股时，叉跟尖轨尖端在切削范围内与短心轨密贴。

c. 应保证转换设备的可动机构在转动过程中动作平稳、灵活，无卡阻现象；锁闭装置锁闭正确、表示正确。

d. 道岔轨距、方向、密贴和间隔等检测项(点)达到设计要求。

e. 对转换装置、锁闭装置工作性能检测值和道岔轨距、方向、密贴和间隔等几何尺寸检测值进行详细记录。

f. 转换设备调试合格后，做出定位标记。

道岔转换设备在调试结束后拆除。拆除后，再次检测道岔几何形位，复测线路高程、方向，对因拆除作业产生的偏移及时调整复位，精细调整道岔。

14. 道岔二次精调

道岔二次精调采用轨检小车及其他检测工具检测道岔方向、高低、水平、轨距等几何形位指标，根据轨检小车检测数据确定精调数值。随轨检小车移动，根据检测反馈数值逐点对道岔水平、方向进行微调定位。

①调整支撑螺杆高度、精调起平道岔，道岔高低、水平位置不超过设计限值。滑床台板坐实、坐平，垫板与台板的间隙不超标。

②调整侧向支撑丝杆，对道岔方向超限点做局部精调，使直股工作边直线度符合规定指标，曲股工作边曲线段圆顺、无硬弯。

③调整轨距、支距，使尖轨检测点支距和导曲线支距允许偏差符合设计要求。

④调整尖轨、可动心轨密贴和顶铁间隙，保证密贴段密贴良好、间隙值不超限。

整组道岔调试完毕后，对弹条螺栓、岔枕螺栓副、限位器螺栓、翼轨间隔铁螺栓副、长短心轨间隔铁螺栓副进行复拧，复拧扭矩达到设计值。

调整后的道岔按照客运专线无砟道岔铺设技术条件中的检测验收项（点）逐项检测道岔。混凝土浇筑前的道岔必须完全满足道岔铺设验收标准要求。

15. 道床板混凝土浇筑及养护

①道岔二次精细调整到位并固定后，进行混凝土浇筑前准备。

②对道岔钢轨部件、垫板、滑床垫板、扣件等应加装临时防护膜，防止混凝土浇筑时的污染；混凝土基础层及岔枕应洒水湿润，以利于界面结合；检查模板加固状态和混凝土泵送、捣固设备工况，确保混凝土浇筑施工顺利进行；道床板混凝土浇筑时的道岔轨温应满足设计要求。

③混凝土浇筑。

a. 按照道床板分段顺序间隔进行混凝土浇筑。浇筑过程中，保证振捣密实的同时，有专人监测道岔轨排高度和方向，随时检查轨排固定装置，防止移位。

b. 混凝土入模后，立即插入振捣棒振捣。对岔枕底部位置混凝土、转辙机机坑位置要加强振捣，确保混凝土的密实性。

c. 捣固时，防止振捣棒触碰钢筋网、支撑螺栓和侧向支撑装置。

d. 道床板混凝土表面用平板式振捣器振平，并以人工抹平，确保道床板的顶面高程、平整度和排水坡度符合设计标准。

e. 每班次按照同一配合比制作 5 组试件。

④道床板混凝土浇筑 0.5～1 h 后，将竖向支撑螺杆放松 1/3 圈。2～4 h 后达到初凝，松开扣件螺栓，拆除竖向支撑螺杆，遗留孔洞以同级砂浆填充密实。混凝土浇筑完毕后，及时覆盖保湿棉垫进行养生，保证混凝土表面湿润，且不受阳光直射和风吹。在道床板混凝土养生期间，严格封闭施工区，严禁行人、车辆在道岔上通过。

⑤道床板混凝土养生结束后，进行后续清理工作。按设计采用锯缝机在基础层表面锯切伸缩缝，伸缩缝间距、深度及宽度符合设计要求，填充材料质量、密实度符合规范要求。拆除道岔钢轨部件、垫板、滑床垫板、扣件上的临时防护膜，清洗遗留水泥砂浆。

16. 道岔终调及验交前的整修

无砟道岔道床板混凝土浇筑完成后，经自检、电务互检合格后，电务及时安装转辙机和锁闭装置。安装转辙机时，工务、电务部门应配合施工，并调试到最佳工作状态。道岔焊接不得影响转辙机拉杆与道岔钢轨的连接。

道岔焊接锁定后，对整组道岔包括前、后过渡段进行最终的精细调整。调整后的道岔必须满足设计和列车高速运营要求。

道岔施工完成后，用勾锁器固定尖轨，直向限速通过，侧向使用道岔前需按相关程序协商，征得施工单位同意，并做好相关限速标志和防护工作。禁止工程列车在岔区起停。

设置专人看护，防止道岔部件、扣件、电务设备等丢失和破坏，按有关要求进行涂油和扣件复拧等工作。

5.3.2　板式道岔施工

1. 找平层混凝土施工

①找平层混凝土应采用模筑法浇筑，厂拌混凝土泵送入模，插入式振捣棒捣固，表面刮尺找平，钢丝刷拉毛。

②待混凝土终凝后，拆除模板，切割伸缩缝，保水养护 7 d。

③找平层混凝土施工完成后按相应要求验收。

2. 测量放样

①依据 CPⅢ进行铺岔基标测设，采用高精度全站仪自由设站法放样，用电子水准仪完成高程复测。

②在找平层混凝土表面放样道岔板铺设位置、立模位置及支承垫块的安装位置，平面位置偏差＜±5 mm。

③支承垫块采用坐浆法安装，确保其稳固，在其上标注道岔板的边角位置。

④采用钻机钻孔、植筋胶结的方式安装铜质铺岔基标，测设应符合相关测量规定。与正线和股道搭接时，至少应与正线 3 个轨道基准点进行重合测量。

3. 绑扎钢筋

①绑扎道床混凝土钢筋网，支垫厚 50 mm 砂浆保护层垫块。

②钢筋纵横交叉点处用绝缘卡进行隔离，加塑料扎带绑扎固定。钢筋绑扎完成后，按要求进行绝缘测试。

4. 道岔板运输、吊装就位

①道岔板运输时应按照设计要求层数装载，层间加设垫木，采取有效措施防止道岔板晃动碰损。

②道岔板应采用专用吊具吊装就位。专用吊具一般由 4 根带连接螺栓的吊链组成。吊装时，将吊链上的连接螺栓与道岔板上的预埋螺栓孔连接即可。

③将道岔板缓慢吊装放置在支承垫块上，通过对照道岔板轨道中线标志和找平层上轨道中线，使道岔板的初步就位偏差控制在 5 mm 以内。

④粗铺到位后，按设计要求及时在道岔板两侧安装支撑牛腿和多向精调器。

5. 道岔板的精调与固定

①道岔板精调操作应符合下列规定：

a. 在每块道岔板的 4 个角点附近预设定位孔，计算其在局部网中的坐标位置。

b. 在靠近直向轨道的道岔板 4 个角点放置 4 个棱镜，道岔中部道岔板增设 2 个棱镜。全站仪架设在铺岔基标上，以上一块已经精调到位的轨道板直股上的一个棱镜点及对应的铺岔基标两点定向。

c. 测量道岔板上 4 个（6 个）棱镜的实际三维坐标，并与理论值比较。

d. 利用多向精调器对道岔板横向、竖向、纵向调整，直至达到精调要求。

②道岔板精调精度指标要求，见表 5-1。

表 5-1　道岔板精调精度指标要求

横向平面位置	纵向长度	高程
±0.3 mm	±0.3 mm	±0.3 mm

③道岔板精调完成后，在道岔板两侧及两道岔板之间预定位置安装压紧装置。

6. 道床混凝土施工

①道床混凝土采用高流态混凝土重力式灌注施工，全断面一次浇筑完成。

②混凝土浇筑前，应进行混凝土配合比及工艺试验。

③混凝土拌制和浇筑过程中，应按验标要求对混凝土拌和物的坍落度进行测定，同条件留置试件，混凝土入模温度应控制在 5～30 ℃。

④混凝土浇筑施工时，宜将整个道岔区临时隔离为若干段，依次逐段浇筑。临时隔离高度高于道岔板底面 5 cm。

⑤混凝土浇筑应采用厂拌混凝土、罐车运输、混凝土汽车泵输送、专用料斗配合灌注，依靠自身流动性填充密实。

⑥前方道岔板浇筑完成，相邻道岔板即将浇筑完成时，及时拆除两道岔板之间的隔离模板，以使混凝土良好结合。

⑦道岔板边部混凝土在初凝后人工压光抹平，终凝后及时覆盖，洒水保湿养护 7 d 以上。

⑧道床板混凝土养护期间，用同强度混凝土灌注道岔板间接缝，用热沥青灌注伸缩缝。

⑨道床混凝土外形允许偏差应符合表 5-2 的规定。

表 5-2　道床混凝土外形尺寸允许偏差

序号	检查项目	允许偏差
1	顶面高程	±10 mm
2	宽度	±10 mm
3	中线位置	3 mm
4	平整度	2 mm/m

7. 道岔组件吊装及精调

①道岔预组装完毕，质量检查、评测合格后，按道岔铺设图分解。

②道岔钢轨尽可能大组件发运，由专用运输车运输，专用吊具和大吨位汽车吊吊装，人工组装道岔钢轨及扣件。

③组装过程中，应保证扣件安放准确，扭力符合要求，各部件间密贴，钢轨平顺。

④对照铺设图检查和调整道岔几何状态。

⑤道岔钢轨组件组装应按以下流程精细调整：

a. 轨道状态测量仪测量之前，清除粘附在道岔板上特别是承轨部位的尘土、污垢、油污；对照铺设图纸检查钢轨部件的完整性，更换缺损零件；检查并调整尖轨及心轨工装点是否平齐；检查螺栓扭矩。

b. 复测道岔及前后各 300 m 的 CPⅢ测量网，用轨道状态测量仪测量道岔及前后过渡段的轨道几何尺寸，测量结果至少反映里程、轨距、水平、绝对高程、高低、方向等指标，使用专用软件分析和计算轨道调整量。

c. 现场调整按"先方向，后水平；先直股，后曲股；先整体，后局部"的原则进行。

d. 反复调整至轨道几何状态合格，最后检查和调整道岔尖轨与滑床板间的密贴状况。

e. 结合区间无砟轨道调整，完成道岔及前后线路的长波调整。对调整完成后的道岔，应用轨道状态测量仪测量并记录完工后轨道线形，对照每一项，按照验收标准逐一检查并记录质量状态。

⑥用长 12.5 m 的 P60（60 kg/m）新轨工具轨组装道岔渡线及道岔前后各 12.5 m、25.0 m 的过渡段，道岔及过渡段钢轨之间用临时夹具连接，前后过渡段与道岔一起精调。

⑦道岔经精调后，轨面高程应达到设计要求，且与前后相连线路一致。道岔中线允许偏差为 ±2 mm，静态平顺度允许偏差应符合相应要求：

a. 道岔转辙器及尖轨安装应符合以下要求：尖轨无损伤；尖轨实际尖端至第一牵引点处应与基本轨密贴，缝隙不大于 0.2 mm；尖轨限位器两侧缝隙偏差不大于 1.5 mm；尖轨各牵引点处开口值应符合设计规定，其允许偏差为 ±2 mm。

b. 辙叉安装应符合以下要求：辙叉心轨和翼轨无损伤，查照间隔不小于 1 391 mm；心轨实际尖端至第一牵引点处应与翼轨密贴，缝隙不大于 0.5 mm。螺栓的扭力应为 1 100～1 300 kN。

c. 基本轨上牵引杆安装孔的中心线与轨枕的相对位置（距后一根轨枕中心线 300 mm，距前一根轨枕中心线 350 mm）应正确，岔枕应正位并与直股轨道中心线垂直，岔枕间距允许偏差为 ±5 mm。

d. 道岔铺设允许偏差见表 5-3。

表 5-3　道岔铺设允许偏差

顺序	项目		允许偏差/mm
1	轨距	尖轨尖端轨距	±1
		直线尖轨轨头创切起点处轨距	±1
		其余部分	±2

续表

顺序	项目	允许偏差/mm
2	曲股护轨轮缘槽宽	+1，−0.5
3	可动辙叉咽喉	+2，−1
4	导曲线支距	±2
5	轨面高程	0，−0.5

8. 应力放散与焊接

①道岔锁定焊接应在设计锁定轨温范围内焊接。

a. 道岔设计锁定轨温根据施工点年平均气温确定。

b. 道岔两端与无缝线路长轨条的焊接，应在设计锁定轨温范围内进行，并准确记录实际锁定轨温。

c. 无缝道岔与相邻轨条的锁定轨温度差应不大于5 ℃。

d. 无缝道岔侧线应按设计要求焊接和锁定。

e. 道岔内锁定焊接及道岔与两端无缝线路锁定焊接应同日在设计锁定轨温范围内焊接和锁定。

f. 道岔与两端无缝线路钢轨焊接在轨面高程、轨向和水平位置误差已达到设计标准时，方可施焊。

g. 道岔内钢轨接头采用铝热焊时，应先调整好道岔全长及各焊缝。

h. 焊接及锁定过程中应采取措施，始终保持限位器子母块位置居中，尖轨方正。

②道岔内钢轨焊接顺序：辙叉轨排与导轨连接部，先直股，后曲股；导轨与导轨之间，先直股，后曲股；导轨与尖轨跟部，先基本轨，后尖轨。

③道岔前后钢轨焊接顺序：先岔前，再岔后；先直股，再曲股。

④道岔内钢轨锁定焊接，前应进行应力放散，应力分布应均匀。应力放散与锁定以一组道岔为一个放散施工单元。

a. 道岔锁定与锁定焊接同步完成。将道岔前后6个接头和尖轨跟端2个接头最后进行锁定焊接。

b. 在道岔内中直、中弯各安排一处道岔内锁定焊接头，道岔内其他焊接接头均为单元焊，大部分焊接不受轨温限制；岔内分别以道岔转辙器和辙叉心为两个中心点向两侧放散锁定。转辙器和辙叉心放散应力时，只需拆掉与岔枕固定的扣件，内部连接的螺栓不拆，并用聚四氟乙烯滑块代替辊轮。

c. 在规定的轨温条件下，松开道岔(道岔区本体不动)前后各200 m线路并支垫辊轮，待轨温达到锁定轨温范围时，用橡胶锤来回敲击钢轨，使钢轨处于自由状态，复紧扣件锁定钢轨，焊接道岔前后的6个接头，尖轨跟端的2个接头最后焊接，焊接前对道岔工装点和限位器进行检查和调整。

d. 道岔锁定后，同步设置位移观测标记。

e. 接头焊接施工应严格执行相关操作规程，保证焊接质量。钢轨铝热焊焊缝距离承轨台边缘应不小于100 mm。打磨焊缝时，应在钢轨踏面上保留适量高出钢轨的焊头金属。

在焊缝温度未降至 350 ℃以下时，不得解除钢轨拉伸器和对正设备。

⑤拆除砂模后应进行轨头推凸，然后采用仿形打磨机对铝热焊接头进行热打磨。热打磨只对轨头进行。

⑥冷打磨在焊头温度降至 50 ℃以下后进行。

⑦精磨应在线路整道作业完成后，采用仿形打磨机进行，轨温应处于常温状态。

⑧无缝道岔内焊接接头平直度和轨头轮廓应符合《钢轨焊接 第 1 部分：通用技术条件》(TB/T 1632.1—2014)的规定。

⑨按《钢轨焊接 第 1 部分：通用技术条件》(TB/T 1632.1—2014)的要求对无缝道岔内焊接接头进行超声波探伤，并填写探伤记录。记录应包括仪器、探头、焊接接头编号、测试数据、探伤结果及处理意见。

⑩铝热焊接时，应对焊接影响范围内道岔零部件及道床板钢筋等材料(钢轨接头除外)加装防护，防止焊剂烧蚀。

⑪焊接施工结束后，应再次检测道岔几何形位，复测线路高程、方向，对因钢轨焊接作业产生的偏移及时调整复位，再进行道岔精细调整。

第6章 高铁建设工程施工质量管理

6.1 高铁建设工程施工质量管理概述

6.1.1 质量管理与质量成本

1. 质量管理

《建设工程项目管理规范》(GB/T 50326—2017)对质量管理的定义是：质量管理是指为确保项目的质量特性满足要求而进行的计划、组织、指挥、协调和控制等活动。《质量管理体系 基础和术语》(GB/T 19000—2016)中对质量管理的定义是：质量管理是关于质量的管理；可包括制定质量方针和质量目标，以及通过质量策划、质量保证、质量控制和质量改进实现这些质量目标的过程。

从过程来看，质量管理就是组织通过设计和施行质量管理体系来实现质量目标的过程；从内容来看，质量管理是先确定项目质量管理方针，再制定项目质量管理目标和职责划分，构建项目质量体系，依次按照质量策划、质量控制、质量保证和质量改进程序，逐步实现项目所有管理职能的所有工作；从结果来看，质量管理是社会和顾客变动性需求的满足、组织资源的有效配置和组织经济效益的实现状态。

高铁建设工程施工质量管理是为确保工程质量满足要求而进行的指挥和控制组织的协调活动。高铁工程质量管理工作内容包括从高铁建设前期阶段到竣工验收及保修阶段与质量有关的所有活动，如图 6-1 所示。这些活动贯穿起来就是质量目标的制定和实现过程。

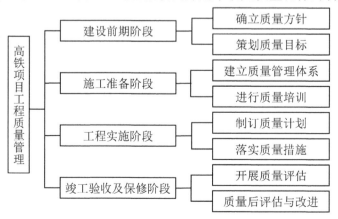

图 6-1 高铁工程质量管理工作内容示意图

2. 质量成本

质量成本概念由美国质量专家阿曼德·费根堡姆（Armand Feigenbaum）在20世纪50年代提出。他同时考虑了企业中的质量预防和鉴定成本费用与产品质量不符合企业自身和顾客要求所造成的损失，形成质量报告，为企业高层管理者了解质量问题对企业经济效益的影响、进行质量管理决策提供重要依据。质量成本概念一经提出就在美国业界获得了广泛共识，并在实践中不断地发展与完善。质量成本概念把质量成本分为预防成本、鉴定成本和故障成本。人们称之为"传统质量管理成本理论"。阿曼德·费根堡姆对质量成本的划分如图6-2所示。

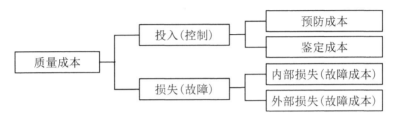

图6-2　质量成本构成

质量成本是企业经营战略计划核心之一。企业必须不断地寻找产品产生质量问题的原因，寻找改进机会，减少质量事故带来的损失，这样才能从根本上提高企业经济效益。

美国质量学会关于质量成本的观点，是对与达到或达不到产品或服务质量要求有关的那部分费用的具体度量。这些质量要求可以由公司规定或由公司与顾客签订合同，或由社会具体规定。根据英国标准BS4778《质量保证名词术语汇编》，质量成本指预防缺陷和检验活动费用与内部和外部故障造成的损失。

尽管对质量成本在表述上有所差异，在内容上有所侧重，但本质上是一致的，即"企业为保证提高产品质量而支出的一切费用，以及因未达到既定的质量水平而造成的有形和无形的一切损失之和"。

质量成本是探讨质量与经济效益之间的关系，研究在保证质量的前提下如何实现经济性。质量成本管理包括进行质量成本预测，编制质量成本计划，进行质量成本控制，对质量成本进行分析并提交质量成本报告等。通过对质量成本进行管理，有助于找到降低成本的途径，进而提高经济效益。

6.1.2　高铁建设项目质量目标

质量目标是组织在质量方面的追求，是组织质量方针的具体体现。质量目标的核心思想是以系统论思想作为指导，从实现企业总的质量目标出发，去协调企业各个部门乃至每个人的活动。

高铁建设质量目标包括工程质量管理工作目标和实体质量目标。高铁建设通常根据组织相关职能和层级分别制定质量目标。最高管理者正式发布的关于质量方面的全部意图和方向即为质量方针，我国高铁建设统一以"创新引领、争创一流"作为质量方针；质量目标是质量方针的具体化，通常依据组织的质量方针，针对组织结构和职能进行逐层分解、细化，将总体目标转换为各个部门需要完成的单独任务说明，从而实现方针总体目标。我国高铁建设质量目标具体内容和相关指标必须符合并满足"建设世界一流高速铁路"的客观要求，因而高铁质量管理工作目标和工程实体质量目标都要以"世界一流"作为基本要求和衡量标尺。

高铁质量管理目标要包含构建工程质量管理体系的基本要求；提早规划，做好创优准备以及对质量管理重点工作做出总体要求，比如积极推广全面质量管理等先进理论，推动标准化管理以及广泛应用新技术、新材料、新设备、新工艺等"四新"技术成果。这些内容是建设单位在遵守法律法规和行业规范的前提下，根据自身需求自行设定的。

《铁路建设项目工程质量管理办法》(铁总建设〔2014〕292号)规定的铁路建设工程质量总目标是：工程质量符合国家、行业和总公司有关标准、规范及设计文件要求，单位工程一次验收合格率100%，工程质量合格。对于高铁工程而言，上述总体目标具体包括如下内容：

①工程设计符合国家法律、法规和强制性标准，严格执行国家、行业设计规范，能够保证工程使用功能并且便于实施。

②原材料进场检验频次满足设计及验收标准要求，用于工程的原材料检验合格率达到100%。

③按照验收标准，检验批、分项、分部工程施工质量检验合格率达到100%，单位工程一次验收合格率达到100%，主体工程质量达到"零缺陷"，环保、水保、消防、电梯等验收达标，沿线周边环境整治达标，全部工程一次性通过静态验收、动态验收、初步验收、安全评估及国家验收。

④实车最高检测速度达到设计速度的110%，开通速度达到设计时速的目标值。

⑤竣工文件真实可靠，规范齐全，一次交接合格。高铁工程项目建设单位在制定实体质量目标时必须包含上述内容，对其中有关指标和要求可以作适当提高，但决不能擅自降低。另外，可以根据本项目质量管理实际需要再制定一些其他具体可操作的目标。

建设单位应根据铁路建设工程质量总目标，结合项目工程特点，细化制定本项目质量目标和创优规划，并督促勘察设计、施工、监理等参建单位制定相应的质量目标和创优规划。同时，建设单位应分年度制定建设项目质量管理要点，将建设项目质量目标落实到年度建设管理工作中。

6.1.3 高铁建设质量管理关键环节与施工质量红线

1. 高铁建设质量管理关键环节

高铁建设质量关键环节指对高铁质量起决定作用的环节。它们是：形成重要或本质特性的环节；容易造成重大损失的环节；质量不稳定的环节；技术和实施难度大的环节。

高铁建设施工涵盖工务工程(路基、桥梁、隧道、轨道、站场、站房等)、"四电"工程。高铁工务工程的关键工作包括"精密测量、线形控制、沉降控制、无砟轨道、道岔安装、轨道精调"等；高铁"四电"工程(牵引供电系统、信号通信系统、自动化控制系统和客运信息系统)关键工作包括"信号系统设计与施工、牵引供电系统设计与施工、系统集成"，还有"工程接口"和"联调联试及试运行"等。建设单位、勘察设计单位、施工单位及监理单位等在这些环节中也有各自负责的关键工作。

2. 高铁施工质量红线

中国国家铁路集团有限公司统一设定的高铁施工质量红线有 5 条：结构物(路基、桥梁及部分隧道、涵洞)沉降评估不达标的不得进行后续施工；桥梁收缩徐变不达标的不得进行后续施工；锁定轨温不达标的不得进行后续施工；联调联试不达标的不得进行后续工作；工序质量不达标的，即上一道工序未验收签认的不得进入下一道工序施工。

6.2　高铁建设工程质量管理体系

6.2.1　高铁建设质量管理体系文件编制

根据质量管理体系标准要求，企业应具有完整和科学的质量体系文件。编制和使用质量体系文件本身是一项具有动态管理要求的活动，因为建立质量体系要从编制完善体系文件开始，质量体系运行、审核与改进需依据文件规定进行，质量管理实施结果也要形成文件，作为证实产品质量符合规定要求及质量体系有效的证据。

在编写高铁建设质量管理体系文件前，建设单位应对本项目质量管理工作进行整体策划，研究确定项目质量目标、组织结构和质量控制、组织协调等方面的资源保证、技术保证、方法保证措施，制定各项质量管理流程文件。同时督促指导参建单位做好各自的质量计划，确保自身质量管理体系的保证能力与高铁项目质量管理要求相匹配，与本企业投标承诺相匹配，与现场施工需要相匹配，从而有效确保技术标准、管理标准和作业标准能够真正得到落实。质量管理体系文件编制应符合质量管理体系“贯标”相关标准，如《质量管理体系 基础和术语》(GB/T 19000—2016)、《质量管理体系 要求》(GB/T 19001—2016)等的规定、方法和要求。

1. 质量方针和质量目标

质量方针和质量目标一般以简明的文字来表述，应反映用户及社会对工程质量的要求及企业相应的质量水平和服务承诺，是企业质量管理的方向和目标，也是企业质量经营理念的反映。

2. 质量手册

质量手册是规定企业组织建立质量管理体系的文件，是对企业质量管理体系系统、完整和概要的描述。一般包括企业的质量方针、质量目标，组织机构及质量职责，体系要素或基本控制程序，质量手册的评审、修改和控制的管理办法等。

质量手册作为企业质量管理系统的纲领性文件，应具备指令性、系统性、协调性、先进性、可行性和可检查性的特征。

3. 程序性文件

程序是为完成某项活动而规定的步骤和方法。程序性文件通常包括文件编号和标题、目的和适用范围、相关文件和术语、职责、工作流程、报告、记录、表格等内容。其核心部分是工作流程，通常辅以工作流程图表示。企业为落实质量管理工作而建立的各项管理标准、规章制度都属程序性文件范畴。程序性文件还涉及产品质量形成过程各环节控制的程序性文件，如生产过程、服务过程、管理过程、监督过程等管理程序，可视企业质量控制的需要而制订。为确保过程的有效运行和控制，在程序性文件的指导下，还可按管理需要编制相关文件，如作业指导书、具体工程的质量计划等。编制程序性文件的基本要求是必须明确"5W1H"，即 Who、What、When、Where、Why、How（何人、何事、何时、何地、何因、何法）。各企业程序性文件的内容及详略可视企业情况而定。广义的程序性文件包括质量手册、质量计划和质量记录等。

4. 质量记录

质量记录是产品质量水平和质量体系中各项质量活动进行及结果的客观反映。对质量管理体系程序性文件所规定的运行过程及控制测量检查的内容如实加以记录，用以证明产品质量达到合同要求及质量保证的满足程度。

质量记录应完整地反映质量活动实施、验证和评审的情况，并记载关键活动的过程参数，具有可追溯性。编制质量记录应坚持内容完整性与必要性相结合、格式标准化与特定性相结合、经济实用与科学先进相结合的"三结合"原则。质量记录实施于具体的工程项目，一般要针对特定工程项目编制质量记录表格。

6.2.2 高铁项目质量管理体系建立与运行

1. 质量管理体系结构

质量管理体系是指在质量方面指挥和控制组织的管理体系，它是建立质量方针和质量目标，并实现这些目标的一组相互关联或相互作用的过程的集合。质量体系的建立与运行是保证铁路工程项目顺利建设的关键，也是达成质量目标的基础工作。

构建高铁项目质量管理体系，应坚持以全面质量管理理论、KANO 模型、六西格玛（6 Sigma）管理理论和 GB/T 19000 系列质量管理体系所倡导的原则、思路、方法和要求为指导，以组织理论、行为科学、控制论、管理科学、信息科学、公司治理等相关学科知识为借鉴，积极应用各类先进、适合的质量管理技术和方法，同时要重视以往铁路工程质量管理的理论成果、实践经验和传统方法。

2. 质量管理体系建立

质量管理体系建立是在确定市场及顾客需求的前提下，按照质量管理原则制订企业或组织的质量方针、质量目标、质量手册、程序性文件及质量记录等体系文件，并将质量目标分解落实到相关层次、相关岗位的职能和职责中，形成质量管理体系执行系统的一系列工作。

质量管理体系建立还包含组织不同层次的员工培训，使体系工作和执行要求为员工所了解，为形成全员参与质量管理体系运行创造条件。

高铁项目质量管理体系建立需识别并提供实现质量目标和持续改进所需资源，包括人员、基础设施、环境、信息等。高铁项目质量管理体系建立过程包括：确立质量方针和目标，健全质量管理机构和规范质量管理制度（工程质量监督制度、技术交底制度、变更设计审批制度、施工质量检查验收制度、工程质量事故调查处理制度等）。

3. 质量管理体系运行

质量管理体系运行，是发挥质量管理体系功能的过程。在运行阶段落实质量管理制度、开展质量专项活动才能确保质量动态可控。有效地运行质量管理体系，依赖于质量管理体系内部运行环境和运行机制的完善。

(1)运行环境

质量管理体系运行环境，主要是指为管理体系运行提供支持的管理关系(合同结构)、资源配置和组织制度的条件。工程合同是联系各方的纽带，质量管理资源配置是项目质量管理体系运行的基础条件，组织制度是质量管理体系运行的保证。严格进行履约管理，合理配置资源，建立恰当的行为准则，才能确保质量管理体系的健康运行。

(2)运行机制

质量管理体系运行机制，是由一系列质量管理制度安排所形成的内在动力。运行机制缺陷是造成质量管理体系运行无序、失效和失控的重要原因。因此，必须重视质量管理制度设计，防止重要管理制度缺失、制度本身缺陷、制度之间矛盾等现象出现，为质量管理体系运行注入动力机制、约束机制、反馈机制和持续改进机制。

6.3　高铁建设工程质量管理过程

6.3.1　高铁项目质量策划

质量策划是质量管理的一部分，致力于设定质量方针和质量目标，并规定必要的作业过程和相关资源，以实现其质量目标。高铁项目作为大型基础设施工程，对技术、经济、社会、环境影响非常大，所涉及的过程、组织和其他因素等更为复杂和庞大。因此，确保高铁项目质量必须从质量策划做起。

高铁项目质量策划是管理和作业策划，为实施质量管理做准备，包括组织设置和活动安排，应在项目全生命周期的各个阶段中不断展开。首先，从项目决策阶段到后期的建设准备与实施阶段，要形成并完善高铁项目的质量方针和质量总目标，在此基础上，随着高铁建设的推进，项目参与方应逐步建立各阶段、各子项目的分目标；其次，随着高铁项目的开展，项目制度体系、责任体系和方法体系及与项目有关的资源逐步建立、投入和运转，上述制度、责任和方法体系的形成以及资源的获取大多建立在质量策划的基础上；最后，一般情况下，高铁项目依照基本建设程序会经历立项决策、勘察设计、工程实施、竣工验收和运维阶段，上述阶段以及每一个阶段各个过程或子过程的依次推进也是质量策划的结果和表现。

开展高铁项目质量策划工作，需要确定以下几个方面的工作：确定项目总体质量目标；确定所需匹配的资源；确定项目质量、进度目标的控制方法；质量管理与控制相关文件、资料的配备；确定质量验收标准；质量策划文件的确定与输出。

根据高铁项目的特点和所需完成的主要工作，高铁项目质量策划的步骤可分为总体策划和细节策划两个步骤。

总体策划一般由建设方主持进行，选择有相应资格的人员作为项目总工程师，并持证上岗。同时根据工程特点、施工规模、技术难度等情况确定项目部配备的人员及数量，确保项目工作能够高效地运转；依据法律法规和相关技术标准的要求，确定项目的总体质量目标。

细节策划是指质量安全、成本核算、材料设备等方面的负责人根据总体策划所进行的细部策划，包括分部、分项工程策划。按国家标准的规定，统一划分分部、分项工程；质量目标的分解，对工程分部、分项逐一确定质量等级，以便产生偏差时尽快调整和部署，确保项目总体目标实现；文件、资料的配备。与工程有关的标准、规范、质量体系文件是施工必备的文件，内部还需补充编制技术性文件和管理办法；施工人员、材料和机械的配备。根据工期、成本目标及工程特点，策划出本项目各阶段的施工机械、劳动力和主要物资的详细需用量计划，提交项目部的上级主管部门，以便其提前为项目部配备各种资源。

通过项目质量总体策划和细节策划，最终将策划的结果形成项目管理文件，包括项目质量计划、施工组织设计、项目承包成本责任书、质量责任书、关键工序和特殊工艺施工方案、冬雨季施工措施等。

6.3.2 高铁项目施工质量控制

1. 质量控制的基本要求

为了实现高铁项目的质量目标，建设方总指挥部和各分指挥部要采取很多重要的方法控制高铁项目的质量，包括：建立健全质量管理制度；成立质量管理机构，明确质量管理职责；委托监理、检测和咨询单位对设计和施工质量进行监控；开展质量日常检查考核和优质样板工程评选；定期召开质量工作会议；重视工程竣工验收等。为了更有效控制高铁项目的质量，必须重视高铁项目质量形成过程的研究，提出有效的高铁项目质量控制对策。

高铁项目质量控制应确保下列内容满足规定要求：实施过程的各种输入；实施过程控制点的设置；实施过程的输出；各个实施过程之间的接口。高铁项目管理机构应在质量控制过程中，跟踪、收集、整理实际数据，与质量要求进行比较，分析偏差，采取措施予以纠正和处置，并对处置效果复查。由此可见，高铁项目质量控制的关键过程主要是实施过程，因此要重点关注实施阶段质量控制。

2. 施工准备阶段质量控制

施工准备阶段质量控制包括施工技术准备工作和现场施工准备工作的质量控制。

施工技术准备工作质量控制，关键是在图纸会审时全面细致地熟悉和审查施工图的活动，使施工单位和其他相关单位熟悉设计图纸，找出待解决的技术难题以及设计存在的问题，制定解决方案，避免产生技术性事故或工程质量问题；设计交底时对施工单位和监理单位贯彻建设单位的设计意图，使其加深对设计文件特点、难点、疑点的理解，掌握关键部位的工程质量要求，确保工程质量；编制施工组织设计时，对高铁项目质量影响最大的是施工方案的选择，因此要特别注意施工方案选择，主要控制施工工序安排、流水段划分、主要施工方法与施工机械选择，制订和落实能保证质量、能安全施工、冬期和雨期可施工、可防止污染的预控方法和措施。

现场施工准备工作的质量控制包括做好计量控制准备工作，开工前建立完善的施工现场计量管理制度，统一计量单位，保证施工过程计量准确；保证测量放线工作质量，严格进行工程定位和标高基准的控制；还要合理设计施工现场平面图，科学使用施工场地。

3. 施工阶段质量控制

施工阶段要强化施工质量管理人员的质量意识。施工单位要积极主动地加强对施工质量控制工作的宣传力度，保证有关工作人员真正了解施工质量控制的关键作用，以保证施工质量控制水平。严格执行工序施工标准，规范施工人员质量行为。施工人员应严格按照工序施工标准进行施工，使每一道工序质量达到合同和相应规范要求，避免返工。特别是隐蔽工程施工完成后，质量问题不容易发现，若不严格按照施工标准施工，将为整个工程埋下质量隐患。

做好工序交接检查，对于重要的工序或对工程质量有重大影响的工序，应严格执行"三检"制度，即自检、互检、专检。严格进行材料、构配件试验和施工试验，对进入现场的物料，包括甲供物料、承包商自购材料以及施工过程中的半成品，按规范、标准和设计要求，根据对质量的影响程度和使用部位的重要程度，在使用前采用抽样检验或全数检查等形式，对涉及结构安全的，应由建设单位或监理单位现场见证取样，送有法定资格的单位检测，判断其质量的可靠性。

做好施工过程质量验收，包括检验批质量验收、分项工程质量验收和分部工程质量验收。通过验收后留下完整的质量验收记录和资料，为工程项目竣工质量验收提供依据。做好隐蔽工程验收，如基础工程、钢筋工程、预埋管线等。

此外，重视设计变更管理，接到设计变更，施工单位应立即按要求改动，避免发生重大差错，影响工程质量和使用。加强施工成品质量保护，避免已完工成品受到来自后续施工以及其他方面的污染或损坏，成品形成后，采取防护、覆盖、封闭、包裹等相应措施进行保护。

6.3.3　高铁项目质量检验与验收

1. 高铁项目质量检验

质量检验指对工程实体的一个或多个特性进行的诸如测量、检查、试验或度量的活动。高铁项目质量检验即将高铁项目质量实际检测结果与规定要求进行比较，以判定每项特性的合格情况而进行的活动。通过这种"测、比、判"活动，对不符合质量要求的情况作出处理，对符合质量要求的情况作出安排。

高铁项目质量检验应根据《铁路建设项目工程试验室管理标准》（Q/CR 9204—2015）、《铁路工地试验室标准化管理实施意见》（工管办函〔2013〕284 号）等相关文件要求，做好测试数据、反馈信息、严格把关等工作来确保工程质量。

高铁项目质量检验主要做好以下工作：测试原材料、半成品及成品质量性能，对照规范、标准和设计要求，鉴别其质量是否合格。不合格的材料不进场，不合格的工序不转序，不合格的工程不交工，严格把住质量关。对原材料和外购件的进货检验，对中间产品转序前的检验，既起把关作用，又起预防作用。对前一个过程（工序）的把关就是对后一个过程（工序）的预防。通过过程（工序）能力的测定、控制图的使用以及对过程（工序）作业的首检与巡检，可以起到预防作用。将测试过程中获取的数据、掌握的情况向有关部门报告，督促改进质量工作，预防质量问题的蔓延和重复产生。鉴别、把关、预防和报告等起到监督作用，从质量形成的全过程进行监督，从而保证生产出合格的产品。

2. 高铁项目质量验收

高铁工程质量验收包括施工过程验收和工程竣工验收。施工过程验收包括检验批、分项、分部、单位工程的验收等；竣工验收包括静态验收、动态验收、初步验收、安全评估、国家验收等五个阶段，通过静态、动态、初步验收和安全评估后即可开通线路进行初期运营，初期运营一年后，具备规定的国家验收条件时申请组织国家验收。

6.3.4　高铁项目质量管理绩效评价

1. 高铁项目质量管理绩效评价含义

高铁项目质量管理体系推行是否成功，关键要看在这个体系支撑和保证下，高铁项目质量管理工作的绩效能否按照预期实现较大提升。

高铁项目质量管理绩效评价指以高铁项目质量管理为对象，按照一定的评价规则、程序和方法，建立评价指标体系和评价标准，分析评价高铁项目质量管理水平，并将评价结果应用于实施质量管理改进的活动。

2. 高铁项目质量管理绩效评价指标体系

高铁项目质量管理绩效评价指标体系可以采用成熟度模型和卓越绩效评价模型的内容构架。以成熟度模型的内容架构为例，兼顾指标体系完备性、独立性、系统性和动态性的原则，参考我国高铁项目质量管理的具体实践，借鉴 ISO 9000 系列标准中的七项质量管理原则和卓越绩效评价模型，考虑到高铁项目各参与方质量管理的目标规划和保证体系，结合高铁项目质量管理成熟度模型，从成熟度等级(质量管理水平)、关键过程和关键实践三个层面构建高铁项目质量管理的评价指标体系。

3. 高铁项目质量管理绩效评价基本过程

高铁项目质量管理绩效评价的目的是在质量管理体系的支撑下，高铁项目质量目标顺利实现，因此选取的评价指标要有先进性和代表性，指标层级和指标总数要适当，便于操作。高铁项目质量管理绩效评价基本过程如图 6-3 所示。

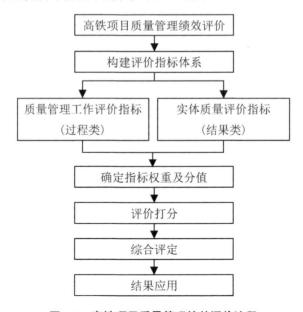

图 6-3　高铁项目质量管理绩效评价流程

第7章 高铁建设工程施工安全管理

7.1 高铁建设工程施工安全管理概述

7.1.1 安全管理

安全管理的目标是减少和控制事故，尽量避免组织活动过程中由于事故造成人身、财产、环境或者其他损失。因此，安全管理是为实现安全生产而组织和使用人力、物力和财力等各种物质资源的过程。它利用计划、组织、指挥、协调、控制等管理机能，控制来自自然界、机械、物质的不安全因素及人的不安全行为，避免发生伤亡事故，保证职工的生命安全和健康，保证生产顺利进行。

安全管理既针对人，也针对物，它既强调对生产工艺过程、设备设施、工具和环境进行标准化、规范化管理，更强调对过程中人员的行为进行科学管理。

7.1.2 高铁项目安全影响因素

影响高铁项目安全的因素很多，可以归纳为管理因素、人的因素、物的因素和环境因素四大类：

管理因素是影响高铁项目安全的首要因素，管理缺失是施工安全事故发生的直接诱因。管理因素主要包括管理制度、程序、监管、教育培训等方面，绝大多数的事故原因是管理缺失。

人的因素是影响高铁项目安全的主要因素，人的不安全行为将直接影响安全管理的能力与效果，包括人的主观意识与客观失误。导致人的不安全行为的因素有很多，主要包括生理因素、教育因素、心理因素、环境因素等。建设单位需要重视对全体人员的安全教育与培训，将安全纳入企业文化中去加强与塑造，从根本上避免人为因素对安全管理的影响。

物的因素主要指工程材料与机械设备的因素，指材料与设备处于不安全的状态，这是安全事故发生的原因之一。高铁项目建设中影响安全的物的因素主要指机械设备故障、钢筋混凝土不合格、塔吊高空坠落等。

影响施工安全的环境因素众多，包括工程地质、水文、气象、照明、污染等。在施工现场特定的环境下，人与物受不良环境影响产生的不安全状态会影响安全管理效果。高铁施工属于野外露天作业，受自然环境的影响极大，减少环境因素对施工安全的影响是项目部应解决的问题。

此外，高铁项目安全影响因素也可以按技术因素、管理因素、操作因素和环境因素分类。

7.1.3 高铁项目安全管理方针与原则

高铁项目安全管理必须始终坚持"安全第一、预防为主、综合治理"的方针。

①安全第一，就是在生产过程中把安全放在第一重要位置上，切实保护劳动者生命安全和身体健康。坚持安全第一，以人为本，珍爱人的生命，各项工作必须坚定不移地服从安全生产要求。要坚决杜绝违章违纪作业，以及不顾安全、盲目赶工期等现象。这对于捍卫人的生命尊严、构建安全社会、促进社会和谐、实现安全发展具有十分重要的意义。

②预防为主，就是把安全生产工作关口前移，超前防范，建立预教、预测、预报、预警、预防的递进式、立体化事故隐患预防体系，全员参与、全过程、全方位预防安全事故。预防为主体现了现代安全管理思想，即通过建设安全文化、健全安全法制、提高安全科技水平、落实安全责任、加大安全投入，构筑坚固的安全防线。具体地说，就是促进安全文化建设与社会文化建设的互动，为预防安全事故打造良好的"习惯的力量"；建立健全有关法律法规和规章制度；大力实施"科技兴安"战略，把安全生产状况根本好转建立在依靠科技进步和提高劳动者素质基础上；强化安全生产责任制和问责制，创新安全生产监管体制，严厉打击安全生产领域腐败行为；健全和完善中央、地方和企业共同投入机制，提升安全生产投入水平，增强基础设施的安全保障能力。

③综合治理，就是鉴于安全生产工作的长期性、艰巨性和复杂性，往往采取单一措施很难取得实效，必须自觉遵循安全生产规律，抓住安全生产工作中的主要矛盾和关键环节，综合运用经济、法律、行政等手段，人管、法治、技防多管齐下，并充分发挥政府、社会、职工和舆论的监督作用，才能有效解决安全生产领域的问题。

"安全第一、预防为主、综合治理"的安全生产方针是一个有机整体，三者不可偏废。

高铁项目安全管理应坚持安全一票否决、安全设施"三同时""全员、全过程、全方位"和"四不放过"等原则。

安全一票否决原则。高铁施工过程中，但凡有重大安全隐患无法确定与排除时，项目部要着重排查安全隐患，停止生产，在确保安全的情况下组织生产。生产安全是衡量工程项目管理的一项非常重要的指标，应作为优先要素考虑，实行量化管理。安全指标完成是其他指标完成的重要前提，在安全指标达成的情况下，项目目标才会顺利实现。

安全设施"三同时"原则。安全设施"三同时"原则要求高铁项目安全设施必须与主体工程同时设计、同时施工、同时投入生产和使用。如不遵守安全设施"三同时"原则，则会留下不安全因素和事故隐患，在高铁投入运营后可能酿成生产安全事故。

"全员、全过程、全方位"原则。安全管理涉及整个高铁项目的全部环节与程序，需要全员参与。建设单位要重视安全管理体系构建，安全管理活动应覆盖高铁项目各个阶段和方面，坚持"全员、全过程、全方位"原则。

"四不放过"原则。"四不放过"原则是我国对安全事故处理的基本要求，是建设单位要始终坚持的重要安全管理原则，指事故原因未查清不放过、责任人员未处理不放过、责任人和群众未受教育不放过、整改措施未落实不放过。该原则要求对安全生产事故必须进行严肃认真的调查处理，接受教训，防止同类事故发生。

7.2　高铁建设工程施工安全管理关键环节

7.2.1　危险源辨识与控制

高铁项目的危险源指可能引起高铁施工安全事故，导致工作人员人身伤害、健康损害的根源、状态、行为或其组合。危险源是高铁施工事故链的起端。高铁施工项目是一个巨大的系统，施工战线长，技术难度大，新工艺、新技术、新材料多，施工标准高，参与工种多，施工机械设备多，投入资金大，环境条件差，各种因素相互交织，从而导致高铁施工危险源繁多。这些危险源具有与一般危险因素相同或相近的一些特征，如：客观存在性、变异性、隐蔽性、可辨可控性、非确定性、潜在性、空间性和多变性等。

各参建单位应依据国家铁路局发布的与安全风险管理相关的规定，加强危险源辨识与控制管理。建设单位编制风险评估实施细则，按规定进行安全风险工点的分析评估，提出风险等级建议，并据此确定高风险工点，制订安全风险控制措施。施工单位应编制风险管理实施细则，针对高风险工点编制专项施工组织方案，施工中落实安全包保和带班作业等制度，同时应制订风险监测方案，并严格实行风险监测，根据监测情况进行安全风险动态评估，补充或修订完善安全风险控制措施。监理单位应对风险监测方案、专项施工方案、施工作业指导书、作业标准和专业架子队组成及培训教育的实施情况进行检查，实施全过程监理。在全面贯彻安全风险管理理念基础上，对于危险源的辨识与控制管理，各参建单位应着重做到以下几点：

①施工单位应依据国家铁路局有关规定，对危险性或有毒害作业环境场所、设施、设备和施工工序等开展危险源辨识管理，依据危险存在的位置、属性、状态、可能造成的损失或伤害等因素，对危险源进行危险性评价，有针对性地制定安全技术预防措施，建立重大危险源管理档案，并分类管理。

②对一般危险源，施工单位应建立危险源监控管理制度，落实专人负责管理，并经常性对安全防护措施进行检查维护，确保其工作正常，安全有效。

③对重大危险源应履行申报手续，报建设、监理单位备案。对影响范围较大的，应同时报地方安监部门备案。

7.2.2　突发灾难与应急救援

遵循"预防为主、常备不懈"的方针，按照"统一指挥、分级负责、快速反应"的原则，建设单位应根据高铁项目情况，针对施工安全风险因素，建立有各参建单位参与的应急救援组织，配备必要的应急救援器材和设备，对施工现场易发生事故的部位和环节进行监控，制订安全事故综合应急救援预案，综合应急救援预案应包括建设单位的应急组织机构及其职责、预案体系及响应程序、事故预防及应急保障、应急培训及预案演练等主要内容。

施工单位应根据工程设计单位的安全风险评估结果及高风险控制措施，施工安全评估及检测情况，外部作业环境及内部救援物资设备、人员的储备，以及综合应急救援预案等情况，按类型制订突发事件专项应急预案并按规定开展学习培训及预案演练。各施工单位的专项应急预案应包括应急救援组织（领导小组、救援队、应急管理办公室、应急值班室等），应急响应制度，应急物资设备情况及调配使用规定，地方公安、消防和医疗等相关机构或部门的联系方式，高风险工点应急抢险救援交通图，等等。施工期间，各施工单位应结合施工过程中危险源的监测情况和内外部作业环境的变化情况对各专项应急预案进行修改和完善，修改和完善结果经监理审核后报建设单位备案。

7.3 高铁建设工程施工安全管理要素

7.3.1 高铁项目人员安全管理与配置

安全管理的基本对象是人，是以人为本体展开的活动。人既是安全管理的主体——管理者，又是安全管理的客体——被管理者。每一个人处在一定的管理层次上，既管理下属人或物，又被上级管理，上下衔接形成一条以人为本体的管理链。因此，离开人，就无所谓安全管理。在安全管理中，以调动人的积极性，发挥人的创造性为根本的就是管理的人本原理。在安全生产的全部工作和工作的全过程中，要充分调动生产经营单位全员的积极性，全员参与、全员保证生产经营单位的安全生产。它一方面强调了安全生产的根本性目的是保护劳动者的身体健康和生命安全；另一方面是要依靠人的能动性工作，充分发挥人的积极性和创造性，实现安全生产。

人的管理主要包括项目部管理人员和管理和各合作单位施工人员的管理。项目部各管理人员要加强自身组织纪律性，时刻将安全问题放在首位，努力做到安全管理、文明施工；加强施工作业人员安全管理要求规范操作流程和操作方法，严格检查安全防护用品使用情况，发现安全隐患及时上报。施工现场人的因素管理要做到提升整体素质及能力，减少因技术或业务能力不足产生的安全问题；培养人的安全意识，从自身做起，避免发生安全事故；营造浓郁的安全文化氛围，使安全意识深入人心。

7.3.2 高铁项目材料安全管理与环境安全管理

1. 高铁项目材料安全管理

高铁建设过程中，材料安全管理是项目安全管理的重要环节，施工现场材料的管理对安全管理水平提升有很大影响。具体包括：材料进场检验，建筑材料验收入库时必须向供应商索要国家规定的有关质量合格及生产许可证明；材料存放管理，建筑材料应根据材料的不同性质存放于符合要求的专门材料库房，应避免潮湿、雨淋，防爆、防腐蚀；材料发放管理，建立限额领料制度，材料发放要实行"先进先出，推陈出新"原则。

2. 高铁项目环境安全管理

施工现场环境安全管理是整个高铁施工过程安全管理的重点。施工现场环境管理包括所有的外部环境，例如人文环境、自然环境等。施工现场环境对施工的影响至关重要，编制应对自然环境与人文环境变化的方案，并有效执行，是保证正常施工的有效措施，也有利于减少安全事故发生。建立健全各项施工现场环境安全管理制度，将环境安全管理系统化、科学化、规范化，做到责权分明，管理有序，提高安全管理水平和效率。施工现场应采取有效措施，防止出现大气(粉尘、废气)、固体废弃物、废水、噪声等污染。

7.3.3　高铁项目设备与临时工程安全管理

1. 机械设备安全管理

加强机械设备的安全管理，严格规范操作流程，注重设备的保养与维护，避免因人为操作或设备停运影响工程进度、质量与安全，更好地保障高铁施工安全。建立规范的设备管理制度，严格执行机械设备使用中的技术规定，建立机械设备技术档案，杜绝重大机械设备事故的发生，保障机械设备安全、高效地为施工生产服务。

正确选型，合理调配。任何一种机械，由于自身的性能、结构等特性，都有其使用技术要求。严格地按规定合理使用机械，能充分发挥机械效率，减少机械磨损，延长使用寿命，降低使用成本。对于各项目之间的机械调配问题，做到提前掌握各个施工项目的工程进度与机械设备方面的需求、退场信息，安排好机械设备调用过程中的二次保养维护工作，解决好使用与保养的矛盾冲突。

正确使用，及时保养，用、养、修相结合。机械设备使用过程中，操作人员与指挥人员一定要按照相关设备的安全操作规程正确使用设备。同时，在保证机械操作人员与施工现场指挥人员正确使用机械设备的基础上，管理部门在"管好、用好、养好、修好"的同时，推行机械设备的风险评价工作，预防机械事故的发生。

做好特种设备的安全检测。特种设备是与人身、财产安全和人体健康密切相关的承压和载人设备的总称。生产过程中，特种设备比一般性生产设备具有更大的潜在危险性。特种设备属于危险性较大的设备，易发生事故，造成操作者本人或他人的伤害，以及机械设备、公共设施等重大的财产损失。为保证其正常运行，必须进行定期和巡回检测，以避免机械事故的发生，保障生产安全和生命安全。

2. 临时工程安全管理

为了强化施工现场临时设施的安全管理，本着科学合理、安全实用、符合标准的原则，杜绝私建、乱建，规范施工现场临时设施的建设和使用，以达到临时设施管理的规范化、标准化、科学化的目的。

(1)临时设施搭建及验收

临时设施搭建前，项目部应向政府有关部门进行申报、备案，并上交市国土资源局规划用地许可证及位置图、城乡规划局规划许可证、建设管理委员会施工许可证、施工现场临时设施平面布置图等资料。施工现场临时设施的建设，必须绘制平面布置图，图中应绘制出全部拟建的临时设施位置及总尺寸，生活、办公用房、库、厂、棚类应注明临时设施的结构类型、层数、间数、用途、面积以及主要装修做法，围挡、道路、水、电管线的规格、做法、数量等。临时设施施工完成及投入使用前，建设单位应组织公司工程管理部、安全环境管理部、质量管理部等部门应对临时设施进行验收。

（2）临时设施规范使用

所有临时设施必须确定专人管理，负责日常维护、保养，并对使用人员加强科学使用及自觉爱护办公设施的教育；项目部定期对临时设施进行检查、维修，排除安全隐患，确保安全使用；所有临时设施均不得外租，不允许擅自转让、交换或买卖。

（3）临时设施安全拆除

临建房屋及其他建筑物的拆除工程必须严格按《建筑拆除工程安全技术规范》(JGJ 147—2016)相关规定执行。项目经理对拆除工程的安全生产负全面领导责任，强化拆除工程安全责任落实。依照有关规定，加强拆除工程的安全管理工作，及时发现和纠正安全生产违章违规行为，消除安全隐患；加强对拆除现场管理人员和施工人员的技术交底和安全教育培训，提高事故防范能力。

第8章 中兰铁路工程施工实践

8.1 工程概况

1. 线路概况

新建中卫至兰州铁路(中兰铁路)地处甘肃省、宁夏回族自治区两省境内,是我国"八纵八横"铁路网京兰通道的重要组成部分,新建中卫至兰州铁路(甘肃段)正线 DK76+270—DK246+765.1649,全长 173.458 km。

一分部施工管段起止里程:DK213+998.275—DK226+467.15,自 6 标起点至曾家湾特大桥 25♯台台尾,共 12.469 km,其中路基工程长度 6.083 km,占本部长度的48.78%;桥梁工程长度 6.386 km,占本部长度的 51.22%。路基土石方共 377.3 m³,特大桥 5 座 5016.91 延米,大桥 4 座 1231.51 延米,中桥 2 座 137.44 延米,框架涵 21 座676.41 横延米。

2. 工程特点

(1)湿陷性黄土地基处理工程数量大

管段内穿越湿陷性黄土地区,地基均需进行处理,其中水泥土挤密桩 130 万延米、CFG 桩 7.7 万延米和改良土 26 m³,工程数量极大,地基处理难度大。

(2)深路堑高边坡

施工管段内 DK214+000—DK215+000,DK217+276.13—DK218+000.00,DK220+000.00—DK220+613.40 段挖方比较集中,挖方量 339 万 m³,高边坡达到 46.6 m。山区高路堑等特点致使雨水对施工影响大,施工安全风险高,及时做好高边坡监控量测工作,以便及时发现边坡变化情况。

(3)胶拼梁施工

施工管段内,漫湾特大桥有 17 孔 64 m 胶拼梁施工,国内同类型施工应用较少,施工精度要求高,工艺复杂,为一分部重点质量控制工程。

(4)环保、水保要求高

沿线工点穿越多处水土流失敏感区,临时工程、路基、桥梁等工程的施工对环境的影响较大,因此全线的环境保护和水土保持的技术措施要求比较高。

3. 控制工程及重难点工程

漫湾特大桥位于甘肃省皋兰县西岔镇境内,为跨越 X124、东绕城快速路(规划)、兰州新区龚巴路而设。桥梁起止里程为 DK223＋513.565—DK225＋369.035，桥梁全长1855.47 m。

本桥高度大于 40 m 的墩有 13 个，其中最大高度 54 m，高空作业风险大。其上部结构采用(17～64 m)胶拼简支梁，工艺复杂，施工难度大，安全风险大，质量控制要求高。本桥起到控制本标段箱梁运架运行的作用，是本标段的重难点工程。

8.2 路基工程施工

8.2.1 改良土填筑施工

进行路堤基底处理并经检测达到要求后，采用全断面水平分层填筑，按照"三阶段、四区段、八流程"的方法进行施工。采用推土机配合装载机或挖掘机装料，自卸汽车运输，基床表层以下采用推土机配合平地机摊铺平整，振动压路机压实。高填方路堤地段减小路基工后沉降量，在填料分层碾压达到标准后，每填筑 1.5 m 厚度就应采用冲击碾压技术提高压实度。

（1）基底处理

首先由专业地质人员进行详细地质核查，测定天然地基密实度和承载力等参数。一般地段清除表层树木、树根、杂物、松软土及 0.3 m 厚种植土，做好临时排水设施。

用冲击式压路机对基底进行冲击碾压，使地基密实，减小工后沉降量，对软基地段还应采用设计加固处理措施处理。地面横坡为 1∶5～1∶2.5，在半挖半填和斜坡地段时还必须采取挖台阶的处理方法。

（2）分层填筑

每 200 m 或两结构物之间划为一个施工区，并保证每一水平层全宽采用同一种填料，每 10～15 m 设一组标高点，画在两侧放样的竹竿上，挂线控制。填土虚铺厚度按工艺试验确定，自卸车卸土，应根据车容量和填筑厚度计算堆土间距，标点卸料，以便平整时控制每层厚度均匀。为保证边坡压实质量，填筑时路基外侧应各加宽 20～30 cm。不同质填料不得混填，上下两层使用不同填料时，必须按规范要求办理。

（3）摊铺平整

用推土机摊铺初平，平地机精平，每一层做成向外侧 2%～4% 的横向坡以利排水。为有效控制每层虚铺厚度，初平时用水准仪控制每层的虚铺厚度。

（4）洒水晾晒

填料碾压前，应进行含水量检测并将含水量控制在最佳含水量±2%范围内，再进行碾压。当填料含水量较低时，应采取洒水措施，洒水可采用取土场内提前洒水闷湿和路基上分层洒水搅拌两种方法。当含水量较高时，采用晾晒措施，使其达到最佳含水量后碾压。

（5）碾压夯实

碾压采用振动压路机进行。碾压时，先外侧后内侧，先慢后快，先静压后振压。直线进退，相邻接茬处重叠碾压 40～50 cm，各区段纵向交接处应互相重叠压实，搭接长度不少于 2 m。

(6)质量检测

每层填土压实后，及时进行中线、标高、宽度、压实厚度及压实指标的检测，检测合格报监理工程师审批后，方可填筑上一层。对土质路堤采用压实系数、地基系数、相对密度等指标评价，采用环刀法、核子密度仪、K30 荷载板等仪器进行检测，但核子密度仪必须和环刀法做规定数量的对比。

8.2.2　一般土质路堑与基床表层施工

1. 一般土质路堑施工

(1)地表排水

施工前，切实做好地表排水工程，排出的水不得危及附近建筑物、道路和农田。

(2)土方开挖

加强测量控制，边坡随开挖随成型，保持边坡平顺，早做边坡防护。开挖面应随时保持不少于 4% 的排水坡，严禁积水。土方开挖采用机械施工为主，施工时分段进行，每段自上而下分层开挖，及时用人工配合挖掘机整刷边坡，对不便于机械施工的并行地段，采用人力施工。当运距小于 70 m 时，采用推土机为主，地形特别困难地段采用人力施工；当运距大于 70 m 时，用装载机或挖掘机配合自卸汽车装运；人工整修边坡，边开挖边防护。

(3)边坡防护及基床加固

高边坡边开挖边防护，当有困难时，坡面应暂留厚度不小于 0.5 m 的保护层。路堑基床施工，开挖接近堑底时，鉴别核对土质，然后按基床设计断面测量放样，开挖修整；按设计改良土换填等措施。

2. 基床表层施工

基床表层填筑级配碎石，基床表层一般分两层填筑。采用平地机摊铺，厂拌料填筑。

(1)材料准备

为了保证填料质量，必须对每批料进行抽样检查，质量不合格不得进场。对存放粒料场地进行硬化，并根据设计要求对不同粒径级进行分隔。雨季施工时，采取措施保护集料，防止含水量过高。

(2)下承层准备

基床表层的下承层应平整、坚实，具有规定的路拱，底层平整度和压实度检验合格后，放置时间不宜过长，放置时间过长时，用 12～15 t 三轮压路机进行碾压检验。

(3)测量放样

在下承层上恢复中线，直线段每 20～25 m 设一桩，曲线段每 15～20 m 设一桩，并在两侧路肩边缘外 0.3～0.5 m 设标示桩。进行水平测量时，在联测标示桩上用明显标记标出每侧边缘的虚铺厚度。

(4)拌和

填料拌和采用稳定土拌和设备。在正式拌制混合料之前，调试设备，分两步进行混合料试拌。不加水试拌后进行筛分检测，符合规定后加水试拌，测定含水量。如果气温较高，应比最佳含水量高1%～2%，以补充混合料在运输和摊铺过程中的水分散失。施工时配料要准确，质量误差控制在2%，拌和要均匀。拌和好的混合料存放时间不能过长，当天拌成的混合料当天铺筑完毕，以免混合料含水量发生变化。

（5）混合料运输

混合料运输用自卸汽车，型号尽量相同。装车时，控制每车的数量基本相同。由于级配碎石材料的特殊性，容易在装料、运输、卸料过程中产生粗细料离析，装料时，拌和机的出料口离车厢的高度应尽可能小。

（6）下层摊铺

路基基床表层下层由平地机摊铺。摊铺时，先用推土机将混合料摊开，平地机再按松铺厚度将混合料摊平，表面力求平整，并具有规定的路拱，摊铺厚度略大于松铺厚度，之后立即用平地机整平和整形，压路机配合多次找平、碾压至符合要求。

（7）上层摊铺

路基基床表层上层使用平地机摊铺。

（8）整形

人工配合平地机摊铺整形。

（9）碾压

整形达到需要的断面和坡度后，当混合料的含水量处于最佳水量时，立即用压路机在路基全宽内进行碾压。

在双侧路拱地段，压路机由两侧路肩向路中心碾压。静压遍数为1～2遍；压实采用重型振动压路机碾压，压实遵循先轻后重、先弱后强、先慢后快的原则，通过试验段确定压实遍数，一般为6～8遍；压实遍数达到要求后，采用振动压路机对表面进行碾压，使其表面无松散混合料。

碾压过程中，如发现弹簧土、松散、起皮等现象，及时翻开混合料拌和或更换新的混合料。

（10）接缝处理

混合料全断面摊铺不留纵缝，同日施工的两工作段的衔接处，从整形到碾压进行搭接施工，搭接长度控制在一个桩位长度以内。每天施工最后一段时，在整形结束后，人工将末端修齐，放置与施工层压实厚度相同的方木。第二天施工时，去除方木并用人工将下承层清扫干净。

（11）养护

每施工完成一段，及时洒水养护，用土工布覆盖。

8.2.3 加固防护工程

1. 骨架护坡施工

（1）骨架沟槽开挖

由于在坡面上作业，且骨架宽度只有40 cm，不宜采用机械作业，全部采用人工开挖沟槽。人工开挖前，根据测量放样确定的位置上下拉通，同时严格控制好开挖的宽度和深度，不得超挖和欠挖，保证其骨架边线顺直，从上往下进行开挖，不得有松土留在沟槽中，并用人工拍打密实。一般根据施工能力及天气情况确定开挖长度，不得长时间晾置开挖好的沟槽。

（2）骨架基础沟槽开挖

待某一段上部的骨架及拱肋沟槽开挖完毕后，清理该段内弃土，然后恢复其护脚基坑开挖边线及高程控制点，可采用挖掘机配合人工进行开挖。开挖完成后用人工清理坑底松土，并用小型振动强夯机进行整平压实。

（3）护坡基础施工

基坑开挖完成后，先按照设计要求进行装模。装模完成后，应再次复核护脚基础的平面位置及标高。确认无误后，报请监理工程师到现场检查验收，进行浇筑护脚基础混凝土。注意必须采用人工插钢钎振捣密实。

（4）骨架混凝土浇筑

在基础混凝土浇筑完成后，即可浇筑上部的方格骨架混凝土。采用溜槽或斗车运输，同样要求振捣密实。

（5）沉降缝的设置

根据施工路段长度，以 10～18 m 分段设置伸缩缝。要求缝宽 2 cm，缝内采用沥青麻絮填塞。

（6）养护

每施工完成一段，待混凝土初凝后，用土工布覆盖，定时洒水养护，覆盖。

2. 混凝土空心块护坡施工

（1）测量放样

根据设计边坡与线路中心线的相对位置，由测量人员用全站仪放出边坡坡顶、坡脚线、全埋式脚墙、边坡平台位置线，施工人员随后挂线进行边坡及平台的平整，清刷浮土、填补坑凹并夯实坡面，坡面要平整、圆顺，然后根据设计形式、尺寸挂线放样，镶边宽 0.5 m，厚 0.4 m；U 形排水槽间距 10 m，宽 0.6 m，厚 0.4 m，要求放出镶边、排水槽线，并洒白灰线标示。

（2）基槽开挖

基槽采用人工开挖，镶边厚 0.4 m，沿线路方向每隔 10 m 设置一处 U 形排水槽，槽宽 0.6 m，嵌入边坡 0.4 m。从上到下进行开挖，并修筑方便施工人员上下的台阶。基槽开挖完后，立即进行模板支设、混凝土施工，以防止基槽暴露时间过长造成边坡坍塌，从而破坏路基实体质量。基槽挂线开挖，以确保基槽尺寸符合设计要求。

基槽在开挖时，严格按照挂线施工的作业要点进行施工过程控制。一次开挖后，预留人工二次修整余地，二次修整到位，避免超挖现象，减少混凝土的超方量。

（3）基底检查

基槽开挖完成后，及时通知施工队技术员进行验槽，自检合格后，报现场监理工程师验收签证，才能进行下道工序施工。

（4）模板安装

模板采用竹胶板，截水缘处采用 10 cm×10 cm 的竹胶板钉制而成。安装模板时，采用双面胶带纸塞缝，确保接缝良好、不漏浆。模板支设完成后，挂线对模板进行精调，确保模板支设尺寸符合要求。模板调整好后，对模板进行加固，顶面采用钢管加固，侧面采用砂袋封堵。模板支设好后，经技术员复核无误并报现场监理工程师确认后，才能进行下道工序施工。浇筑混凝土前，人工清除基槽表面松散颗粒，洒水湿润。

（5）镶边、排水槽浇筑

混凝土采用混凝土罐车运输，吊车吊送或泵车泵送入模。混凝土运至现场后，先检查混凝土的工作性能，满足要求后，方可进行混凝土浇筑。对于镶边、排水槽的施工，从镶边向排水槽进行施工。混凝土施工过程中，施工人员应采用小型振捣设备对混凝土进行振捣。坡面混凝土施工完成后再浇筑截水缘混凝土。

当混凝土强度达到 2.5 MPa 后方可拆除侧模，侧模拆除后及时对侧面混凝土进行修整。

（6）混凝土养护

护坡圬工与坡面密贴，防护顶面与边坡间的缝隙必须封严。混凝土浇筑完成终凝后，及时对坡面混凝土覆盖土工布，洒水养护，养护期为 7 d。

（7）空心块铺设

在混凝土养护完成后，及时将拱圈内的多余填料清出，拱圈的清理深度为 0.1 m，随后进行混凝土空心块（需提前预制）的砌筑。空心块砌筑应从下到上进行，铺设时用橡皮锤击打，使砖与坡面密贴，不得使用铁锤等硬物。空心块与骨架相接处的空隙采用 C25 混凝土填塞。

（8）空心块内客土撒播植草及栽种灌木

空心块内回填土采用人工配合机械进行，客土厚 0.2 m，采用适宜植物生长的清表土、种植土、黏性土等；草籽选用根系发达、茎矮叶茂且适于吉林地区成活的多年生草种，草籽埋入深度不小于 5 cm。为使草籽均匀分布，可将种子与砂、干土或锯末混合。草籽养生期内，需用透气农膜覆盖，避免雨水冲刷，及时进行洒水养护，对漏洒、草籽发芽成活过稀部位还应进行补撒。

按照设计要求栽植灌木，灌木采用适宜当地生长的、易于成活的树种。

8.2.4 路基排水工程施工

根据设计先做好堑顶、下挡及坡脚排水沟施工，其他工程可在路基完成后进行。路基排水采用人工开挖、砌筑施工。

（1）基坑开挖

应严格按照设计坡比放样、开挖和砌筑，防止超、欠挖，对超挖部分夯填密实，防止雨水冲刷坍塌。

（2）材料要求

浆砌圬工的石料强度必须符合设计要求，采用色泽均匀、结构密实、不易风化、无裂纹的硬质石料。普通片石的形状不受限制，但其中部的厚度应不小于15 cm。镶面用片石，宜选用表面较平整及尺寸较大者，且边缘厚度不得小于 15 cm。

（3）砂浆配制

水泥砂浆用料及强度应符合设计要求，配合比通过试验确定，准确计量，采用砂浆搅拌机拌和均匀，确保良好的和易性和坍落度。对于在运输过程或在储存器中发生离析、泌水的砂浆，砌筑前应重新拌和，不得使用已凝结的砂浆。

(4)砌体施工

浆砌片石应采用挤浆法施工,砂浆应饱满,上、下层片石砌缝应互相错开,距离不小于 8 cm,杜绝通缝、瞎缝等质量通病。施工时应挂线作业,大面平顺,砌筑施工应严格遵守有关施工规范和技术标准。

(5)勾缝及养护

砌体勾缝符合设计要求,在砂浆初凝后,及时养护 7~14 d,养护期间应避免碰撞、振动和承重,确保砌体坮工质量。

8.3 桥梁工程施工

8.3.1 钻孔桩施工

根据桩基分布及现场地质条件、设计桩径、桩长情况、钻机施钻顺序进行钻机选型,主要采用旋挖钻成孔。钻孔桩正式施工之前,进行工艺性试桩试验,确定所需配套的机械设备,钻孔、安装钢筋笼、下放导管、清孔、灌注各工序所需施工时间以及各土层施工中泥浆的适宜指标,了解施工机械的性能,检验混凝土的施工性能参数后指导现场施工。

灌注混凝土采用导管法,混凝土在混凝土拌和站集中拌和,由搅拌车输送到作业地点,汽车起重机配合灌注。

(1)钻孔场地准备

施工前,对桥址处的场地进行平整,并根据地表、地质情况进行处理,防止钻孔过程中钻机失稳发生安全事故,影响工程质量。

(2)桩孔定位测量

施工前测量定位,按照各墩设计桩位,布置基线控制网,采用交会法准确放出桩位。

(3)埋设护筒

长度 4 m 以内的钢护筒,采用厚 4~6 mm 的钢板制作;长度大于 4 m 的钢护筒,采用厚 6~8 mm 钢板制作。钢护筒埋置较深时,采用多节钢护筒连接使用,连接形式采用焊接。焊接时保证接头圆顺,同时满足刚度、强度及防漏的要求。护筒的内径比钻头约大 20 cm,护筒顶应比原地面高 0.3 m 左右。

埋设钢护筒前,准确测量放样,保证钢护筒顶面位置偏差不大于 5 cm,埋设中,保证钢护筒斜度不大于 1%。埋设钢护筒前,采用较大口径的钻头先预钻至护筒底的标高位置后,提出钻斗且用钻斗将钢护筒压入预定位置。用粗颗粒土回填护筒外侧周围,回填密实。

(4)旋挖钻钻孔

施工时,将钥匙开关打到电源挡,显示器显示旋挖钻机,标记画面,按任意键进入工作画面。先进行旋挖钻机的钻桅起立桅及调垂,即先将旋挖钻机移到钻孔作业所在位置,再使旋挖钻机的显示器显示桅杆工作画面。

从桅杆工作画面中可实时观察到桅杆的 X 轴、Y 轴方向的偏移。操作旋挖钻机的电气手柄将桅杆从运输状态位置起升到工作状态位置。在此过程中，旋挖钻机的控制器通过采集电气手柄及倾角传感器信号，经过数学运算后，输出信号驱动液压油缸的比例阀，实现闭环起立桅控制，并实现桅杆平稳同步起立桅，同时采集限位开关信号，对起立桅过程中钻桅左右倾斜角度进行保护。

在钻孔作业之前，需要对桅杆进行定位设置。一般情况下钻孔做直孔作业，所以需要对桅杆进行调垂。调垂可分为手动调垂、自动调垂两种方式。在桅杆相对零位±5°范围内，才可通过显示器上的自动调垂按钮进行自动调垂作业；桅杆相对零位±5°范围时，只能通过显示器上的点动按钮或左操作箱上的电气手柄进行手动调垂工作。在调垂过程中，操作人员可通过显示器的桅杆工作界面实时监测桅杆的位置状态，使桅杆最终达到作业成孔的设定位置。

在施工过程中，有时也需要斜孔作业。操作人员需要通过显示器上的自动定位按钮进行自设定零位，再进行相同的调垂操作。

钻孔时通过显示器按钮直接进入主工作界面，然后进行钻孔作业。钻孔时先将钻斗着地，通过显示器上的清零按钮进行清零操作，记录钻机钻头的原始位置。此时，显示器显示钻孔当前位置的条形柱和数字，操作人员可通过显示器监测钻孔的实际工作位置、每次进尺位置及孔深位置，从而操作钻孔作业。

在开展作业过程中，操作人员通过主界面的三个虚拟仪表的显示——动力头压力、加压压力、主卷压力，实时监测液压系统的工作状态。开孔时，以钻斗自重并加压作为钻进动力，一次进尺短条形柱显示当前钻头的钻孔深度，长条形柱动态显示钻头的运动位置，孔深的数字显示此孔的总深度。当钻斗被挤压充满钻渣后，将其提出地表，操作回转操作手柄使机器转到土方车的位置，将钻渣装入土方车。完毕后，通过操作显示器上的自动回位对正按钮使机器自动回到钻孔作业位置，或通过手动操作回转操作手柄使机器手动回到钻孔作业位置。此工作状态可通过显示器的主界面中的回位标识进行监视。开孔后，以钻头自重并加压作为钻进动力。当钻斗被挤压充满钻渣后，将其提出地表，装入土方车，同时观察并记录钻孔地质状况。

旋挖钻机钻进时，及时填写钻孔记录表。主要填写内容有工作项目、钻进深度、钻进速度及孔底标高、交接班时交接记录等，并根据旋挖钻钻孔钻进速度的变化和土层取样认真做好地质情况记录，绘制孔桩地质剖面图，每处孔桩备有土层地质样品盒，在盒内标明各样品在孔桩所处的位置和取样时间。

旋挖钻机孔桩地质剖面图与设计不符时，及时报请监理现场确认，由设计单位确定是否进行变更设计；钻孔时要及时清运孔口出渣，避免妨碍钻孔施工、污染环境；钻孔达到预定钻孔深度后，提起钻杆，测量孔深及虚土厚度。

①混凝土浇筑。浇筑混凝土须做好充分的准备工作，配置足够的应急设备和备用材料，确保浇筑混凝土时间不大于6 h。必要时，在混凝土内掺入缓凝剂以确保工程质量。

导管采用专用的卡口式导管，导管内径30 cm。导管制作坚固、内壁光滑、顺直、无局部凹凸。各节导管内径大小一致，偏差不大于±2 mm。下放过程中，保持导管位置居中，轴线顺直，逐步沉放，防止卡挂钢筋笼和碰撞孔壁。浇筑首盘混凝土时，导管底部至孔底距离控制在35～40 cm。

浇筑混凝土之前，再次检测孔底沉淀厚度。如沉渣厚度大于5 cm（柱桩）或20 cm（摩擦桩)时，对孔内进行二次清孔，确保孔底沉渣厚度符合规定要求。浇筑前，射水或压气 3~5 min，将孔底沉渣冲翻搅动。

采用砍球法浇筑混凝土，首盘混凝土需用量由计算确定，保证首盘混凝土浇筑后，导管埋入混凝土中的深度不小于 1 m，并能填充导管底部间隙。在整个混凝土浇筑时间内，导管口应埋入先前浇筑的混凝土内至少 1.5 m，但不得大于 5 m。应经常量测孔内混凝土面的上升高度，并适时缓慢、平稳提升，逐级快速拆卸导管，并在每次起升导管前，探测一次管内混凝土面高度。

混凝土浇筑开始后，应快速连续进行，不得中断。最后拔管时注意提拔及反插，保证桩芯混凝土密实度。混凝土浇筑标高比设计标高高出 1 m 以上，多余部分在承台施工前凿除，确保桩头无松散层。

②声测管埋设。基桩施工单位必须高度重视声测管埋设工作，监理要加强事前提醒和过程检查，检测单位要向施工单位进行事先提示，确保声测管埋设一次合格。杜绝声测管堵塞现象。

a. 材质与埋设。声测管应采用金属管，内径宜不小于 40 mm，管壁厚应不小于 2.5 mm。声测管应下端封闭，上端加盖，管内无异物；声测管采用绑扎方式与钢筋笼连接牢固(不得焊接)；声测管连接应积极采用外加套筒焊接方式进行，杜绝连接处断裂和堵管现象；连接处应光滑过渡，不漏水；管口应高出桩顶 100 mm 以上，且各声测管管口高度应一致。

b. 保证声测管在成桩后相互平行。声测管应沿桩截面外侧呈对称形状布置。

③桩身质量检测。桩的质量检验包括桩身完整性、均匀性、桩身强度等。桩身完整性、均匀性、无侧限抗压强度检验采用成桩 7 d 内低应变或超声波无损检测和成桩 28 d 后钻孔取芯。取芯检验数为总桩数的 2%且每检验批不少于 3 根；单桩承载力检测，检验数量为总桩数的 2%且每检验批不少于 3 根。

8.3.2　桥梁墩、台施工

1. 一般墩身、台身施工

在墩身、台身施工前，对基础或承台顶面凿毛，清除浮浆、油污及泥土等杂质，加强基础与墩身的连接效果。调直墩身植入承台钢筋。

一般，对于高度 15 m 以下的实体桥墩和桥台，采取墩身、台身、托盘、顶帽、支座垫石一次施工成型；对于高度在 15 m 以上的桥墩和桥台，采用分段浇筑成型的方法施工。

(1)施工脚手架搭设

脚手架采用碗扣式支架。混凝土强度达到 5 MPa 以上时进行支架搭设。支架设置楼梯，作为施工人员上下通道。

(2)钢筋绑扎成型

墩身钢筋绑扎与承台钢筋同时绑扎成型。墩帽、托盘、垫石钢筋加工成型后，采用吊车吊装就位，与墩身钢筋绑扎连接成整体。在墩顶中心，预留墩身混凝土振捣进人孔，与进人孔交叉的钢筋暂时不绑。到墩身混凝土浇筑到进人孔位置时，再将涉及的钢筋绑扎上去。

(3)墩、台身模板

墩身模板本着便于全线桥墩通用，满足多次倒用的原则进行专门设计。模板设计标准节一般可选用 3 m，并根据墩高配调整节。

墩身、托盘、顶帽和桥台采用定型加工钢模板，现场采用吊车配合拼装成型。模型配以水平围带和竖向围带加固。墩身直板段设 ϕ 14 mm 拉筋。拉筋穿入埋入墩身的 PVC 管，便于周转使用。

①墩身、台身混凝土施工。混凝土拌和采用自动计量拌和工厂集中拌和，运输采用输送车。在浇筑现场每隔一段时间对混凝土的均匀性和坍落度检查一次。对于灌注高度超过 2 m 的，采用串筒灌注。

采用混凝土输送泵车进行混凝土灌注。浇筑前，对支架、模板、钢筋和预埋件进行检查，把模板内的杂物、积水清理干净，模板如有缝隙，必须填塞严密。将基础混凝土表面松散的部分凿除，并将泥土、石屑等冲洗干净。

混凝土分层浇筑，每层厚度不超过 30 cm，且在下层混凝土初凝前浇筑完成上层混凝土。浇筑混凝土时，采用插入式振动棒振捣密实。

在混凝土浇筑完成后，对混凝土裸露面及时进行修整、抹平，等定浆后再抹第二遍进行压光。

②混凝土养护。拆模后的混凝土立即使用保温保湿的土工布覆盖，外贴隔水塑料薄膜，使用自动喷水系统和喷雾器，不间断养护，避免形成干湿循环。养护时间不少于 7 d，养护后拆除养生毯，再用塑料薄膜紧密覆盖，保湿养护 14 d 以上。

③拆模。养护期间混凝土强度未达到规定强度之前，不得拆除模板。当混凝土强度满足拆模要求，且芯部混凝土与表层混凝土之间的温差、表层混凝土与环境之间的温差均不大于 15 ℃时，方可拆模。

④垫石的施工。垫石混凝土的模板与墩身模板同时架立。在混凝土灌注之前，测量班精确测定垫石的平面位置及高程，在支座底至垫石顶面之间预留 20～50 mm，以便于支座安装时进行压浆。

2. 空心墩施工

(1) 钢筋

钢筋的规格、数量、形状等符合设计图纸要求，原材料进场后按规定进行抽样试验和接头焊接试验，钢筋车间下料成型，现场绑扎。

(2) 模板

翻模由上、中、下三组规格的钢模板组成，高度模数为 1.5 m，具有足够的强度、刚度和平整度。随着混凝土的连续灌注，下层混凝土达到拆模强度后，自下而上将模板拆除、连续支立，如此循环往复，完成桥墩的灌注施工。

内外模板由钢板、角钢组成，后背加设肋板，两侧设翼板，底部设搭接板；三角支架由角钢组成，通过对拉螺栓使内、外相邻模板连接成一体；斜拉索具用以连接上、下两层模板，并用以调整和固定内、外模板位置；支腿和内模肋框上的加强角钢相连接，用以支承卸料平台，卸料平台由型钢组成，用以存放机具材料。

在完成三节基本节混凝土的灌注工作后，即可按以下工序进行施工。

提升接料平台：松开接料平台和支腿的连接，以塔吊将平台提升大于一节模板的高度；分两批将支腿相应提高一节模板高度；接料平台落于第一次提升后的支腿上；提升其余支腿，并使之与平台连接牢固。

拆除模板：将悬挂于第 N 节支架上的吊篮和步板、安全网提升挂于 $N+1$ 节吊环上，使安全网与吊篮立筋和三脚支架护栏连接；分 4 组人员于墩身对称位置，同时分别向相反方向拆除对拉螺栓、三脚支架和内外模板，由上层工人将拆下部件提升到 $N+2$ 层，对模板进行清洗整修；堵塞对拉螺栓孔，喷养护液；混凝土达到要求强度时进行接灌面凿毛，绑扎焊接钢筋。

模板安装：测设中线，以垂球和自动安平激光铅直仪控制中心和垂直度，检查和调整内、外模板位置；根据灌注段内壁周长计算内壁块数和模板搭接量，并于已浇筑的混凝土上做出标记，以此支立内模板，并使外模板与内模板相对应；以对拉螺栓将内、外模板和三脚支架连接紧固，并以斜拉索具调整中线和桥墩截面尺寸。

（3）混凝土

钢筋模板经检查合格后，接串筒或滑槽开始浇筑混凝土。在混凝土拌和站拌和，混凝土运输车运输，采用泵送混凝土完成混凝土浇筑。浇筑混凝土之前，接缝凿毛、洗涤并铺厚 20 mm 水泥砂浆。在浇筑过程中，派有经验的混凝土工负责采用插入式振动棒振捣，振动棒的移动距离不超过其作用半径的 1.5 倍，与模板保持 5～10 cm 的距离，插入下层混凝土 5～10 cm，混凝土每层分层厚度不大于 30 cm，每一处振捣完毕后，边振动边徐徐提出振动棒，将气泡引出至表面。振动过程中避免振动棒碰撞模板、钢筋等。对每一振动部位，应振动到该部位混凝土密实为止。密实的标志是混凝土停止下沉，不再冒气泡，表面呈现平坦、混凝土泛浆。施工中严格操作程序，确保混凝土的内在质量和外观质量。浇筑完成后，随即进行养护。混凝土养护采用浇水养护。待混凝土强度达到 70% 的设计强度后，即可拆除模板。

墩顶节段墩身施工采用在墩身上设预埋件，拼装支架施工。墩身标准节段施工完成后，在墩顶拼装支架，然后扎钢筋、立模板浇筑墩顶段墩身混凝土。墩顶支架同时作为墩顶主梁块件的施工托架。

8.3.3 支架现浇连续箱梁施工

1. 支架预压

支架搭设完后，根据箱体混凝土自重及分布情况，考虑施工荷载及安全系数，采用砂袋和混凝土预制块相结合的方法进行预压，预压时间不少于 48 h。沉降观测点设在支座附近、1/4 跨及跨中，每排 4 个点，根据试验观测结果设置预留沉落量，以消除施工过程中支架及地基变形影响。

2. 支座安装

在已做好的支座垫石上安装支座，并在墩顶底模安装前完成。安装支座前，对混凝土垫石凿毛，在其上铺厚 2～3 cm 且与垫石标号相同的砂浆，然后立即将支座吊装就位。调整好标高后，用砂浆填满捣实，锚固螺栓孔内的砂浆也同样捣固密实。梁内支座垫板可与支座同时安装，并将四角的紧固螺栓拧紧。应确保底模与支座垫板间不会漏浆。

3. 模板及预拱度设置

根据设计图纸计算底板底模标高，调节支架顶托，在支架顶托纵向排列 100 mm×150 mm

的方木，方木顶横向排列 100 mm×100 mm 的方木，方木间距 30 cm，横向方木顶满铺一层厚 3 cm 木板，木板与方木之间用木楔调整标高，使其符合底模标高要求。在调整好的木板顶测放线路中心控制点，根据线路中心线及设计结构尺寸弹出底模边线，在木板顶铺模板。箱梁的底模、外侧模均采用钢模板，模板要求接缝严密，相邻模板接缝平整，接缝处用胶带密封，防止漏浆，并在模板混凝土面面板上涂刷清漆和脱模剂，保证混凝土表面的光洁和平整度，以确保梁体外观质量。

当侧模及底模安装就位后，要调整各支点模板纵向标高，使钢箱模板处于浇筑混凝土时的正确位置，同时设置好预留拱度。预拱的设置分两次完成，第一次指在移动模架制造时考虑主梁预留上拱度，第二次由安装在钢箱上的垫块和侧模连接处框架支承立柱上的调整栓来完成。各支点预拱度值由综合计算分析而定。预拱度理论值的计算主要考虑如下因素：钢箱的弹性变形、恒载、混凝土梁产生的弹塑性变形、支点沉降。

4. 内模及其支架安装

安设内模采用碗扣支架与木骨架相结合的方式支撑，用 ϕ 12 mm 钢筋制成马凳，碗扣支架支在马凳上，钢筋马凳每排设 4 道，并和底板钢筋网片的上、下层钢筋焊接在一起，拆除内模时，将马凳筋割除并用水泥砂浆将外露钢筋包住。外侧模、翼板模采用木胶板。在箱室底板预留 2 个通气孔，一个在箱室最高处，一个在底处，孔径为 10 cm，当孔位与钢筋矛盾时可适当调整孔位；在箱室内顶板预留 2 个 100 cm×80 cm 的孔道，用来拆除箱内模板。

5. 绑扎底板、腹板钢筋及预应力管道安装

在使用钢筋前，进行调直和除锈，保证钢筋表面洁净、平直，无局部弯折；在加工车间严格按设计图加工制作钢筋，成品编号堆码，以便使用。将加工好的钢筋运至模板内，按设计图放样绑扎，在交叉点处用扎丝绑牢，必要时采取点焊，以确保钢筋骨架的刚度和稳定性。

钢筋绑扎按设计及施工规范要求进行，在箱梁腹板钢筋绑扎接近完成时，要按设计图要求的位置绑扎纵向预应力束管道定位筋，然后安装管道。管道要平顺，接头部分要用大一号波纹管套接，用胶带纸裹紧。定位钢筋要编号，并与箱梁模板号相对应，其焊接位置由管道坐标计算而定。

6. 顶板钢筋绑扎、横向预应力管道安装

钢筋绑扎按设计及施工规范要求进行，同时按要求安装顶板横向预应力管道及压浆管。道碴墙由于后浇，模板无须同时安装。钢筋绑扎时注意各种预埋件的安装。

7. 箱梁混凝土浇筑

混凝土浇筑时间控制在初凝时间内。单片梁的纵向浇筑按从两点开始浇筑的方法，即梁端各一点同时相对进行；竖向浇筑方法为分别浇筑底板、腹板和顶板，浇筑时按水平分层、斜向分段依次进行。

混凝土在混凝土工厂集中拌制，用混凝土搅拌车运至墩位后，混凝土输送泵泵送至模内，同时采用两台输送泵对称泵送浇筑。浇筑混凝土时，按梁的断面水平分层、斜向分段地进行，上层与下层前后浇筑距离不小于 1.5 m，每层浇筑厚度不超过 30 cm。注意使混凝土入模均匀，避免大量集中入模。派有经验的混凝土工采用插入式振动棒负责振捣，振

动棒避免碰撞模板、钢筋、预应力管道和其他预埋件，移动间距不超过其作用半径的1.5 倍，与侧模保持 5～10 cm 的间距，插入下层混凝土 5～10 cm，将所有部位均振捣密实，密实的标志是混凝土停止下沉，不再冒气泡、表面呈现平坦、泛浆。

(1)底板混凝土浇筑

输送管道通过内模预留窗口将混凝土送入底板，窗口间距约 4 m，根据实际情况调整。下料时，一次数量不宜太多，并应及时振捣，尤其是边角处，必须填满混凝土并振捣密实，以防浇筑腹板时冒浆。底板无须分层浇筑。

(2)腹板混凝土浇筑

两侧腹板混凝土同步进行，其混凝土高差不超过 1 m，以保持模板支架受力均衡。开始时分层宜不超过 20 cm，以确保倒角处混凝土振捣密实。保证混凝土从内倒角处翻出，并和底板混凝土衔接好。内翻的混凝土及时向前铲平，及时铲除、抹平多余混凝土。腹板每层混凝土浇筑厚度不得超过 40 cm，每层均要振捣密实，严禁漏振和过振现象，振捣器采用插入式高频振捣器。

(3)顶板混凝土浇筑

当腹板浇筑到箱梁腋点后，开始浇筑顶板混凝土，其浇筑顺序为先中间，后两侧翼缘板，两侧翼缘板同步进行。为控制桥面标高，必须按两侧模板标示高度进行混凝土浇筑，并每隔 1～2 m 设置一个标高控制点，保证主梁混凝土面平整，保证梁面纵、横向坡度符合要求。在完成第二次抹面后，立即覆盖养护。指定专人填写施工记录，包括原材料质量、混凝土坍落度、拌和时间、质量、浇筑和振捣方法、浇筑进度、浇筑过程中出现的问题及处理方法、结果。顶板表面进行二次收浆抹面，并于终凝前拉毛，及时养护，防止出现裂纹。

8.3.4　连续梁挂篮悬臂施工

1. 临时支座安装

为承受悬臂施工中临时 T 构梁重量及不平衡弯矩，在其墩顶支撑垫石两侧分别对称设置 4 个临时支座。临时支座采用 C50 级混凝土灌注，顺桥向靠外侧分别设置 2 排 ϕ 25 mmⅣ级精轧螺纹钢筋，上下端分别锚固于梁体及墩身内。为便于合拢时拆除临时支座，在临时支座中间设置一层厚 6 cm 的硫磺砂浆间隔层，并在其中预埋电阻片。拆除临时支座时，在临时支座与永久支座间设隔热层，然后向电阻片通电，使硫磺砂浆熔化，拆除临时支座。

2. 0 号梁段施工

0 号段的临时支架利用万能杆件拼组。支架的拼装方案是：在承台襟边四周及沿桥轴线拼装支架，纵排之间用拉杆和斜撑连接，横排与墩身预埋件连接，墩架上横铺垫梁，纵铺 30 号槽钢，底模铺设硬质方木，形成平台。支架拼好后，应进行预压，消除非弹性变形。

0 号段使用挂篮的内、外模。施工流程为：支架拼装、预压完成后，安装底模板→分片吊装外侧模板、整体钢筋网片就位→安装竖向预力筋及管道→安装纵向预应力管道→安装内模板→绑扎顶板钢筋→安装顶板纵向预应力管道→搭设混凝土浇筑工作平台→浇筑混凝土→养护→拆模→穿钢绞线束→施加预应力→压浆。

（1）安装底模，设置预拱度

0号段底模铺设根据支架纵横梁布置以及底模架设计施工，最后放置好底模下纵梁和底模板，然后在底模纵梁下放置千斤顶，按要求设置预拱度，调整底模板标高，以木楔作调整工具，然后加固。

（2）立0号段侧模并加固

外模采用菱形挂篮外模。将侧模用吊车吊至墩顶，支撑在支架上，并用倒链将侧模临时固定在墩身两侧；然后用千斤顶调整模板的标高、垂直度、位置，最后彻底固定。

（3）绑扎底板、腹板、横隔板钢筋

调整侧模的同时，快速绑扎好底板、横隔板、腹板钢筋，同时上好堵头木模板；在横隔板中间墩顶加立粗钢筋支撑横隔板内模。

（4）绑扎顶板钢筋

立好内模后，立即进行绑扎顶板底层钢筋；布置竖向精扎螺纹钢以及顶板束波纹管、横向预应力波纹管；绑扎好顶板钢筋并调整好竖向预应力钢筋间距。

（5）浇筑0号段混凝土

经监理工程师检查合格后，输送混凝土到0号段，分层对称浇筑保证两头均衡施工。分别依次浇筑底板、腹板、顶板，用插入式振动棒振捣，腹板用附着式振动器振捣，混凝土浇筑到顶板时，将竖向预应力钢筋锚板顶混凝土去除。

（6）混凝土养护

混凝土初凝后，顶面覆盖土工布保湿，严格按施工规范浇水养护混凝土，保证混凝土不开裂。

（7）张拉压浆

养护期间，将0号段腹板束、顶板束钢绞线穿好并安装好锚具、千斤顶，待混凝土达到设计要求强度，用千斤顶张拉预应力筋。先腹板束，后顶板束，先外后内对称张拉。张拉完毕，及时压浆，压浆采用真空压浆工艺。

（8）0号段混凝土施工要点

0号段构造复杂，圬工量大，为了避免水平施工接缝及加快施工速度，混凝土采用一次浇筑完成。但梁段浇筑必须在混凝土终凝前完成，底模、内模支架必须牢固，决不能因支架不均匀变形而造成梁体开裂。梁体内各种管道、钢筋稠密，给捣固带来困难。振捣采用插入式震动器为主，附着式震动器为辅。混凝土由天窗经减速串筒至底板，腹板、横隔板混凝土由天窗经串筒滑至腹板、横隔板的侧洞，进入腹板、横隔板，浇筑过程中要有专门技术人员负责监督。

3. 悬臂浇筑梁段施工

（1）挂篮设计加工

采用菱形挂篮，委托专业厂家加工。挂篮由菱形桁架、提吊系统、走行系统，内外模板和张拉操作平台组成。

（2）挂篮的拼装

将加工厂拼装件及散件运抵现场后，用吊车吊送构件至0号段上拼组。挂篮拼组分为两个步骤：加工厂拼组大件，在梁体上拼组整体。加工厂拼组主要包括主梁系的2片主构架，4片横向联接系，还有外模板及模架、内模及模架，其余均为散件。

（3）挂篮压载试验

各构件连接方式以焊接和销接为主，因此挂篮制作完成后，要对重要构件的焊缝进行探伤。挂篮各构件制作完毕后，在加工场地进行试装配，以保证挂篮在施工现场能顺利组装。挂篮出厂前，要对主桁架进行承载力和变形试验。挂篮试验在平整的场地上进行，采用 2 个主桁对拉的方式，分级加载，最大加载为最大使用荷载的 1.3 倍。同时要求挂篮下挠最大值为 2 cm。

（4）梁段循环施工

0 号节段施工完毕后按构件编号及总装图拼装挂篮。拼装程序为：走行系统→桁架→锚固系统→底模板→内外模。

在梁腹板顶面铺好钢枕、木枕，在竖向预应力筋位置连接好轨道连接杆（连接杆用45♯钢（45 号钢板）加工而成），从 0 号段中心向两边安装长 3 m 及 1 m 的轨道各 1 根，抄平轨顶面，量测轨道中心距，确认无误后，用加工好的螺帽把轨道锁定。

安装前后支座，吊装桁架。用 25 精轧螺纹钢筋及扁担梁将桁架后端锚固在轨道下钢枕上，然后吊装前上横梁及前后吊带。吊装底模架及底模板。吊装内模架走行梁，并安装好前后吊带，安装外侧模。安装前将外侧模走行梁插入外模框架内，并安装好前后吊架吊带，将外侧模吊起，用倒链拖动外侧模至 2 号梁段位置。

调整立模标高。根据挂篮试验测出的弹性变形及非弹性变形值，再加上线形控制提供的立模标高定出 2 号梁段的立模标高。

在底板和腹板钢筋绑扎完毕进行腹板及顶板模板安装时，应在箱内铺设脚手板，不许踩踏底板钢筋。

管道定位网如设计数量不够时，应予以加密，确保管道位置正确。钢筋伸出梁段端头的搭接长度应满足设计要求，节段钢筋的接头连接应按设计要求搭接，如无要求时，采用绑扎搭接。

钢筋的保护层用同强度混凝土垫块支垫，数量为底板、顶板 4 个/m²，腹板 2 个/m²。

铺设钢筋的位置与预应力管道发生矛盾时，应保证预应力管道的位置准确，相差较多时，应与设计单位及监理工程师研究解决，不得随意移动预应力管道位置。

连续梁采用三向预应力体系，管道由镀锌波纹管制成，管道孔径视钢束类型确定。波纹管是钢带螺旋折叠而成，因此管道安装应顺穿束方向套接，波纹方向与穿束方向一致，波纹管接长采用大一号的波纹管套接，套接长度约 20 cm，梁段内每隔 0.5～1.0 m 设一"井"形定位钢筋网片，固定管道位置，管道定位误差应小于 5 mm。

管道接头处用胶带纸缠绕，再绑扎几道铁丝，加强接头的严密性。浇筑混凝土时，振捣人员应熟悉管道位置，严禁振捣棒与波纹管接触，以免管壁受伤，造成漏浆。

在灌筑混凝土前，每个梁段均在顶板上搭设混凝土施工平台，作业人员及施工机具均在施工平台上活动和放置，以免压坏钢筋网及预应力管道。

底板混凝土由输送泵直接泵入内箱，底板，腹板混凝土采用分层浇筑，每层不超过30 cm，梁体较高时，在腹板上口处布设串筒，将混凝土串入腹板下部，以免混凝土离析，顶板处三向管道较多，灌筑时要注意保护波纹管不受损坏，在锚垫板处要特别注意灌筑质量，必须保证混凝土粗骨料和砂浆不离析，振捣密实。

混凝土灌筑应按由前往后，两腹向中对称浇筑的顺序进行，即先灌筑梁节前端，后灌筑梁节后端，从两腹板向中间推进，采用水平分层法施工，分层厚度以 30 cm 为宜。

混凝土浇筑完毕后，应及时进行洒水养护，梁端头表面在混凝土达到规定强度后，作凿毛处理。

4. 边跨直线现浇段合拢施工

边跨直线段合拢采用满堂支架法施工。满堂支架施工时采用碗扣式脚手架搭设。支架搭设时先进行软基硬化处理，然后夯填碎石或级配砂砾，再浇筑厚 20 cm C25 混凝土垫层并进行荷载试验，满足设计承载力要求后搭设支架，防止支架发生沉降。支架顶上铺设纵向 I20 工字钢分配梁，横向铺设 12 cm×12 cm 方木，间距 30 cm，顶铺设底模，底模标高利用钢楔块调整。

支架搭设完成后，根据设计要求进行预压。预压采用砂袋加载，以便在施工中消除支架非弹性及弹性变形。并根据设计要求和预压结果调整底模标高，预留混凝土徐变量和地基及支架系统沉降量，确保连续梁顶面标高满足设计要求。

直线段底模为大块钢模拼接而成，底模直接设置在纵梁上，横梁与纵梁间垫以砂箱，以利于拆除底模。

5. 中跨合拢段施工

合拢中跨前须先拆除一个 T 构的挂篮。合拢段利用挂篮内外模滑行梁和底模前后横梁作吊架，通过梁段上的预留孔将挂篮的内外模和底模吊在梁段上作为合拢段模板施工。

合拢段施工时，先将相邻两个 T 构的梁面杂物清理干净。

备用配重水箱以及少数必需的机具设备则放置在指定的位置。然后相邻两个 T 构上所有观测点的标高精确测量一遍，最后锁定永久支座。

拆除 T 构相应的临时支座，精确测量临时支座拆除后梁面所有观测点的标高，确定合拢段相邻的两个梁端顶面标高高差符合规范要求后，进行合拢段施工。

为防止 T 构因热胀冷缩而对合拢段的混凝土产生影响，在合拢段箱体内模及顶板钢筋安装前，选择气温最低时间，按设计的位置与数量焊接体外型钢支撑，将相邻 T 构连成一体；在浇筑混凝土前根据计算拉力，张拉布置在底板与顶板中的临时预应力束。

合拢段的混凝土选择在一天中气温最低、温差变化比较小的时间开始浇筑，拌制混凝土时，将混凝土强度提高一个等级，并掺入微量铝粉作膨胀剂，以免新、旧混凝土的连接处产生裂缝。混凝土作业的结束时间应根据天气情况，尽可能安排在气温回升之前。

在合拢段两侧设水箱配重，水箱容水质量相当于合拢段所浇混凝土质量。浇筑合拢段混凝土时，边浇混凝土边同步等效放水。

混凝土浇筑完毕后，顶面覆盖土工布，箱体内外以及合拢段前后的 1 m 范围内，由专人不停洒水养护。

待混凝土强度达到设计要求的强度时，解除临时预应力束和相邻 T 构永久支座的临时锁定，完成体系转换后按顺序张拉纵向预应力筋。

第9章　雄忻高铁(山西段)隧道施工实践

9.1　线路概况

新建雄安新区至忻州高速铁路(雄忻高铁)位于华北地区中部,走行于河北省和山西省境内,大致呈东西走向,线路东起雄安新区雄安站,西至大西铁路忻州西站,途经雄安新区、保定市、忻州市,并经由大西客专(大同—西安高速铁路)与山西省省会太原相连,新建正线长度为342.535 km,(河北省境内227.805 km,山西省境内114.730 km)。新建隧道11座,共57.249 km,其中Ⅱ级围岩865 m,Ⅲ级围岩19 975 m,Ⅳ级围岩23 591 m,Ⅴ级围岩12 748.84 m。

9.2　监控量测及超前地质预报

隧道施工根据水文地质情况制订地质预测和监控量测计划,纳入施工工序。在施工中应根据地质预测、预报及监控量测信息实施动态管理。

9.2.1　监控量测

监控量测是保障隧道安全施工的重要措施之一,纳入隧道施工工序,分必测和选测两大类:必测项目以长大隧道、浅埋软弱围岩隧道和偏压等施工风险较高的隧道为重点监控对象;选测项目的隧道在施工中根据需要进行。当地表有构筑物需进行监控时,建立地表监控网,对地表构筑物的沉降、爆破震速进行监测,并根据监测结果及时调整施工措施;当地下水疏排对地表生态环境及地表使用水源有影响时,对地表水流量及地表水井、水塘、水库等存水设施的水位进行监测,若监测到异常,及时根据隧道内的排水情况采取堵水措施。除此以外,隧道监控量测项目还包括洞内外观察、地表沉降观测、拱顶下沉量测等。

各级围岩量测断面间距分别为:Ⅴ级围岩5 m;Ⅳ级围岩10 m;Ⅲ级围岩30 m;Ⅱ级围岩视情况确定间距。

9.2.2　超前地质预报

本线隧道均要求采用超前地质预测预报,并将超前地质预报时间纳入工序。采用的超前地质预报方法如下。

1. 地质调查法

各隧道均采用地质调查法进行地质超前预测预报，包括地表补充地质调查、全洞洞内开挖工作面地质素描和全洞洞身地质素描等。

2. 物探法

①地震波反射法：在主要的断层破碎带、宽大节理密集带、喷出岩接触带及其他接触带前方 100 m 处，根据现场开挖的具体实际情况，采用超前地质预报系统或同等性能的仪器进行不少于 2 次连续探测，每次探测距离为 100 m。

②地质雷达：当隧道位于灰岩地段时，采取地质雷达对掌子面及基底岩溶进行探测，掌子面探测一般 30 m/次，必要时辅以钻探进行验证。

3. 超前水平钻探

在超前地质预报异常带的前方 30 m 掌子面中、上部采用超前冲击水平钻孔验证前方地质情况，钻孔深度应超过异常带不少于 10 m。钻孔孔径为 50 mm，两次钻孔之间搭接长度 5 m，钻孔深度不小于 60 m，必要时在地质复杂地段，采用回转取芯钻取芯鉴定断层破碎带的物质成分及岩土强度，超前回转取芯钻水平钻孔在距离超前地质预报异常带30 m 的掌子面布设 1～3 孔，并设置一定的外插角探测。

9.3　隧道施工工序及方法

9.3.1　洞口边、仰坡及洞门施工

洞口边、仰坡施工须做好洞顶和边坡顶的截水天沟，以利截排水，同时宜避开雨季开挖。检查边、仰坡以上的山坡稳定情况，清除悬石、处理危石，施工期间不间断监测和防护，坡面防护及时施作。

土方采用挖掘机开挖，石方采用弱爆破，挖掘机装碴、自卸式汽车运输。按先上后下的顺序逐层开挖、逐层支护。

埋深较浅的隧道，优先考虑明洞及洞门施工，斜切式洞门采用整体一次性浇筑。混凝土施作完成拆摸养护后，施作洞门附属工程。

9.3.2　明洞施工

明洞坡面防护开挖后及时施工。明洞衬砌由洞内向洞外施作，先施工仰拱及墙脚部钢筋混凝土(包括仰拱回填)，然后施工边墙及拱部钢筋混凝土。仰拱及墙脚部混凝土采用组合钢模板人工立模浇筑，边墙及拱部混凝土采用全断面液压模板台车，两侧对称灌注。

明洞衬砌与洞门连接处应预留与端墙的连接钢筋，用以加强衬砌与洞门的整体性。

防水层施工严格按有关规范进行，止水带安装固定牢固。做好明暗洞交界处的防水层的搭接，拱背回填严格按规范执行，回填每层厚度、压实度应符合规范要求。

9.3.3 辅助导坑施工

辅助导坑采用液压凿岩台车或手持式风钻钻孔施工,光面爆破或减震控制爆破,挖装机装碴,重载运输车运碴,需要衬砌地段的二次衬砌采用组合钢模板衬砌,斜井排水尽可能采用一级排水,以降低机械故障率。

洞口土质段采用微台阶法开挖,台阶长度3m以内,人工手持风镐开挖,喷锚支护,必要时模注衬砌紧跟,用装载机直接装碴;其余洞身地段宜采用全断面施工,若围岩较差改用微台阶法施工。

9.3.4 洞身开挖

本线隧道按新奥法(新奥地利隧道施工方法)原理组织施工。

①隧道正洞:隧道正洞Ⅱ级围岩地段采用全断面法施工;Ⅲ级围岩地段采用台阶法施工;Ⅳ级围岩地段采用三台阶法施工;Ⅴ级围岩一般地段、Ⅴ级围岩加强地段通常采用三台阶预留核心土法施工;洞口端Ⅴ级围岩加强段采用三台阶临时横撑法施工;Ⅴ级围岩偏压地段采用三台阶临时仰拱法施工。

②斜井:Ⅲ级围岩地段采用全断面法施工;Ⅳ级围岩地段采用台阶法施工;Ⅴ级围岩地段采用短台阶法施工。

洞身开挖采用光面爆破施工,并在施工中不断优化爆破设计,严格控制超欠挖,保证开挖成型质量,减少对周边围岩的扰动。并根据隧道不同的围岩级别,采取不同的开挖方法。

9.3.5 洞身初期支护及辅助施工措施

1.喷射混凝土

隧道喷射混凝土均采用湿喷工艺,洞外集中拌和,混凝土运输车运输进洞,湿喷机喷射。隧道开挖后立即喷射混凝土,以防岩体发生松弛。

喷射前处理危石,检查开挖断面净空尺寸,用高压水冲洗受喷面。当受喷面遇水易泥化时,用高压风吹净岩面,并设置控制喷射混凝土厚度的标志;当受喷面有涌水、淋水、集中出水点时,先进行引排水处理。

喷射混凝土终凝后3h内不得进行爆破作业。喷射混凝土的回弹物不得重复利用,所有的回弹混凝土应从工作面清除。

在不良地质段,需加强监控量测和超前地质预报,及时掌握围岩变化情况。

2.砂浆锚杆或中空锚杆施工

采用台车或手持式风钻造孔,成孔后插入锚杆及定位环,确保杆体居于孔中,用注浆泵往孔内注入早强水泥砂浆(或砂浆),水泥砂浆终凝后安设孔口垫板。

锚杆安装后不得随意敲击,安装垫板和紧固螺帽应在砂浆体的强度达到要求后进行,锚杆垫板与孔口混凝土密贴。随时检查锚杆头的变形情况,紧固垫板螺帽。

3.钢筋网铺设

钢筋网在钢筋加工场地按设计规格加工成型,在初喷混凝土后进行人工安装,用电焊点焊或绑扎固定在锚杆或钢架上。钢筋网应随受喷面起伏，与受喷面保持一定距离，喷射中有脱落的石块或混凝土块被钢筋网卡住时，应及时清除。

4. 钢架施工

钢材质量和接头位置应符合规范和设计要求。型钢钢架采用冷弯成型技术，格栅钢架采用胎膜焊接，并以1∶1大样控制尺寸。钢架焊接不得有假焊现象，焊缝表面不得有裂纹、焊瘤等缺陷，每榀加工完成后应试拼装。

钢架应在开挖或初喷混凝土后立即安设，每榀钢架安装时，应准确测量定位，保证钢架的安装精度符合设计和验收标准要求。钢架尽量与围岩密贴，并与锚杆焊接牢固，按设计要求施作纵向连接。在膨胀性或地应力大的地层中，宜采用可伸缩式钢架接头。

钢架拱脚处设置锁脚锚杆，以减小下沉和防止初支向隧道内收缩变形，锁脚锚杆尾部与钢架焊接牢固，下半部开挖后钢架应及时落底。

钢架与围岩的间隙用喷射混凝土充填密实，各种形式的钢架应全部被混凝土覆盖，保护层厚度不得小于4 cm。拱圈喷射混凝土达到设计强度70%以后进行相邻分部的开挖。施工中应确保各部钢架架设连接后在同一铅垂面内，避免钢架发生扭曲。

临时支撑及临时仰拱在浇筑仰拱前逐段拆除，一次拆除长度根据量测结果确定，但不宜大于15 m，拆除后及时施作仰拱和二次衬砌，特殊情况下可将中隔壁浇筑在仰拱中，待铺设防水板时再割断。临时支护拆除后应再建立全断面量测系统，并且衬砌及时跟进。

9.3.6 超前小导管施工

采用钻孔台车或手持式风钻造孔，小导管布设范围、长度及间距按设计布置。

当采用单液水泥浆时，开挖时间为注浆后8 h，采用水泥—水玻璃浆液时为4 h，开挖过程中应检验浆液渗透及固结状况，并根据压力—流量曲线判断注浆效果，及时调整注浆方案。

9.3.7 超前锚杆施工

设计采用的锚杆主要有超前砂浆锚杆和中空锚杆，其中砂浆锚杆用螺纹钢加工。采用锚杆钻机或凿岩机引孔，钻孔时应保证设计的位置和杆体外插角，并控制水量以防塌孔。

中空锚杆注浆工艺应符合《组合中空锚杆技术条件》(TB/T 3209—2008)的规定。

9.3.8 超前管棚施工

管棚采用热轧无缝钢管制作，规格、型号、长度应符合设计要求。管棚钻机应具备可钻深孔的大扭矩，又要有能破碎地层中坚硬孤石的高冲击力特性。当钻进地层易于成孔时，一般采用先钻孔、后插管的方法；当地质情况复杂时，可采用跟管钻进工艺，即将套管及钻杆同时钻入，成孔后取出钻杆，顶进管棚，拔出外套管。

洞口管棚一般采用套拱定位，要做到套拱底脚坚实、空口位置准确。管棚接头采用丝扣连接，丝扣长15 cm，相邻钢管接头至少错开1 m。施工时，钢管沿隧道周边以2°外插角打入围岩，再灌注水泥浆液。

9.3.9　帷幕注浆施工

通过超前水平钻探探明前方可能为含水岩体，且水量威胁到隧道施工安全时，按设计要求采用帷幕注浆。注浆前应至少留有 5 m 的岩墙或 3 m 的止浆墙。按设计布置钻孔，注浆顺序为：试泵－压水试验→注浆材料准备配浆→注浆(先单液再双液，稀浆和浓浆交替)。

注浆压力与岩层裂隙发育程度、涌水压力、浆液材料的黏度和凝胶时间长短等有关，均根据相关经验确定。帷幕注浆设计的注浆压力(终压值)为静水压力的 2～3 倍，最大可达 3～5 倍。按不同的岩性，注浆方式分为前进式注浆、后退式注浆和一次全孔注浆。

应严格按照设计的钻孔方向、角度和孔径对钻机进行定位，对钻进进行详细记录和测定涌水量，根据钻机编组布置合理的钻孔顺序。

综合分析注浆过程中记录的各种资料，注意注浆压力和注浆量变化是否合理，是否达到设计要求。每次循环设 3～5 个检查孔，检查孔钻取岩芯，观察浆液充填情况，并检查孔内涌水量，检查孔涌水量宜小于 0.2 L/(m·min)。除此，采用 $P-Q-t$(P：注浆压力，Pa；Q：注浆量，L；t：注浆时间，min)曲线或浆量位图查找是否有注浆盲点。

Ⅳ级、Ⅴ级围岩地段采用长管棚或超前小导管进行超前支护。系统支护采取网、喷、砂浆锚杆及组合中空锚杆，不良及特殊地段采取格栅或型钢钢架进行加强支护。

9.3.10　洞身衬砌

隧道明洞段采用整体式衬砌，其他地段均采用复合式衬砌。

复合式衬砌由初期支护、防水隔离层与二次衬砌组成，采用曲墙加仰拱结构形式。其中二次衬砌采用模筑混凝土，其施工工序如下：施作防水层→衬砌台车定位→安装止水带及端头挡板→经检查合格后灌注混凝土→混凝土养护→拆模(混凝土达到规定强度)→台车移位→对模板进行清理和涂脱模剂→进行下一循环混凝土施工。

混凝土拌和站生产混凝土，采用液压模板台车衬砌，混凝土运输车运输，泵送入模，附属洞室采用组合模板施工。

仰拱、填充紧随开挖进行，采取超前全幅分段施工方案，仰拱与填充分开施工，配备仰拱栈桥以确保洞内运输通畅。

9.3.11　结构防排水

隧道防排水施工坚持"防排结合、以防为主"的原则。隧道二次衬砌混凝土采用防水混凝土，环境作用等级为 D2，除抗冻设防段(含明洞、洞门)抗渗等级不小于 P12，抗冻性能指标不低于 F350，其余地段抗渗等级不小于 P10。当地下水发育或对混凝土具有侵蚀性时，抗渗等级不小于 P12。

初期支护与二次衬砌之间敷设防水板加土工布，防水板背后环向设置塑料排水板(宽 60 cm)，需结合施工缝设置，纵向间距一般为 8～10 m，并根据地下水发育情况进行调整，同时两侧边墙墙脚外侧设置纵向 ϕ80 mm 可维护塑纤排水滤管，每 10 m 一段，接头处通过三通或弯头连接直接接入隧道侧沟。

拱墙环向施工缝设置中埋式橡胶止水带＋外贴式橡胶止水带；仰拱环向位置设置中埋式橡胶止水带；纵向施工缝处设置中埋式橡胶止水带＋遇水膨胀止水条；变形缝处设置中埋式钢边橡胶止水带，拱墙部位同时设外贴式橡胶止水带。

参考文献

[1]邓亚军．高速铁路简支箱梁梁场预制施工分析[J]．工程建设与设计，2018(13)：283-285.

[2]段博峰．全面质量管理在贵广高铁施工过程中的应用研究[D]．衡阳：南华大学，2016.

[3]冯莎莎．高速铁路建设企业科技创新体系建设的思考[J]．高速铁路技术，2023，14(03)：11-15，54.

[4]高亮．轨道工程[M]．北京：中国铁道出版社，2015.

[5]耿大新．高速铁路隧道工程[M]．北京：中国铁道出版社，2021.

[6]纪书景．高速铁路概论[M].2版．上海：上海交通大学出版社，2022.

[7]焦胜军．高速铁路桥涵施工与维护[M]．成都：西南交通大学出版社，2017.

[8]解宝柱，曾润忠．铁路路基施工与维护[M].2版．北京：中国铁道出版社，2015.

[9]靳晓燕，隋永兴．铁路桥涵施工及维修[M]．北京：中国铁道出版社，2022.

[10]李娜．沪昆高铁项目施工质量管理研究[D]．成都：西南交通大学，2018.

[11]李永华，王清江．铁路隧道工程施工技术：上册[M]．北京：中国铁道出版社，2014.

[12]梁兵．在建高速铁路安全质量管理难点及应对措施[J]．建材与装饰，2019(32)：274-275.

[13]刘林芽，钟自锋．高速铁路导论[M]．成都：西南交通大学出版社，2020.

[14]卢春房，穆文奇．高铁工程质量管理系统内涵与总体架构[J]．中国铁路，2020(07)：15-20.

[15]罗强，魏永幸．高速铁路路基[M]．北京：中国铁道出版社，2021.

[16]罗远．高速铁路建设项目质量管理绩效评价体系研究[D]．北京：北京交通大学，2016.

[17]马怀超．高速铁路桥梁连续梁工程施工技术[J]．工程建设与设计，2020(04)：197-198.

[18]马艳霞，马悦茵．高速铁路桥梁工程施工技术[M]．北京：中国铁道出版社，2019.

[19]孟维军，王国博．高速铁路隧道工程施工技术[M]．北京：中国铁道出版社，2014.

[20]穆阿立，扈涛．高速铁路轨道施工与维护[M]．成都：西南交通大学出版社，2019.

[21]秦青山．高速铁路路基防排水系统及其施工技术[J]．国防交通工程与技术，

2012，10(S1)：122-124，176.

[22]沈琦．高速铁路路基项目建设中的 CFG 桩软基加固施工技术[J]．工程技术研究，2023，8(14)：58-60.

[23]宋旭浩．济青高速铁路施工安全管理研究[D]．北京：北京交通大学，2021.

[24]唐学军．高速铁路路基 CFG 桩加固施工技术研究[J]．运输经理世界，2022(27)：119-121.

[25]王瑷琳．高速铁路路基施工与维护[M]．成都：西南交通大学出版社，2017.

[26]王继军，韩自力，江成，等．中国高速铁路线路工程技术发展现状与展望[J]．铁道建筑，2023，63(05)：1-6.

[27]王军龙．高速铁路桥涵施工与养护[M]．成都：西南交通大学出版社，2012.

[28]王同军．中国高速铁路创新成就与展望[C]//中国铁道学会．京沪高铁运营 10 周年学术论文集．北京：中国铁道出版社，2022：7.

[29]王小亮．高铁桥梁连续梁工程施工技术的应用研究[J]．石家庄铁路职业技术学院学报，2023，22(02)：36-39.

[30]卫亚科．高速铁路隧道台阶法施工技术研究[J]．工程建设与设计，2017(01)：151-152，155.

[31]文妮．高速铁路轨道构造与施工[M]．北京：中国铁道出版社，2019.

[32]宇德明，张飞涟．高速铁路项目建设管理[M]．北京：中国铁道出版社，2021.

[33]张宏龙．高速铁路无砟轨道施工工装设备研究[J]．云南水力发电，2023，39(08)：99-102.

[34]张立．铁路轨道构造与施工[M]．北京：中国铁道出版社，2021.

[35]张鹏飞．高速铁路轨道工程[M]．北京：中国铁道出版社，2021.

[36]张洋．高速铁路施工项目全面质量管理的对策研究[J]．智能城市，2019，5(24)：74-75.

[37]张运波．漫谈高速铁路桥梁工程施工[M]．北京：中国铁道出版社，2020.

[38]中铁二局股份有限公司，卿三惠．高速铁路施工技术：隧道工程分册[M]．北京：中国铁道出版社，2013.

[39]周金鹏．高速铁路桥梁连续梁挂篮施工技术及质量控制对策分析[J]．工程建设与设计，2022(14)：177-179.

[40]周宇，练松良，杨新文．轨道工程[M]．北京：中国铁道出版社，2020.

后　记

交通强国，铁路先行。世界铁路发展历史证明，高速铁路的发展情况是综合国力和技术创新能力的体现之一。作为世界上快速崛起的经济体，中国已拥有与之相适应的现代化高铁网络体系，构建了体系全面、技术自主、兼容并包、具有中国特色的铁路技术体系，高速铁路建设工程总体技术水平已步入世界先进行列，部分技术达到了世界领先水平，成为中国自主创新的一个成功范例。

然而，进入铁路"中国式现代化"发展新阶段，中国高铁技术创新面临两大挑战：一是世界百年未有之大变局加速演进，新一轮科技革命和产业变革深入发展，围绕科技制高点的竞争空前激烈，技术引进将受到多方限制，对自主创新的要求更高、压力更大；二是随着中国"交通强国"和"创新驱动发展"等战略的深入推进，铁路事业高质量发展全面展开，部分关键技术已处于世界领先水平，部分科学研究已进入"无人区"，原始创新能力亟待加强。

本书在对高铁建设工程施工技术以及高铁建设工程施工质量管理、安全管理的详细梳理的基础上，结合具体高铁工程施工实践案例，帮助相关从业人员清晰认知现有高铁建设工程技术与管理要点，持续攻关，争取高铁工程建设的更大发展。